荣凯说法

正荣凯

2018年,李荣凯被司法部聘为全国人民调解专家。

2018年,李荣凯被司法部评为"新时代最美法律服务人"。

2019年4月25日,司法部举办人民调解大讲堂第九讲,济南市市中区正荣凯人民调解委员会副主任、全国人民调解专家、山东省济南电视台《有话好好说》人民调解委员会调解员李荣凯授课。司法部机关设主课堂,县级以上各级司法行政机关和有条件的司法所设分课堂。全国共设分课堂4073个,司法行政系统和妇联系统共7.2万人参加培训。

正荣凯调解⁺

2017年11月,正荣凯团队联合市中区司法局、济南经济广播电台,共同举办法律咨询活动,为社区居民带来了婚姻家庭、房产继承等方面的专业法律知识,让更多群众懂得利用法律武器维护自己的合法权益。

"正荣凯调解⁺"资源共享,合作共赢,打造"正荣凯人民调解⁺"调解团队。"正荣凯调解⁺"推动人民调解业态由传统的单一调处矛盾纠纷,升级为综合性的法律服务,为调解员练就过硬本领提供了条件,搭建了平台,增强了人民调解服务效能,实现了资源大整合、力量大增强、服务大提升,更好地满足了新时代人民群众对美好生活的新需求。

正荣凯调解团队

面向基层,服务百姓,正荣凯调解团队普法在路上!

所获荣誉

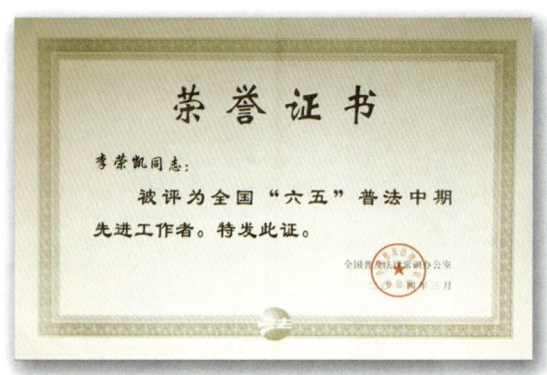

2014年，李荣凯主任被评为"全国'六五'普法中期先进工作者"。

2010年，李荣凯被山东省司法厅记一等功。

2017年，李荣凯主任被中华人民共和国司法部授予"全国模范人民调解员"荣誉称号。

2018年，李荣凯被司法部评为"新时代最美法律服务人"。

2012年，正荣凯法律服务所被中华人民共和国司法部评为"全国法律援助工作先进集体"。

2008年，李荣凯被中华人民共和国司法部授予"全国法律援助先进个人"。

《以案说法》——您身边的法律顾问

　　FM90.9济南经济广播《以案说法》节目创办于2000年，是一档法律咨询服务类直播节目。开播17年来，解答法律咨询6万多条，使听众既听到了发生在自己身边的活生生的案例，也从中学习到实用的法律知识。通过日积月累的普法教育，听众的法律意识得以提高，该节目深受广大听众的欢迎。

　　除了通过节目为听众提供法律知识和法律帮助之外，节目组每年也会走出直播间，以更贴近百姓的方式服务听众，主要打造了两个品牌公益活动。

　　一是法律援助100件。节目创办17年来，坚持为社会弱势群体提供法律援助。自2010年开始，全力打造"法律援助100件"这一公益活动，引起社会强烈的反响，取得了广泛的社会赞誉，累计办理法律援助案件数百件。案件类型涉及赡养、离婚、劳动争议、工伤认定、交通事故等，受援助的对象大多是家庭困难、年老体弱、身体残疾、外来务工的社会弱势群体。

　　二是法律进基层活动。社会生活的方方面面都渗透着法理，做"您身边的法律专家"是节目一直以来努力的方向。节目组联合正荣凯法律服务所，每年都会走进百姓身边，通过"法律进基层"系列活动，先后走进社区、军营、学校等，有针对性地介绍法律知识，在普法的同时也提高了节目的社会影响力。

　　与法律同行，给弱者公平。《以案说法》还将在普法宣传的道路上与您继续同行！

主播：晨萱　周硕　嘉宾：李荣凯
播出频率：FM90.9济南经济广播
播出时间：首播19:00-20:30　　重播：次日凌晨3:30-4:30

齐鲁遗嘱库

面向基层，服务百姓，齐鲁遗嘱库是全国法律援助先进个人李荣凯主任申请的一项以促进尊老敬老文化、弘扬齐鲁文明家风为目的的公益项目。

齐鲁遗嘱库由济南市中正荣凯法律服务所、济南市中正荣凯法律维权协会，联合山东大舜君和文化促进中心联合出资建立。

为60岁以上老人提供遗嘱咨询、遗嘱起草、遗嘱保管服务。

我们坚信"做正确的事，走正确的路"，而齐鲁遗嘱库的成立定能让广大老年人不再为自己的养老、百年之后财产处理等问题感到困扰，真正安度晚年，享受美好生活！

成立之初，本库得到社会各界的厚爱，山东省书法家协会会员战志强无偿为本库篆刻印章两枚；著名书法家，中国书法家协会第五届、第六届理事，原济南市书法家协会主席，山东省书法家协会副主席张仲亭欣然题词。

家庭的稳定是整个社会和谐的基础。现阶段我国正处在人口老龄化愈加严重的时期，涉及老年人权益方方面面的问题日益凸显，值得整个国家整个社会深思。在我国社会主义法治体系的框架下，必然要有新的模式出现，突破现有规制来填补空白，顺应时代潮流。

孟子说："穷则独善其身，达则兼济天下。""兼济天下"说的就是社会责任，"兼济天下"的社会责任已经内化在法律服务工作的本质之中。正是在这种大环境下，应运而生齐鲁遗嘱库。齐鲁遗嘱库现经山东省有关部门批准已注册完毕，已于2016年1月1日开库。

齐鲁遗嘱库是根据《中华人民共和国老年人权益保障法》关于"依法设立的老年人组织应当维护老年人合法权益，为老年人服务"和"提倡、鼓励义务为老年人服务"的规定以及其他相关法律规定，为维护老年人的合法财产和继承权益，弘扬敬老爱老文化，促进家庭和谐而成立。

齐鲁遗嘱库建立了一整套符合法律规定的软件和硬件流程，经过法律专家的严谨论证，通过专业的登记软件，借助指纹扫描、现场影像、法律见证、文件存档和密封保管等功能，使当事人订立遗嘱的真实性得到了有力保障，能够满足维护财产权益和自主决定权的需要。

我们会遵循习主席强调的"要推动养老事业多元化、多样化发展，让所有老年人都能老有所养，老有所依，老有所乐，老有所安"，力争让每一位老人都能生活得安心、静心、舒心、省心。

全国法律援助先进个人

荣凯说法

李荣凯 编著

山东城市出版传媒集团·济南出版社

图书在版编目(CIP)数据

荣凯说法 / 李荣凯编著. —济南：济南出版社，2017.12(2019.7 重印)

ISBN 978－7－5488－2886－0

Ⅰ. ①荣… Ⅱ. ①李… Ⅲ. ①民事纠纷—调解(诉讼法)—中国—问题解答 Ⅳ. ①D925.114.5

中国版本图书馆 CIP 数据核字(2017)第 305785 号

出 版 人	崔　刚
图书策划	王　菁
责任编辑	史　晓　袁　满
特约编辑	刘士祥
封面设计	侯文英
内文插图	吕一品

出版发行	济南出版社
地　　址	济南市二环南路 1 号(250002)
印　　刷	山东省东营市新华印刷厂
版　　次	2017 年 12 月第 1 版
印　　次	2019 年 7 月第 2 次印刷
成品尺寸	170mm×240mm　16 开
印　　张	16.5
字　　数	209 千
印　　数	15001－20000 册
定　　价	55.00 元

(济南版图书，如有印装错误，请与出版社联系调换，电话:0531－86131736)

编 委 会

主　编：李荣凯
副主编：袁曙光　刘康磊
编　委：田洪祝　闫俊荣　孙名辉　赵象明　任　巧　李　璞
　　　　　刘晓敬　陈　兆　温宝国　刘　岩　方　正　吉泓潞
　　　　　孙　涛　梅尚义　管延茂　施秀云　姜　敏　王慧敏
　　　　　候书美　张　琳　杨春青　张泽慧　赵万里　李　晨
　　　　　左玉伟　龚　静　赵　政　张　鹏　张宜君　赵林林
　　　　　崔丽雯　李　静　连　迪　张玉涵　王立婷　郑君唐
　　　　　邹　瑞　梁璐璐　黄文龙　冷倩倩　张秋亚　刘德政
　　　　　魏成吉　罗　敏　刘婷婷　李金龙　张丁利　夏茂举
　　　　　李庆国　许　艳　尚　杰　高大震　张立新　杨　桦
　　　　　孙瑞英

致 读 者

2001年，正荣凯法律团队成立。从1995年开始，我从事法律服务这一行业已有20多年了。20多年间，我见证了法律服务行业的快速发展，百姓法治观念的逐渐提高。因为常年在济南经济广播电台《以案说法》等栏目中担任法律嘉宾，有较多的机会和普通大众接触，20多年中面对百姓所提到的各类法律问题，我总是不厌其烦地予以讲解。多年的经验告诉自己，百姓对法律知识有极大的渴求，他们总能准时收听法律节目。但是，由于电台广播的即时性，百姓虽然能够听到我对许多法律问题的解答，可听过之后再无从查找。基于以上原因，我总觉得自己应该为百姓做些事情，将自己这些年来的工作体会整理成册，编辑成书，在书中详尽解答各类民间纠纷。如今，《荣凯说法》一书终于付梓。真诚地希望这本书成为百姓身边的法律顾问，读者朋友可以随时翻阅此书，解决自己工作、生活中遇到的相关法律问题。若此，这本书就有了价值。

我从事法律工作这么多年，受到过司法部门的诸多奖励，例如被评为"山东省法律援助先进个人""全国法律援助先进个人""全国模范人民调解员""全国人民调解专家""新时代最美法律服务人"等;打造的"正荣凯调解⁺"法律团队也荣获"第四届全国法律援助工作先进集体"称号。这些荣誉是对正荣凯法律服务团队以及我的工作的认可,更是一种鞭策。"执业为民,为民服务"是我始终追求的工作目标,百姓送来的一面面锦旗时刻提醒着我要不断地向这一目标前进。荣誉只是起点,满意服务没有终点,我将用更好的服务来换取百姓的满意。

解读民事诉讼案件,已经有很多人做过这方面的工作。民事诉讼案件很多,情况各异,我所编写的这本书当然不能涵盖所有的民事纠纷,但是书中的每一个案例都在百姓身上真实地发生过,并且都曾由我的团队做过现场解答,可谓与百姓有切实的关联。编写本书的过程中,贯穿始终的是我的真诚。希望本书能够成为百姓生活中的益友,能为百姓排解法律方面的困惑。当您遇到法律方面的纠纷时,翻看此书,若能从中找到解决的途径和办法,这便是我最大的欣慰。

李荣凯

2017 年 11 月 25 日

让人难以下笔的李荣凯

我基本不在文章里夸人，嫌肉麻，李荣凯破例了。

前不久看见个"鸡汤"段子，说了两种人的类型：一种是整天认为自己非常重要，特别容易被冒犯，爱争辩，喜欢贬低和苛求他人，并且永远认为自己正确；还有一种是存在感很弱，即使天天见，若不遇上事也想不起他来，但真有事了，即使后半夜打电话他也会接。这种人对人对事会有一种发自骨子里的平等和关照，让你当时不觉怎样，事后回想，不由生出些温暖和敬意。

我想李荣凯应该属于第二种。

好吧，说正事了——作为摄影对象，李荣凯真是太难拍啦！

明明是他先约的我，而且还挺郑重，时间地点也都是他定的，我寻思着怎么他也会稍做一些准备，比如换件衣服，洗洗头刮刮脸理个发啥的，然后找个一眼看上去不让人闹心的环境，坐下来，请我喝杯茶，再唠上十块钱儿的，然后开始。

可是，我想得太美了。当李荣凯的司机拉着我一路奔向东图大厦，我有些不安地问："咱去哪儿？"司机面无表情地回答一句"李主任办公室"，之后便一言不发，车里空气都凝固了，怪吓人的，不大像去拍照，倒像是我在被押往某个秘密地点的路上……

李荣凯是个法律工作者，当事人们都习惯喊他李律师，七八年来，我也习惯了他的一些同行跑到节目留言平台上，声色俱厉地替我纠正："他不是律师，他只是个基层法律工作者！你堂堂一个省台主持人，不能误导！不能乱说！"其实吧，我当然知道，不过于私人角度来讲，我可能更多看到的是无数老百姓哭天抢地堵在栏目组门口找李荣凯，然后欢天喜地扛着锦旗往他办公室送。一开始，弟兄们有些不平衡，他来我们节目做嘉宾，怎么到最后人家谢的是他？不过，很快大伙也就想明白了，媒体只是个平台，如果通过我们搭建的平台，让更多人找到解决问题的途径和人，不也是一种功德吗？况且，李荣凯在录制现场，动不动就给人捐个款助个学啥的，即使播出时被剪掉，真金白银掏给当事人了，人家心里也都记着呢。

我到了。

办公室一群人，中间埋着李荣凯。我喊了声，他从人群里拨拉出个缝，向我打招呼。人群倏然散了，像退去的潮水，闪出李荣凯蓬头垢面坐在那里。他头发足有10厘米长，一边趴着，一边翘着，五官线条耷拉得厉害，嘴唇灰白，起了一层皮，脸上油汗涔涔，顺着鬓角蚯蚓样往下淌，最吓人的是眼珠子，红的已经不是血丝了，是血块。这是咋了？咋还能被摧残成这副模样？李荣凯咧开嘴，露出招牌式的憨笑，呵呵呵呵地说："没事没事，最近忙的。"

有些不忍罗列李荣凯的工作日程，怕疼他的人看了会掉泪，简直太辛苦！他做两档每天都有的电视节目，一档直播，另一档恨不能一录一天，还做一档每天都有的广播节目，还得每周两三次地开庭，还得打理他的法律服务所，还得应对不期而至的行业突变，在绝境中杀出一条小路……每天夜里十点，是李荣凯下了直播的晚饭时间，老婆、孩子都睡了，李荣凯坐在小炕桌上，温壶酒，看半盏明月挂在窗户外头，突然想找人说说话，于是掏出电话本，从头翻到尾，从尾翻到头，却没找着。

照片勉强拍完了，临走时走廊里传来凄厉的哭声，一个老妇人带了一个十七八岁的女孩儿，扒在走廊里一间咨询室的门框上。我不敢想象是什么样的苦难让她们如此撕心裂肺，但希望在这里，她们能找到最后的庇护。

人说缺什么晒什么，我向来讨厌罗列拍摄对象社会头衔、获奖经历之类的东西，但想想这篇小文也不光是给朋友、熟人看，所以还是拣两条重要的说说，比如李荣凯被山东省司法厅记"个人一等功"、被国家司法部评为"全国法律援助先进个人"，还有担任大学客座教授、政协委员，等等。

今夜下雨。这个点，也不知道李荣凯是不是又在小炕桌前喝酒、翻电话本。我打开电脑，用修图软件一寸一寸打理好他东倒西歪的头发，擦掉他眼里的血块，拉了皮，磨了眼袋，最后，又P掉了他办公室背景中那幅很土的画。

身为朋友，我能做的也只有这些了。

媒体人：赵新燕
2017 年 11 月 20 日

目 录

第一章 婚姻篇

第一节　结婚 …………………………………………………………… 002

第二节　离婚 …………………………………………………………… 003

第三节　子女抚养权 …………………………………………………… 007

第四节　过错赔偿 ……………………………………………………… 010

第五节　财产分割 ……………………………………………………… 013

第六节　婚姻的无效与撤销 …………………………………………… 017

第七节　案例解答 ……………………………………………………… 018

第二章 继承篇

第一节　继承总论 ……………………………………………………… 029

第二节　法定继承 ……………………………………………………… 032

第三节　遗嘱继承 ……………………………………………………… 036

第四节　遗赠与遗赠抚养 ……………………………………………… 041

第五节　其他 …………………………………………………………… 043

第六节　案例解答 …………………………………………………… 046

第三章　收养与赡养篇

第一节　收养总论 …………………………………………………… 059

第二节　收养法定条件及程序 ……………………………………… 061

第三节　收养的法律效力 …………………………………………… 068

第四节　收养关系的解除 …………………………………………… 069

第五节　赡养 ………………………………………………………… 071

第六节　案例解答 …………………………………………………… 075

第四章　侵权篇

第一节　责任承担及竞合 …………………………………………… 084

第二节　交通事故 …………………………………………………… 088

第三节　医疗纠纷 …………………………………………………… 103

第四节　雇佣、承揽、承包、帮工伤害 …………………………… 115

第五节　其他伤害 …………………………………………………… 120

第六节　赔偿计算标准 ……………………………………………… 128

第七节　案例解答 …………………………………………………… 136

第五章　劳动篇

第一节　劳动合同订立 ……………………………………………… 151

第二节　劳动合同履行 ……………………………………………… 153

第三节　劳动合同解除和终止 ……………………………………… 155

第四节　劳动争议 …………………………………………………… 158

第五节　工伤认定 …………………………………………………… 160

第六节　工伤保险 …… 162

第七节　工伤待遇 …… 163

第八节　赔偿计算 …… 165

第九节　案例解答 …… 167

第六章　房产篇

第一节　商品房买卖 …… 184

第二节　二手房买卖 …… 191

第三节　房屋过户 …… 198

第四节　房屋租赁 …… 201

第五节　物业管理及物业服务合同 …… 204

第六节　案例解答 …… 209

第七章　农村土地篇

第一节　拆迁安置纠纷 …… 219

第二节　农村房屋买卖 …… 221

第三节　关于村民资格 …… 222

第四节　承包地纠纷 …… 225

第五节　宅基地纠纷 …… 229

后　记 …… 232

第一章

婚姻篇

婚姻关系是人类社会发展繁衍的重要纽带。婚姻关系出现至今，已经有几千年的历史。随着社会的发展，有关婚姻的纠纷日渐增多。从中华人民共和国成立之初到现在，婚姻法从无到有，处理婚姻纠纷的法律法规日益健全。中国有13多亿人口，约有3.7亿个家庭，绝大多数人都要经历恋爱、择偶、组织家庭、养育子女的过程。与此同时，人们对生活质量、幸福指数的要求也在不断提升，但是，面对恋爱挫折、婚姻动荡、离婚率攀升、家庭暴力、青少年成长危机等现象，许多人产生困惑并处在迷茫之中。鉴于我国离婚率持续攀升的情况，传统的婚姻家庭观念正受到前所未有的冲击，婚姻的稳定性变得越来越脆弱。因此，尽快给大众提供专业的婚姻家庭知识培训与指导，帮助人们认识并了解婚姻、学会经营婚姻、排除婚姻障碍与化解婚姻危机以及妥善处理离婚纠纷已刻不容缓。不过，通过法律维护个人的合法权益，对普通公民来说依然存在一定的困难。对于如何处理好子女抚养、财产分割、损害赔偿以及夫妻之间的财产关系、人身关系问题，本章内容将逐点讲解，为大家答疑解惑，以便通过法律法规，规范家庭生活，共创和谐家庭和社会。

第一节 结婚

1. 符合哪些条件才能够办理结婚登记手续？

荣凯说法：根据《中华人民共和国婚姻法》（以下简称《婚姻法》）及《婚姻登记条例》的规定，办理结婚登记的条件主要有：（1）结婚必须男女双方完全自愿，并且是双方真实意思表示，不许任何一方对他方加以强迫或任何第三方加以干涉；（2）结婚年龄，男不得早于22周岁，女不得早于20周岁；（3）双方无直系血亲或三代以内旁系血亲关系；（4）双方无医学上认为不应结婚的疾病；（5）双方均无配偶（未婚、离婚、丧偶）。

2. 怎么办理结婚登记手续？

荣凯说法：男女双方在符合法律规定的结婚条件后，应持下列材料到婚姻登记处办理登记手续：（1）双方持本人常住户口簿、居民身份证共同到一方常住户口的区、县级民政局（或镇人民政府）的婚姻登记机关提出申请；（2）双方当事人亲自到婚姻登记机关提出申请，各填写一份《申请结婚登记声明书》，并在"声明人"一栏签字按指纹；（3）当事人提交3张2寸近期半身免冠彩色合影照片；（4）收费标准：国内结婚登记每对9元；（5）婚姻登记机关对双方提交的证件、声明进行审查，符合结婚登记条件的，准予登记；（6）本人无配偶以及与对方当事人没有直系血亲和三代以内旁系血亲的签字证明。

3. 双方具有结婚条件，只举行结婚仪式，后补办结婚登记手续，请问双方何时具备婚姻关系？

荣凯说法：对于符合结婚实质要件的双方，先以夫妻名义共同生活，后补办结婚登记手续的，依据《最高人民法院关于适用〈中华人民共和国婚姻法〉若干问题的解释（一）》（以下简称《〈婚姻法〉司法解释（一）》）第4

条的规定，双方根据婚姻法第八条规定补办结婚登记手续的，婚姻关系的效力从双方符合婚姻法所规定的结婚的实质要件时起算，即从双方举行婚礼仪式起即具备婚姻关系。

第二节　离婚

1. 办理离婚手续有哪几种途径？

荣凯说法：我国《婚姻法》规定，男女双方可以协议离婚，如果协议不成可通过诉讼离婚。协议离婚属于双方自愿离婚，双方就共同财产分割、子女抚养权及探望权、共同债务等做好约定，之后双方带上结婚证、身份证、户口簿等到原婚姻登记机关签订《离婚协议书》，申请离婚。协议离婚必须双方当事人亲自前往办理。诉讼离婚是指夫妻双方就是否离婚或者财产的分割、债务的分担、子女的抚养等问题无法达成一致的意见，而向人民法院起诉，人民法院经过审理后，通过调解或判决解除婚姻关系的一种离婚方式。

2. 如何确认夫妻感情确已破裂？

荣凯说法：夫妻感情是否破裂是法院判决双方离婚的重要依据。一旦出现下列5种情形中的任何一种，即可以作为认定夫妻感情确已破裂的事实依据：（1）重婚或有配偶者与他人同居的；（2）实施家庭暴力或虐待、遗弃家庭成员的；（3）有赌博、吸毒等恶习屡教不改的；（4）因感情不和分居满两年的；（5）其他导致夫妻感情破裂的情形。出现上述情形之一，经调解无和好可能的，法院可以认定双方感情破裂，可以依法判决准予双方离婚。

3. 男方在什么情况下不得提出离婚？

荣凯说法：为保护妇女的合法权益，《婚姻法》第34条规定了男方不能提出离婚的几种情形，以限制男方的离婚请求权：（1）女方在怀孕期间；（2）女方分娩后一年内；（3）女方中止妊娠后六个月内。但出现女方在此期间提出离婚或人民法院认为确有必要受理男方离婚请求这两种情况时,不受《婚姻法》第 34 条的限制。

4. 法院在哪些情况下不受理原告的离婚诉讼?

荣凯说法:在离婚案件的立案受理过程中,法院并不当然受理起诉方的起诉,这些情况主要包括:(1)根据《婚姻法》第 34 条的规定,女方在怀孕期间、分娩后一年或中止妊娠后六个月内,男方起诉离婚的;(2)《婚姻法》第 33 条规定,现役军人的配偶未经军人同意提出离婚诉讼的,军人有重大过错的除外;(3)根据《民事诉讼法》第 111 条第 7 项规定,判决不准离婚和调解和好的离婚案件,没有新情况、新理由,原告在六个月内又起诉的,不予受理;(4)根据《最高人民法院关于适用〈中华人民共和国民事诉讼法〉若干问题的意见》第 114 条的规定,原告撤诉或者按撤诉处理的离婚案件,没有新情况、新理由,六个月内又起诉的,不予受理。

5. 什么情况下,给付彩礼的一方可以要求返还彩礼?

荣凯说法:彩礼是根据民间习俗,在男女双方缔结婚约时,男方给付女方的财物。在男女双方解除婚约或离婚时,给付方有权要求返还。根据《最高人民法院关于适用〈中华人民共和国婚姻法〉若干问题的解释（二）》（以下简称《〈婚姻法〉司法解释（二）》）的相关规定，返还彩礼只存在三种情况：（1）双方未办理结婚登记手续的；（2）双方办理结婚登记手续但确未共同生活的；（3）婚前给付并导致给付人生活困难的。但是第二和第三种情况只适用于离婚时请求返还彩礼，如果对方不返还，给付彩礼一方可以通过诉讼维护自己的权益。所谓生活困难，一般是指依靠个人财产和离婚时分得的财产无法维持当地基本生活水平的。双方结婚共同生活时间的长短也会影响彩礼的返还。

6. 双方协议离婚将财产全部给予一方，后来又后悔的，该怎样办？

荣凯说法：如果在协议离婚时约定所有婚内财产归一方所有，视为另一方对个人财产所有权的放弃。根据民事行为意思自治原则，该放弃行为是有效的。如果放弃分割财产的一方反悔，只要能够证明在订立财产分割协议时存在着欺诈、胁迫等情形，便可以在协议离婚后一年内就财产分割问题提起诉讼，请求法院依法变更或者撤销财产分割协议。

7. 精神病人能不能协议离婚？

荣凯说法：协议离婚在我国《婚姻法》中称作双方自愿离婚，指婚姻关系因双方当事人的合意而解除婚姻的一种方式。办理协议离婚的主体夫妻双方首先必须具有完全民事行为能力。其次要求双方自愿，不存在欺诈、胁迫等情形。这样达成的离婚协议才有可能生效。双方中如有一方有精神疾病，因精神疾病人属于无民事行为能力或者限制民事行为能力的人，婚姻登记机关会不予受理其离婚登记申请。这样的人离婚不能用"协议"方式，而必须通过诉讼，让法院来判决。

8. 与精神病人离婚的条件有哪些？

荣凯说法：精神病人因其行为能力受限，不能协议离婚，只能通过诉讼的方式离婚。根据《最高人民法院关于人民法院审理离婚案件如何认定夫妻感情确已破裂的若干具体意见》的规定,婚姻中一方是"婚前隐瞒了精神病,婚后经治不愈,或者婚前知道对方患有精神病而与其结婚,或一方在夫妻共同生活期间患精神病,久治不愈的",一方坚决要求离婚,经调解无效,可依法判决准予离婚。

9. 夫妻一方无民事行为能力,其监护人能否代为提出离婚诉讼?

荣凯说法:根据《最高人民法院关于适用〈中华人民共和国婚姻法〉若干问题的解释(三)》(以下简称《〈婚姻法〉司法解释(三)》)的第8条规定:"无民事行为能力人的配偶有虐待、遗弃等严重损害无民事行为能力一方的人身权利或者财产权益行为,其他有监护资格的人可以依照特别程序要求变更监护关系;变更后的监护人代理无民事行为能力一方提起离婚诉讼的,人民法院应予受理。"该条规定只针对完全丧失行为能力的人;从法律程序上看,其他有监护资格的人要先启动一个变更监护关系的特别程序,才能代理无行为能力人起诉离婚。需要指出的是,这里所指的侵害手段主要是遗弃、虐待,但又不限于此,比如说家庭暴力、转移资产也包括在内。也就是说,只要是有严重损害无行为能力一方合法权益的行为,变更后的监护人都可以代为起诉。这样就解决了无行为能力人的配偶既不起诉离婚也不履行夫妻扶养义务等问题。

10. 对于夫妻一方下落不明的,另一方如何解除婚姻关系?

荣凯说法:夫妻一方下落不明,另一方可以通过以下两种方式解除婚姻关系:(1)通过法院直接起诉离婚,解除婚姻关系。配偶下落不明满两年或两年以上,人民法院《依最高人民法院关于适用〈中华人民共和国民事诉讼法〉若干问题的意见》第151条的规定,"对下落不明人用公告送达诉讼文书",下落不明人在公告规定的期限未到人民法院出庭的,人民法院可依法缺席判决。(2)通过特别程序宣告失踪或死亡来解除婚姻关系。配偶下落不明满两年或两年以上,当事人可以依法向人民法院申请下落不明人失踪(下落不明满两年）或死亡（下落不明满四年以上）。人民法院依法宣告下落不明人失踪后，另一方可以向法院提起离婚诉讼，解除婚约关系；如被宣告死亡，其婚姻关系也在宣告死亡之日起解除。

11. 什么情形下申请宣告婚姻无效的，人民法院应当判决驳回当事人的申请？

荣凯说法：当事人以结婚登记程序存在瑕疵为由提起民事诉讼、主张撤销结婚登记的，应告知其可以依法申请行政复议或者提起行政诉讼。

第三节　子女抚养权

1. 离婚案件中未成年子女应由谁来抚养？

荣凯说法：父母与子女的关系不因父母离婚而消除。对于谁抚养未成年子女的问题应从有利于子女身心健康、保障子女合法权益角度出发，结合父母双方抚养能力合理安置。司法实践中存在着以下原则：（1）两周岁以下的子女，一般随母方生活。父母双方协议两周岁以下子女随父方生活，并对子女健康成长无不利影响的，可予准许；（2）两周岁以上的未成年子女，父方和母方均要求随其生活的，应对比双方抚养条件，选择更有利于孩子健康发展的一方；（3）10周岁以上的未成年子女随父或随母发生争执时，应考虑子女的意见。在有利于保护子女利益的前提下，父母双方也可以协议轮流抚养子女。法院在对子女抚养权进行处理时，会综合双方的情况，根据对子女成长有利的原则，进行调解或判决。

2. 什么情况下可变更子女的抚养关系？

荣凯说法：男女双方解除婚姻关系后，未成年子女的抚养权已经通过双方约定或法院判决归属一方。如果另一方想变更孩子抚养权，应符合以下条件之一：（1）与子女共同生活的一方因患严重疾病或因伤残无力继续抚养子女的；(2) 与子女共同生活的一方不尽抚养义务或有虐待子女行为，或其与子女共同生活对子女身心健康确有不利影响的；(3) 8周岁以上未成年子女，愿随另一方生活，该方又有抚养能力的；(4) 有其他正当理由需要变更的。如与子女共同生活的一方因违法犯罪被劳动教养、被逮捕、被收监服刑、较长时间出国，无法直接抚养的。抚养子女一方出现上述一种情形，另一方可依法主张变更抚养关系。

3. 离婚时该怎么处理收养的未成年子女的抚养权问题？

荣凯说法：依我国《婚姻法》规定，国家保护合法的收养关系。养父母和养子女之间的权利义务关系，适用父母对亲生子女的相关规定。因此，只要是形成了合法的收养关系，不管养父母的婚姻关系是否解除，对于未成年养子女都有抚养教育的义务。同时，《关于人民法院审理离婚案件处理子女抚养问题的若干具体意见》第14条规定，《中华人民共和国收养法》（以下简称《收养法》）施行前，夫或妻一方收养子女，对方未表示反对，并与该孩子形成事实收养关系的，离婚后，应由双方负担子女的抚养费；夫或妻一方收养的子女，对方始终反对的，离婚后，应由收养方抚养子女。

4. 不抚养孩子的一方应如何承担子女的抚养费？

荣凯说法：离婚后，父母对于子女仍有抚养和教育的权利和义务。一方抚养的子女，另一方应负担必要的生活费和教育费的一部分或全部，负担费用的多少和期限的长短，由双方协议；协议不成时，由人民法院判决。子女抚养费的数额，可根据子女的实际需要、父母双方的负担能力和当地的实际生活水平确定。有固定收入的，抚育费一般可按其月总收入的20%至30%的比例给付。负担两个以上子女抚育费的，比例可适当提高，但一般不得超过月总收入的50%。无固定收入的，抚育费的数额可依据当年总收入或同行业平均收入，参照上述比例确定。

5. 离婚诉讼时放弃对方支付的抚养费的，离婚后子女可否主张抚养费？

荣凯说法：根据《婚姻法》第 37 条第 2 款的规定："关于子女生活费和教育费的协议或判决，不妨碍子女在必要时向父母任何一方提出超过协议或判决原定数额的合理要求。"也就是说，父母双方在离婚时做出放弃一方给付子女抚养费的协议后，子女在必要时仍可以向不给付抚养费的一方要求给付。

6. 确认亲子关系时，若亲子鉴定一方拒绝应该怎么办？

荣凯说法：夫妻一方向人民法院起诉请求确认亲子关系，经常出现另一方不配合的情况，如果请求方要求确认亲子关系不存在并已提供必要证据予以证明，另一方没有相反证据又拒绝做亲子鉴定的，人民法院可以推定请求确认亲子关系不存在一方的主张成立。请求方起诉请求确认亲子关系，并提供必要证据予以证明，另一方没有相反证据又拒绝做亲子鉴定的，人民法院可以推定请求确认亲子关系一方的主张成立。

7. 不支付抚养费，是否享有探望权？

荣凯说法：离婚之后，经常出现一方不支付孩子抚养费的情形，双方经常会因为子女探视权的问题发生争议。《婚姻法》第 38 条规定："离婚后，不直接抚养子女的父或母，有探望子女的权利，另一方有协助的义务。行使探望权的方式、时间由当事人协商；协商不成时，由人民法院判决。"换句话说，不与孩子共同居住的父或者母有探望孩子的权利。另外，父母对子女有抚养的义务，不抚养孩子的一方有支付抚养费的义务。但是，不支付抚养费不能导致其丧失对子女的探望权。探望权是法定权利，抚养费也是法定的义务，二者并不互相依存。在支付抚养费和行使探望权出现问题时，权利主体可以依据《婚姻法》第 48 条规定，申请法院强制执行。

8. 隔代长辈是否享有探望权？

荣凯说法：《〈婚姻法〉司法解释（一）》第 26 条规定："未成年子女、直接抚养子女的父或母及其他对未成年子女抚养、教育义务的法定监护人，有权向人民法院提出中止探望权的请求。"也就是说，祖父母、外祖父母等其他近亲属是否享有探望权，主要看他们是否是承担抚养、教育未成年子女义务的法定监护人。对于隔代长辈是否享有探望权法律没有明文规定，由双方进行协商。

9. 婚姻关系存续期间，父母双方或者一方不抚养孩子怎么办？

荣凯说法：根据《〈婚姻法〉司法解释（三）》的规定，婚姻关系存续期间，父母双方或者一方拒不履行抚养子女义务、未成年或者不能独立生活的子女请求支付抚养费的，人民法院应予支持。

第四节　过错赔偿

1. 哪些离婚案件可以要求损害赔偿？

荣凯说法：离婚案件中，一方可能有重大过错，依据《婚姻法》第46条及相关司法解释，无过错方可以向过错方主张损害赔偿。下列情形可以认定为重大过错：（1）一方重婚或者与他人同居的；（2）实施家庭暴力的；（3）具有虐待、遗弃行为的。受害方因过错方的上述行为受到了损害，这种损害包括财产损害和精神损害两种，且受害方没有过错。如果双方均有过错，损害赔偿是不支持的。

2. 离婚过错损害赔偿应当在何时提出？

荣凯说法：根据《婚姻法》及相关司法解释的规定，《婚姻法》第46条规定的无过错方作为原告向人民法院提起损害赔偿请求的，必须在离婚诉讼的同时提出。在婚姻关系存续期间，当事人不起诉离婚而单独依据该条规定提起损害赔偿请求的，人民法院不予受理。符合《婚姻法》第46条规定的无过错方作为被告的离婚诉讼案件，如果被告不同意离婚也不基于该条规定提起损害赔偿请求的，可以在离婚后一年内就此单独提起诉讼。无过错方作为被告的离婚诉讼案件，一审时被告未提起损害赔偿请求，二审期间提出的，人民法院应当进行调解；调解不成的，告知当事人在离婚后一年内另行起诉。可见，提出离婚过错损害赔偿请求的程序是很严格的。同时，对于人民法院判决不准离婚的案件，当事人提出的损害赔偿请求，依法也是不会得到支持的。

3. 离婚时，什么情况下可以要求另一方给予经济帮助？

荣凯说法：《婚姻法》第42条规定，离婚时，如一方生活困难，另一方应从其住房等个人财产中给予适当帮助。具体办法由双方协议；协议不成时，由人民法院判决。"一方生活困难"，是指依靠个人财产和离婚时分得的财产无法维持当地基本生活水平。主要包括：（1）一方有残疾或患有重大疾病，完全或大部分丧失劳动能力，又没有其他生活来源；（2）一方因客观原因失业且收入低于本市城镇居民最低生活保障线；（3）其他生活特别困难的情形。帮助的内容既可以是房屋的所有权或居住权、使用权等实物形式，也可以是金钱。经济帮助具有暂时性和单一性，并非在离婚后任何时候出现经济困难都可以提出，只能在离婚时请求，并且这种帮助一般是一次性的。

4. 离婚时如果索要精神损害赔偿金，数额如何计算？

荣凯说法：对于离婚精神损害的赔偿数额多少问题，没有确定的数额，在进行赔偿时应当考虑以下因素：（1）无过错方精神损害的程度；（2）过错方对子女、老人等其他家庭成员造成的损害；（3）过错方的过错程度，过错的种类，结合动机、行为的手段、情节的严重性等；（4）过错方对家庭贡献的大小，双方健康程度、经济状况及经济收入；（5）婚姻续存期间长短，无过错方的年龄大小，无过错方再婚的可能性；（6）无过错方住所地的平均生活水平。法院会综合上述因素，确定具体的赔偿数额。

5. 男方以女方单方终止妊娠为由要求赔偿的，应当如何处理？

荣凯说法：《中华人民共和国妇女权益保障法》第47条规定，妇女有按照国家有关规定生育子女的权利，也有不生育的自由。生育权是男女双方的权利，女方有权决定是否生育，女方自己决定终止妊娠，是对个人权利的处置。男方以女方擅自中止妊娠侵犯其生育权为由请求损害赔偿的，人民法院不予支持；夫妻双方因是否生育发生纠纷、致使感情确已破裂、一方请求离婚的，人民法院经调解无效，应当认定双方感情破裂，准予离婚。

6. 男方发现其儿子非己所生，男方在离婚时是否有权请求精神赔偿？

荣凯说法：女方的行为严重违背了夫妻间的忠诚义务，极大地伤害了男方的感情，并造成严重的精神伤害。依据《婚姻法》第4条和第46条的规定，可以要求女方进行相应的损害赔偿，并可以要求女方支付共同抚养子女期间男方支付的抚养费。

7. 什么是家庭暴力？

荣凯说法：《婚姻法》所称的"家庭暴力"，是指行为人以殴打、捆绑、残害、强行限制人身自由或者其他手段，给其家庭成员的身体、精神等方面造成一定伤害后果的行为。持续性、经常性的家庭暴力，构成虐待。

8. 什么是人身安全保护令？

荣凯说法：根据《中华人民共和国反家庭暴力法》第23条的规定，当事人因遭受家庭暴力或者面临家庭暴力的现实危险，向人民法院申请人身安全保护令的，人民法院应当受理。当事人是无民事行为能力人、限制民事行为能力人，或者因受到强制、威吓等原因无法申请人身安全保护令的，其近亲属、公安机关、妇女联合会、居民委员会、村民委员会、救助管理机构可以代为申请。

9. 申请人身安全保护令，应当符合哪些要求？

荣凯说法：（1）有明确的被申请人；（2）有具体的请求；（3）有遭受家庭暴力或者面临家庭暴力现实危险的情形。

第五节 财产分割

1. 哪些财产属于夫妻一方的个人财产？

荣凯说法：夫妻一方个人财产，是指一方当事人在婚前的财产或婚后因某种原因专属一方所得的财产。具体包括：（1）一方的婚前财产；（2）一方因身体受到伤害获得的医疗费、残疾人生活补助费等费用；（3）遗嘱或赠与合同中确定只归夫或妻一方的财产；（4）一方专用的生活用品；（5）其他应当归一方的财产；（6）夫妻一方个人财产在婚后产生的收益中的孳息和自然增值。

2. 哪些财产属于夫妻共同财产？

荣凯说法：夫妻共同财产是指夫妻双方在婚姻关系存续期间所得的财产。根据《婚姻法》及司法解释的相关规定，下列财产属于夫妻在婚姻关系存续期间所得的夫妻共同财产：（1）工资、奖金；（2）生产、经营的收益；（3）知识产权的收益；（4）继承或赠与所得的财产，遗嘱或赠与合同中确定只归夫或妻一方的财产除外；（5）一方以个人财产投资取得的收益；（6）男女双方实际取得或者应当取得的住房补贴、住房公积金；（7）男女双方实际取得或者应当取得的养老保险金、破产安置补偿费；（8）发放到军人名下的复员费、自主择业费等一次性费用,以夫妻婚姻关系存续年限乘以年平均值,所得数额为夫妻共同财产;(9)夫妻一方个人财产在婚后产生的收益,除孳息和自然增值外,应认定为夫妻共同财产。

3. 婚姻关系存续期间能否分割共同财产?

荣凯说法:婚姻关系存续期间,夫妻一方请求分割共同财产的,人民法院不予支持,但有下列重大理由且不损害债权人利益的除外:(1)一方有隐藏、转移、变卖、毁损、挥霍夫妻共同财产或者伪造夫妻共同债务等严重损害夫妻共同财产利益行为的;(2)一方负有法定扶养义务的人患重大疾病需要医治,另一方不同意支付相关医疗费用的。如果有上述情形出现,便可以要求分割夫妻共同财产。

4. 婚后父母出资购房,是否属于夫妻共同财产?

荣凯说法:婚后父母出资购房,是比较普遍的现象,而一旦夫妻双方反目,又是争议最大的。对这个问题,在不同时期,有不同的规定。《〈婚姻法〉司法解释(三)》实施前,双方结婚后,父母为双方购置房屋出资的,无论登记在谁的名下,该出资应当认定为对夫妻双方的赠与,但父母明确表示赠与一方的除外。而《〈婚姻法〉解释(三)》规定,婚后由一方父母出资为子女购买的不动产,产权登记在出资人子女名下的,可按照婚姻法第18条第3项的规定,视为只对自己子女一方的赠与,该不动产应认定为夫妻一方的个人财产。由双方父母出资购买的不动产,产权登记在一方子女名下的,该不动产可认定为双方按照各自父母的出资份额按份共有,但当事人另有约定的除外。

5. 夫妻共同债务如何确定?

荣凯说法:夫妻共同债务主要是基于夫妻家庭共同生活的需要以及对共有财产的管理、使用、收益和处分而产生的债务,包括以下几个方面:(1)婚前一方借款购置的财产已转化为夫妻共同财产,为购置这些财产所负的债务；(2) 夫妻为家庭共同生活所负的债务；(3) 夫妻共同从事生产、经营活动所负的债务，或者一方从事生产经营活动，经营收入用于家庭生活或配偶分享所负的债务；(4) 夫妻一方或者双方治病以及为负有法定义务的人治病所负的债务；(5) 因抚养子女所负的债务；(6) 因赡养负有赡养义务的老人所负的债务；(7) 为支付夫妻一方或双方的教育、培训费用所负的债务；(8) 为支付正当必要的社会交往费用所负的债务；(9) 夫妻协议约定为共同债务的债务；(10) 其他应当认定为夫妻共同债务的债务。上述债务，应当认定为夫妻共同债务。离婚时，原为夫妻共同生活所负的债务，应当共同偿还。共同财产不足清偿的，或财产归各自所有的，由双方协议清偿；协议不成时，由人民法院判决。

6. 离婚诉讼时，法院是否支持夫妻双方在此之前达成的财产分割协议？

荣凯说法：双方在离婚前达成的协议离婚的财产分割协议，如果双方协议离婚未成，或者一方在离婚诉讼中反悔的，人民法院应当认为该财产分割协议没有生效，法院应该根据夫妻共同财产的具体情况分割。

7. 婚内一方给另一方打欠条，能否以此主张权益？

荣凯说法：根据《〈婚姻法〉司法解释（三）》的相关规定，夫妻之间订立借款协议的，以夫妻共同财产出借给一方，从事个人事务的，应视为双方约定处分夫妻共同财产的行为，离婚时可按照借款协议的约定处理。

8. 婚后夫妻共同出资购买、产权登记在其中一方父母名下的单位房改房，是否属于夫妻共同财产？

荣凯说法：根据相关法律规定，虽然此房是夫妻共同出资购买的，但此房依然属于产权人所有，不属于夫妻共同财产。对于夫妻共同的出资可以作为夫妻与房屋产权人之间债权债务关系处理，也可以认为是子女为孝敬父母而进行的共同赠与行为。

9. 一方未经另一方同意处置夫妻共同共有房屋，另一方能否追回？

荣凯说法：一方未经另一方同意出售夫妻共同共有的房屋，属于无权处置，因为共同共有的财产处置必须经全体共有人同意才可以。如果第三人善意购买，支付合理对价并办理了产权登记手续的，另一方无法追回此房屋的所有权。但是夫妻一方擅自处置夫妻共同共有的房屋造成另一方损失的，离婚时受损一方有权请求损害赔偿。如果购买人不是善意取得，属于与出售房屋一方串通损害第三人利益的，房屋买卖合同无效。

10. 一方用婚前个人财产购买另一方单位职工福利房，此房属于一方个人财产吗？

荣凯说法：《〈婚姻法〉司法解释（二）》明确了一方婚前承租、婚后以夫妻共同财产购买并登记于一方名下的房改房为夫妻共同财产，但对于一方婚前承租、婚后以个人财产购买并登记于一方名下的房改房，性质上如何认定，未做规定。实践中，房改房的出售和价格都受国家房改政策的调整，夫妻双方的工龄、职务、人口等因素均影响到房屋的价格，且一方购买房改房影响到另一方福利政策的再次享有，使得对方失去享受福利购房的可能性。因此，无论是从所有权取得时间上，还是从房屋的福利性质上，都应当认定为夫妻共同财产。只是在实际分割时，应当适当考虑出资方的利益。如果房改登记配偶一栏为空白，且一方当事人能够举出足够的证据，证明该房改房的取得完全是利用个人的福利因素取得、与对方没有任何关系且没有影响对方享受房改房福利政策的，可以认定为一方个人财产。另外，如果夫妻双方对房产的归属有约定，则按照约定处理。

11. 一方个人财产在婚后产生的收益，能否认定为夫妻共同财产？

荣凯说法：夫妻一方个人财产在婚后产生的收益，除孳息和自然增值外，应认定为夫妻共同财产。

第六节 婚姻的无效与撤销

1. 哪些婚姻属于无效婚姻?

荣凯说法：如果男女双方的婚姻有下列情形的，属于无效婚姻：（1）重婚的，即有配偶而与他人结婚或明知他人有配偶而与之结婚的行为；（2）有禁止结婚的亲属关系的，是指存在直系血亲和三代以内的旁系血亲的当事人禁止结婚；（3）婚前患有医学上认为不应当结婚的疾病、婚后尚未治愈的；（4）未达到法定婚龄的，即男不满22周岁，女不满20周岁。对于已办理结婚登记的无效婚姻，婚姻当事人及利害关系人可依此向人民法院申请宣告婚姻无效。申请时，法定的无效原因已经消失的，人民法院不予受理。

2. 哪些人有资格申请认定婚姻无效?

荣凯说法：有资格申请认定婚姻无效的，包括婚姻当事人及利害关系人。利害关系人包括：（1）以重婚为由申请宣告婚姻无效的，为当事人的近亲属及基层组织；（2）以未到法定婚龄为由申请宣告婚姻无效的，为未达法定婚龄者的近亲属；（3）以有禁止结婚的亲属关系为由申请宣告婚姻无效的，为当事人的近亲属；（4）以婚前患有医学上认为不应当结婚的疾病，婚后尚未治愈为由申请宣告婚姻无效的，为与患病者共同生活的近亲属。婚姻当事人与利害关系人可以依据《婚姻法》第10条向法院申请认定婚姻无效。

3. 哪些婚姻是可以撤销的?

荣凯说法：我国法律规定，因胁迫登记结婚的，受胁迫方可向婚姻登记机关或人民法院请求撤销该婚姻。所谓"胁迫"是指行为人给另一方当事人或其近亲属的生命、身体健康、名誉、财产等方面造成损害为要挟，迫使另一方当事人违背真实意思而与其登记结婚的行为。

4. 可撤销婚姻应当在多长时间内提出撤销请求？

荣凯说法：对于可撤销的婚姻，受胁迫一方应在结婚登记后一年内或恢复人身自由之日起一年内向婚姻登记机关或人民法院请求撤销该婚姻。一经撤销，婚姻关系自始无效。该一年期间为除斥期间，不能中止、中断、延长。

第七节 案例解答

1. 王女士今年 31 岁，结婚 6 年。王女士与丈夫原是大学同学，在大学期间，两人是同学间的"模范小情侣"，不管是谁生病，对方一定会悉心照顾；在婚姻的前一两年间，小两口是街坊邻居口中的"楷模夫妻"，但是，后来丈夫的脾气越来越让王女士捉摸不透，丈夫经常对她拳脚相加。王女士采取退让的态度，忍无可忍时就离家躲避。王女士的丈夫便发疯似的去找她，找到后痛哭流涕、道歉，发誓以后不会再打骂她。每次王女士原谅了丈夫，可是过不了几天又遭到丈夫的毒打。后来，王女士向法院提起离婚之诉及损害赔偿的要求。

荣凯说法：妇女遭受家庭暴力一定要敢于用法律武器维护自己的合法权

益，要选择正确的维权手段，切忌"以暴制暴"。遭受家庭暴力的妇女有权提出请求，居民委员会、村民委员会以及所在单位应当对施暴方予以劝阻，对双方进行调解，对家庭暴力的相关证据注意保存。对于已构成犯罪的家庭暴力行为，受害妇女可以向人民法院自诉，对于暴力致被害人重伤、死亡的，公安机关侦查后，人民检察院应当依法提起公诉。此外，长期遭受家庭暴力的受害妇女可以以遭受家庭暴力为由要求离婚，并在离婚时提出损害赔偿要求。

2. 李某与张女士系夫妻，2012年6月23日二人达成离婚协议，约定其婚后共同购买的A房产（登记在李某名下）由张女士享有所有权、婚生子由张女士抚养等内容。离婚协议订立后，二人到房管局办理了A房产变更手续，由张女士享有A房产的所有权。但二人由于种种原因没有到民政部门办理离婚手续。2015年3月，李某欲诉讼离婚，其还能要求分割A房产吗？

荣凯说法：李某有权要求分割A房产。本案所涉及的离婚协议系婚内离婚协议，所谓婚内离婚协议，是指男女双方在婚姻关系存续期间，以解除婚姻关系为目的，并就财产分割及子女抚养问题达成的协议。婚内离婚协议是以双方协议离婚为前提的，一方或者双方为了达到离婚的目的，可能在财产分割、子女抚养等方面做出有条件的让步。在双方未能在婚姻登记机关登记离婚的情况下，该协议没有生效，对双方当事人均不产生法律约束力，其中关于财产分割、子女抚养的约定，不能当然作为法院处理离婚案件的直接依据。因此，李某和张女士虽然已经履行了财产变更手续，但因离婚的前提条件不成立而没有生效，已经变更权利人的财产仍属于夫妻婚姻存续期间的共同财产，所以李某有权要求分割。

3. 2013年孙先生买了一套45万元的商品房，其中贷款25万元，产权登记的是孙先生一个人的名字。2014年3月他结婚了，婚后并没有和妻子进行任何的书面财产约定，收入仍然是各管各的，而房贷一直都是用孙先生的工资在还。但最近两人闹起了离婚，孙先生的妻子说房子是共同财产，婚后涨价部分应当属于双方投资所得，她应享有一半份额，而孙先生则认为房子应该属于自己的个人财产，妻子根本没有权利分。请问：他们离婚时该如何分割房产？

荣凯说法：夫妻一方婚前以个人财产购买房屋并按揭贷款，产权登记在自己名下的，该房屋仍然视为个人财产，同样的，按揭贷款也为其个人债务。因此，该房屋应当属于孙先生的个人财产，其银行还贷应当属于个人债务，而房价的上涨基于这一基础也应当属于孙先生个人所有。但是如果孙先生无法证明双方之间的财产有所约定的话，那么孙先生的妻子就被视为参与了贷款的清偿，尽管不改变个人财产的性质，孙先生却应该对双方婚后共同还贷支付的款项及相对应的财产增值部分，对妻子进行补偿。

4. 李女士与其丈夫黄先生均为某医院职工，二人带着女儿共同居住在单位分配的一套面积约 70 平方米的房屋内。2005 年 9 月，该单位建设经济适用房，李女士和黄先生因已有住房，不具备申请资格，经过双方再三商量之后，决定先办理离婚手续，离婚后由黄先生取得申购经济适用房的资格。后李女士与黄先生在法院调解下离婚，双方在民事调解书中明确表示夫妻共同财产已经分割完毕，再无其他纠纷。离婚后，黄先生出资购买房屋一套。

孰料，2014 年 6 月，李女士以离婚后财产纠纷为由，一纸诉状将黄先生诉至法院，要求分割黄先生购买的房屋，将一半的使用权归自己所有。

荣凯说法：黄先生名下的房屋系其与李女士离婚后，个人签订购房协议并支付购房款所得，并非与李女士婚姻关系存续期间所取得，依法不属于夫妻共有财产。此外，李女士与黄先生在离婚案件中已经明确载明双方财产处理完毕，无其他争议，现李女士又以离婚后财产纠纷为由起诉，无事实与法律依据，法院理应驳回李女士的诉讼请求。

5. 林某与章某系夫妻，两人于 2008 年登记结婚，婚后共同居住在林某的父母给建造的宅基地房屋内。婚后两人生育一女,现在已经读小学一年级。后来两人因为感情不和经常争吵,2014年两人协议离婚。离婚时林某考虑到章某离婚后的居住等因素,一次性补偿了章某5万元人民币。但是离婚后章某一直和女儿居住在林某的房屋内。近期,林某又交往了新的女朋友,准备再婚,因此想让章某搬出去住,但是章某以没有住处为由拒绝搬出。林某为此咨询了法律专家。

荣凯说法:宅基地是农村集体经济组织成员因成员身份而依法享有的村民福利。林某的房屋是林某婚前父母为其所建,章某基于结婚的事实而居住在该房屋内。现在林某与章某已经离婚,并且林某也已经支付给章某一定的住房补偿,章某没有理由再居住在林某的房屋内。但是,考虑到章某的女儿在上小学,并且与母亲章某一起居住,短期的搬离行为必将影响其正常的生活学习,同时,章某另外解决住处也需要一定的时间,因此,建议给章某预留一定的期限,等章某找到合适的住处后再让其搬走为宜。

6. 韩某和妻子李某过去是大学同学。毕业时,李某看到房价不断上涨,就主张提前购房,于是,在还没有结婚的前提下,韩某家里拿出10万元赞助了全部首付款。由于当时感情融洽,韩某同时把李某的名字也登记在了房产证上。3年来,房价已经翻了一倍。2017年,由于韩某常年在外,李某有了外遇。韩某愤怒之下提出离婚,但李某提出应该分得一半房产,韩某则认为应该扣除当年自己支付的首付款,但由于当时是李某前去付的款,付款凭证上是李某的名字,房产证上也是两个人的名字,因此韩某没有任何证据证明首付款是自己的父母出资的。

荣凯说法:如果房产证上登记的是两个人的名字,即使该房产是婚前所买,也可认为是夫妻共同财产,分割时候应按共同财产的分割原则进行处理。同时,如果双方约定了共有方式,则按约定;没有约定的,视为等份共有。

7. 李婆婆与赵大爷系夫妻关系,一生共生育赵有、赵福两个子女,二人有位于济南市天桥区某小区房改房一套,房产证登记在李婆婆名下。赵大爷2004年9月因病去世。2008年7月,李婆婆决定将该房子卖掉,与高先生签订《房屋买卖协议》,但到了房管局,却被告知无法办理过户。现咨询怎么办。

荣凯说法:房管局不给高先生办理过户是正确的,因为不符合房屋产权过户的手续及法律规定。这个案子涉及婚姻法律关系、继承法律关系、房屋买卖合同法律关系。我们进一步分析,李婆婆与赵大爷系夫妻,该房产在婚后取得,系老两口的夫妻共同财产。赵大爷去世后,该房产属于赵大爷的产权份额已经发生继承,老两口的子女也有继承权,系法定继承人,这也就是房管局不给高先生办理产权过户的原因。我建议高先生与李婆婆及其子女协商一致,走法院确权程序,李婆婆及子女到法院签字确认关于买卖协议的效力,高先生拿着法院的调解书就可以办理产权过户了。

8. 济南市的郭女士与前夫高先生因感情破裂被法院判决离婚,两人的女儿甜甜随母亲一起生活,高先生每月支付甜甜的抚养费500元。2014年9月,郭女士与潘先生再婚,并让甜甜改姓潘。高先生知道后非常气愤,表示:"自己的女儿都不跟我姓了,我凭什么还养她?"遂拒绝再向郭女士支付女儿的抚养费。郭女士想知道,高先生这样做合法吗?

荣凯说法:《婚姻法》第36条规定:"父母与子女之间的关系,不因父母离婚而消除,离婚后,子女无论由父或母抚养,仍是父母双方的子女;离婚后父母对子女有抚养和教育的权利和义务。"本案中,高先生是甜甜的生父,双方的父女关系不因高先生与郭女士婚姻关系的终止而消除,无论甜甜姓名是否变更,高先生均有义务支付甜甜的抚养费。此外,《民事诉讼法》规定:"发生法律效力的判决,当事人必须履行的。一方拒绝履行的,对方当事人可以向人民法院申请强制执行。"因此,如果高先生拒付抚养费的话,郭女士可以代孩子向法院申请强制执行。

9. 张某的舅舅生前立遗嘱把 10 万元遗赠给张某。2007 年 5 月 15 日，张某的舅舅去世，同年 5 月 20 日，张某表示接受 10 万元赠与。李某于 2007 年 8 月与父亲母亲共同购买一处房屋，在银行贷款 10 万元，房产证名字为李某跟李某父母三人。2008 年 1 月 1 日，张某与李某登记结婚。婚后，李某提出用张某的 10 万元偿还其与父母购房的 10 万元银行贷款，张某同意并且于 2008 年 2 月 1 日去银行办理了还贷手续。

婚后不到两个月，李某发现张某在外与人同居，并且同居者也知道张某、李某的婚姻情况。两人矛盾激化，张某提出离婚，要求李某偿还 10 万元。李某认为 10 万元是夫妻共同财产，并且张某同意为其及父母偿还贷款，属于赠与性质，不同意偿还，同时提出，如果离婚，要求张某赔偿青春损失费 5 万元。

荣凯说法：本案中，张某的 10 万元遗赠财产应属于个人财产，不能因为其婚后答应帮李某及其父母偿还贷款就变成夫妻共同财产或者是赠给李某及其父母的。同理，李某与其父母的房屋也属于婚前财产，是李某的个人财产。故张某与李某是债权债务的关系，张某可向李某主张返还 10 万元。李某要求张某赔偿青春损失费，这在法律上没依据，因此不予支持。

10. 9 年前，老李和王女士夫妻感情破裂，双方离婚。当时，双方在离婚协议书中约定，儿子小龙由王女士抚养，而父亲老李每月支付抚养费人民币 15000 元。协议书中的第一条还约定，上述费用要一直支付到小龙成年为止。但是离婚之后，老李并没有履行协议，没有按约定支付抚养费。

小龙和王女士起诉认为，老李没有支付抚养费，违反了协议约定，因此，他们请求法院判令老李支付拖欠的抚养费共计数百万元人民币。老李则答辩，离婚协议是他与前妻王女士的真实意思表示，但是离婚后经济发生变化，而且他因心肌梗死住院治疗，现在已经无法按当时的协议支付抚养费。

荣凯说法：由于老李未举证证明其离婚后的经济状况变化及每月的收入，

而且他也没有与王女士协商变更抚养费,因此,老李的辩解无事实和法律依据,法院不予采信。法院认定老李与王女士离婚时签订的离婚协议书系双方当事人的真实意思表示,为有效协议,双方均应按协议约定履行,但老李未能按协议书的约定履行。现在王女士代原告起诉要求被告按协议书约定支付抚养费,符合法律规定,法院予以支持。

11. 王某(男)与彭某(女)是小学同学,同村居住,1992年双方18岁的时候,由父母给他们定了亲,遂以夫妻名义住在了一起,并生育一子。2000年,王某外出务工,结识了女工秦某,不久即租房同居,并于2002年2月起诉到法院要求与彭某离婚。彭某则以《婚姻法》第4条"夫妻应当互相忠实"的规定为根据提出诉请,要求保护自己与王某的婚姻关系,排除秦某的妨害行为。请问:人民法院应如何对待双方的诉请?

荣凯说法:当事双方1992年以夫妻名义同居时不到法定婚龄,王某起诉"离婚"时已经符合结婚实质要件,按照最高人民法院的相关司法解释,人民法院应告知当事人在案件受理前补办结婚登记手续。如果双方补办了结婚登记手续,按照离婚诉讼审理;如果双方不补办结婚登记手续,则按照解除同居关系处理。如果双方不补办结婚登记手续,便不具有合法的夫妻身份;即使双方补办了结婚登记手续,按照最高人民法院的司法解释,彭某仅以《婚姻法》第4条为依据提起诉讼,人民法院也不予受理。

12. 李某(女)在与许某(男)未婚同居的第二年,生下一女许小某。许小某8岁时,李某与许某发生矛盾,双方分居,许小某由李某抚养。后由于许某拒绝支付抚养费,许小某诉至法院,请求判令许某向许小某每月支付抚养费600元,直至许小某年满18周岁。许某辩称其与许小某之间不存在亲子关系,不同意支付抚养费。庭审中,经作为许小某法定代理人的李某申请,其租住房屋的房东和邻居出庭作证,称两人近几年一直同住;许某不承认上述证人证言的真实性,但不确认许小某系其女儿。为此,李某向法院申请亲子鉴定，法院予以准许，但许某拒绝做鉴定。

荣凯说法：《〈婚姻法〉司法解释（三）》第2条规定，当事人一方起诉请求确认亲子关系，并提供必要证据予以证明，另一方没有相反证据又拒绝做亲子鉴定的，人民法院可以推定请求确认亲子关系一方的主张成立。

在本案中，李某提出证据，能够有效证明与许某的同居关系，并且许小某也是在双方同居期间所生。而本案的被告许某，在没有证据反驳又拒绝做亲子鉴定的情况下，只能承担对他不利的法律后果。

13. 许某（男）与李某（女）于2003年结婚，婚后两人共同购买了一套房屋。2006年10月，许某将此房以60万元的价格出售给王某，双方约定了付款方式及办理房屋所有权证变更登记手续的日期及承担的费用，但李某未签字，也不在场。协议签订后，王某先后分两次付给许某30万元，但房屋一直未交付。李某知道许某卖房后拒绝卖房，导致双方发生纠纷，使协议未能继续履行。2007年3月，王某将许某告上法庭，要求许某继续履行协议。李某则以有独立请求权的第三人身份参加诉讼，要求法院确认该购房协议无效。

荣凯说法：原、被告及第三人诉争之房屋为被告和第三人共同共有，共同共有人对共有财产享有共同的权利，承担共同的义务。在共同共有关系存续期间，部分共有人擅自处分共有财产的，一般无效。我国法律规定，民事行为被确认无效后，当事人因该行为取得的财产，应当返还给受损失的一方。有过错的一方应当赔偿对方所受的损失，双方都有过错的，应当各自承担相应的责任。原、被告所签订的购房协议无效，被告许某应返还原告王某所付房款30万元及相应利息。

14. 张女士与丈夫高飞（化名）结婚两年。2017年3月，张女士在下班途中不幸遭遇交通事故，造成左腿截肢。事后，肇事方一次性赔偿给张女士30万元，当时张女士因为正在住院期间行动不便，于是这笔钱随后由丈夫高飞领走。7月中旬，高飞正式提出离婚。在财产分割问题上，高飞主张将30万元赔偿款一人一半。张女士则认为这30万元赔偿金是自己用一条腿换来的，哪能作为夫妻共同财产呢？那么，这笔赔偿金到底属于不属于夫妻共同财产？

荣凯说法：并不是所有的财产都属于夫妻共同财产。"夫妻共同财产"是指夫妻双方在婚姻关系存续期间所得的财产，而夫妻一方的个人财产，根据我国《婚姻法》第18条规定，是指一方当事人在婚前的财产或婚后因某种原因专属一方所得的财产，具体包括：（1）一方的婚前财产；（2）一方因身体受到伤害获得的医疗费、残疾人生活补助费等费用；（3）遗嘱或赠与合同中确定只归夫或妻一方的财产；（4）一方专用的生活用品；（5）其他应当归一方的财产。因此，本案中该笔款项是张女士因身体受到伤害而获得的赔偿费用，完全属于张女士的个人财产，张女士的丈夫无权分割。

15. 2013年1月16日，张某与王某经人介绍相识，不久即登记结婚。按照当地风俗，王某给付女方5万元彩礼钱。不料，婚后由于双方性格不合，加之常因家庭琐事争吵不断，导致双方共同生活不到一个月便分居了。分居两年后，王某认为夫妻感情彻底破裂，而自己患有先天性心脏病，劳动能力有限，当初付给张某彩礼钱导致自己生活困难，故向法院提起诉讼，请求依法判令张某返还彩礼，判令两人离婚。

荣凯说法：根据《〈婚姻法〉司法解释（二）》的规定，三种情形下法院应当支持返还彩礼：双方未办理结婚登记手续的；双方办理结婚登记手续但确未共同生活的；婚前给付并导致给付人生活困难的。但后两种情况应当以双方离婚为条件。本案夫妻俩婚前缺乏了解，婚后共同生活的时间较短，未能建立深厚的夫妻感情，法院应准予离婚；而王某患有先天性心脏病，劳动能力有限，当初王某给付的彩礼确实已导致其生活困难。据此，法院应当判决张某返还全部或部分彩礼。

16. 谢某于 2006 年 2 月转账 20 万元到唐先生名下的银行账户内，后谢某又分别于 2006 年 3 月、5 月各取现金 4 万元交给唐先生。唐先生出具借条一份，内容为"暂借谢某人民币贰拾捌万元"，落款人签名为唐先生，落款日期为 2006 年 5 月 21 日。李女士与唐先生于 1988 年 5 月登记结婚，于 2006 年 10 月协议离婚，2007 年 2 月唐先生死于车祸。谢某于 2007 年 5 月提起诉讼，要求李女士返还借款。

荣凯说法：根据《最高人民法院关于审理涉及夫妻债务纠纷案件适用法律有关问题的解释》第 3 条规定，夫妻一方在婚姻关系存续期间以个人名义超出家庭日常生活需要所负的债务，债权人以属于夫妻共同债务为由主张权利的，人民法院不予支持，但债权人能够证明该债务用于共同生活、共同生产经营或者基于夫妻双方共同意思表示的除外。

17. 原告尚某与被告王某于 1991 年举行婚礼，1998 年家庭的一次意外失火，使王某精神上受到严重打击，从此王某患上了精神分裂症，尚某于 2003 年以与王某感情破裂为由向法院起诉要求与王某离婚，后经法院调解，尚某撤回了起诉。2004 年，原告尚某又一次向法院起诉，要求与王某离婚。法院经审理后判决尚某与王某离婚，但考虑到王某现患有精神分裂症，无民事行为能力，为了其今后的生活，在分割财产时也应予以照顾。

荣凯说法：我国《婚姻法》第 32 条规定，感情确已破裂，并调解无效的，准予离婚。《最高人民法院关于人民法院审理离婚案件如何认定夫妻感情确已破裂的若干具体意见》第 3 条规定，婚前隐瞒了精神病，婚后经治不愈，或者婚前知道对方患有精神病而与其结婚，或一方在夫妻共同生活期间患精神病，久治不愈的，视为夫妻感情确已破裂。一方坚决要求离婚，经调解无效，可依法判决准予离婚。本案中，王某是婚后得的精神病，2004 年，原告尚某向法院起诉，与王某离婚，法院鉴于婚姻自由的原则，同时又考虑到王某现患有精神分裂症，无民事行为能力，以及其今后生活的需要，判决尚某与王某离婚,在分割财产时给予王某照顾。

18. 张某和王某于 1990 年登记结婚。1998 年事业单位房改时,夫妻二人商量各自从本单位购买一处住房,但按照政策,夫妻只能购买一处住房。为了多买一处住房,夫妻协商假离婚并到婚姻登记机关办理了离婚手续。双方约定,各自买到住房后,办理复婚手续。离婚后,张某从单位购买了一处住房,王某单位房改进度较慢,近一年才买到一处住房。当王某找张某复婚时,方知张某已于两个月前与他人结婚。后来,王某一气之下想用法律来保护自己,于是向人民法院起诉,请求判令张某新的婚姻无效。现王某想问,法院会支持他的诉求吗?

荣凯说法:上述案件是一起典型的假离婚纠纷案。假离婚,即婚姻关系当事人为了共同目的约定暂时离婚、待达到目的后再复婚的行为。假离婚从形式上看,当事人双方是自主自愿的,实质上隐藏着双方共谋共知的目的,办理机关当时是无法知道的。目的实现后,一旦不能按约定复婚,便会产生因假离婚引发的复婚纠纷。在婚姻登记机关办理的假离婚,如果当事人一方持离婚证与他人结婚,该婚姻有效;根据婚姻自由原则,原来的婚姻关系已经解除,新婚姻也已确立,所以,要求复婚一方的申请不予支持。

第二章

继承篇

继承，指一个对象直接使用另一对象的属性和方法，也指按照法律或遵照遗嘱接受死者的财产、职务、头衔、地位等。继承权被剥夺后，该继承人即丧失了承受遗产的权利。继承制度是同特定的社会制度相联系的，是在社会出现私有制、分裂为阶级以后随同国家的产生而产生的。继承人接受或放弃继承的意思表示，是单方行为，具有法律效力。

第一节 继承总论

1. 什么是继承？

荣凯说法：继承有广义和狭义之说。广义的继承是指生者对于死者生前享有的权利和承担的义务的承受，其内容包括身份继承和财产继承。狭义的继承是指将死者生前遗留的财产权利和义务，依法或者依死者的指定转移给他人承受的有关法律制度。

2. 继承有什么特征？

荣凯说法：其发生以被继承人死亡为原因；必须要有合法的继承人，财产继承人只能是与被继承人有一定亲属身份关系的自然人;被继承人死亡时,必须有遗产,即继承关系的客体;其结果是继承人无偿取得遗产所有权。

3. 存在相互继承关系的几个人在同一事件中死亡如何确定继承顺序?

荣凯说法:如果在同一事件中,存在继承关系的几个人同时死亡,根据《最高人民法院关于贯彻执行〈中华人民共和国继承法〉若干问题的意见》第2条的规定,按照以下顺序确定死亡时间,从而确定继承顺序:(1)无继承人的人先死亡;(2)都有继承人的,长辈先死亡;(3)辈分相同的,同时死亡,彼此无继承发生。

4. 如何确定继承发生的地点?

荣凯说法:继承发生后,首先要确定继承发生的地点,这对继承案件管辖等具有重要的意义。根据《中华人民共和国继承法》(以下简称《继承法》)的相关规定,继承发生地点有下列两种选择:(1)被继承人生前最后住所地;(2)主要遗产所在地。上述两种情况不一致的,以主要遗产所在地为继承发生地点。

5. 遗产的范围有哪些?

荣凯说法:遗产是死亡时遗留的个人合法财产。根据我国《继承法》第3条的规定,遗产的范围包括:(1)公民的收入;(2)公民的房屋、储蓄和生活用品;(3)公民的林木、牲畜和家禽;(4)公民的文物、图书等资料;(5)法律允许公民所有的生产资料;(6)公民的著作权、专利权中的财产权利;(7)公民的其他合法财产。

6. 继承都有哪些方式?

荣凯说法:继承中最重要的分类方式是依据继承财产的方式分为法定继承与遗嘱继承两种,前者是根据法律的直接规定继承遗产,后者依照被继承人生前合法有效的遗嘱规定继承遗产。与遗嘱继承相类似的还有遗赠,严格来说,遗赠并不是一种继承方式,因为受遗赠人并不属于继承人范围内,但遗赠也是解决被继承人遗产分配的问题,故也列为一种继承方式。而《继承法》中最有特色的是遗赠扶养协议,同遗赠一样,接受遗赠的人也不属于法定继承人的范围;与遗赠的区别是,遗赠扶养协议继承遗产的前提是履行遗赠扶养协议中约定的义务,只有这样才能依法继承遗产。综合来说,《继承法》规定的继承方式包括法定继承、遗嘱继承、遗赠以及遗赠扶养协议。

7. 继承是否有时间限制?

荣凯说法:根据我国《继承法》第25条的规定:"继承开始后,继承人放弃继承的,应当在遗产处理前,作出放弃继承的表示。没有表示的,视为接受继承。"继承自被继承人死亡开始发生,在继承人死亡到遗产分割这段时间,如果继承人未作出放弃继承的意思表示,就视为接受继承,所以说,在接受继承这一点上没有时间限制。但对于侵犯继承权的情形,继承人维权,法律规定了一定的时间限制。根据《继承法》第8条的规定:"继承权纠纷提起诉讼的期限为两年,自继承人知道或者应当知道其权利被侵犯之日起计算。但是,自继承开始之日起超过二十年的,不得再提起诉讼。"也就是说,因侵犯继承权的行为,被侵权人提起诉讼的时效为两年,如果继承人在此期间内未主张权利,将会丧失胜诉权。

8. 继承人为什么能够依法进行继承?

荣凯说法:继承权取得的原因有法定继承取得和遗嘱继承取得。其中按法定继承权取得有以下几种原因:(1)基于婚姻关系,即配偶;(2)基于血缘关系,包括父母、子女、兄弟姐妹、祖父母、外祖父母;(3)基于扶养关系,包括丧偶儿媳、丧偶女婿。遗嘱继承权取得的条件包括:(1)存在法定继承权;(2)有合法有效的遗嘱。

9. 无民事行为能力人和限制民事行为能力人如何继承遗产?

荣凯说法:我国法律制度中存在法定代理制度,也就是说,对于无民事能力或者限制行为能力人来说,虽然其在行为能力上有欠缺,但这并不能影响无民事行为能力人和限制行为能力人继承遗产的权利，此时，其法定代理人可以代为行使继承权（代替继承人行使该项权利），但法律规定对法定代理人有一定的限制，即法定代理人不得做出损害被代理人利益的行为，比如说代继承人放弃继承权或者其他损害被代理人的行为。

10. 继承人有哪些行为将会导致丧失继承权？

荣凯说法：故意杀害被继承人的，无论是既遂还是未遂，均应确认其丧失继承权；为争夺遗产而杀害其他继承人的，无论是既遂还是未遂，均应确认其丧失继承权；遗弃被继承人的，或者虐待被继承人情节严重的，无论是否追究刑事责任，均可确认其丧失继承权；伪造、篡改或者销毁遗嘱，情节严重的。

第二节 法定继承

1. 什么是法定继承？

荣凯说法：法定继承是指在被继承人没有对其遗产的处理立有遗嘱的情况下，由法律直接规定继承人的范围、继承顺序、遗产分配的原则的一种继承形式。法定继承又称为无遗嘱继承，是相对于遗嘱继承而言的。

法定继承是遗嘱继承以外的依照法律的直接规定将遗产转移给继承人的一种遗产继承方式。在法定继承中，可参加继承的继承人、继承人参加继承的顺序、继承人应继承的遗产份额以及遗产的分配原则，都是由法律直接规定的，因而法定继承并不直接体现被继承人的意志，仅是法律依推定的被继承人的意思将其遗产由其亲近亲属继承。

2. 哪些情形下适用法定继承？

荣凯说法：被继承人生前未与他人订立遗赠扶养协议，或虽订立遗赠扶养协议，但只处分了部分遗产，或协议已失去法律效力的；被继承人生前未立遗嘱、遗赠，或虽立遗嘱、遗赠，但只处分了部分遗产，或所立遗嘱、遗赠无效或部分无效的；遗嘱继承人或受遗赠人先于被继承人死亡的；遗嘱继承人放弃遗嘱继承或受遗赠人放弃受领遗赠的；遗嘱继承人丧失继承权或受遗赠人丧失遗赠受领权的。

3. 在法定继承的情况下遗产分配的原则是什么？

荣凯说法：《继承法》中规定了遗产分配的具体原则，分别是：（1）一般情况下，遗产分配应均等；（2）对生活有特殊困难的缺乏劳动能力的继承人，分配遗产时应当予以照顾；（3）对被继承人尽了主要抚养义务或者与被继承人共同生活的继承人，分配遗产时可以多分；（4）有扶养能力和有扶养条件的继承人，不尽扶养义务的，分配遗产时应当不分或者少分；（5）当事人协商同意的也可以不均等。

4. 法定继承的继承人范围包括哪些？继承有先后顺序吗？

荣凯说法：根据我国《继承法》的规定，遗产按照下列顺序继承：第一顺序：配偶、子女、父母。第二顺序：兄弟姐妹、祖父母、外祖父母。没有第一顺序继承人继承的，由第二顺序继承人继承……继承的顺序是怎么安排的呢？首先，继承开始后先由第一顺序继承人继承，在没有第一顺序继承人的情况下以此类推由第二顺序继承人继承。

继承人范围包括第一顺序继承人：配偶、父母、子女，第二顺序继承人：兄弟姐妹、祖父母、外祖父母。其中子女包括婚生子女、非婚生子女、养子女和有扶养关系的继子女，父母包括生父母、养父母和有扶养关系的继父母，兄弟姐妹包括同父母的兄弟姐妹、同父异母或者同母异父的兄弟姐妹、养兄弟姐妹、有扶养关系的继兄弟姐妹。

5. 丧偶儿媳和丧偶女婿能否继承公婆、岳父岳母的遗产？

荣凯说法：丧偶儿媳和女婿虽然不是法定的继承人，但是在特殊情况下，法律仍规定丧偶儿媳和女婿可以继承公婆和岳父岳母的遗产。根据我国《继承法》第12条的规定："丧偶儿媳对公、婆，丧偶女婿对岳父、岳母尽了主要赡养义务的，作为第一顺序继承人。"《最高人民法院关于贯彻执行〈中华人民共和国继承法〉若干问题的意见》第29条规定："丧偶儿媳对公婆，丧偶女婿对岳父、岳母，无论其是否再婚，以继承法第12条规定作为第一顺序继承人时，不影响其子女代位继承。"所以，如果丧偶儿媳或者女婿对公婆、岳父岳母尽了主要的赡养义务，是可以以第一顺序继承人的资格继承遗产的。

6. 收养的子女能否继承养父母的遗产？

荣凯说法：可以继承。根据《继承法》第10条的规定："……本法所说的子女，包括婚生子女、非婚生子女、养子女和有扶养关系的继子女……"也就是说，养子女与婚生子女一样，都是作为第一顺序继承人来继承养父母的遗产的，养子女与婚生子女是没有差别的。

7. 继子女能否继承继父、继母的遗产？

荣凯说法：现实生活中，许多再婚家庭会带着孩子再婚，这样孩子就成为继子或者继女，那么，继子、继女能否继承继父、继母的遗产呢？《继承法》第10条规定："……本法所说的子女，包括婚生子女、非婚生子女、养子女和有扶养关系的继子女……"从上述规定可以看出，继子女继承继父母的遗产是有条件的,即双方要形成扶养关系,这是继子女继承继父母遗产的前提条件,不具备上述条件,继子女就无法继承继父母的遗产。

8. 什么是代位继承？代位继承在什么情况下适用？

荣凯说法：代位继承,是指被继承人的子女先于被继承人死亡时,由被继承人子女的晚辈直系血亲代替先死亡的长辈直系血亲继承被继承人遗产的一项法定继承制度。根据我国法律规定,被继承人的子女先于被继承人死亡的,由被继承人的子女的晚辈直系血亲代位继承。代位继承人一般只能继承他的父亲或者母亲有权继承的遗产份额。根据《最高人民法院关于贯彻执行〈中华人民共和国继承法〉若干问题的意见》第25条的规定,被继承人的孙子女、外孙子女、曾孙子女、外曾孙子女都可以代位继承,代位继承人不受辈数的限制。代位继承只能适用于法定继承,遗嘱继承不会发生代位继承的情况,这是代位继承和转继承的最大区别。

9. 什么是转继承？转继承在什么情况下适用？

荣凯说法：转继承,是指继承人在继承开始后实际接受遗产前死亡,该继承人的合法继承人代其实际接受其有权继承的遗产。转继承人就是实际接受遗产的死亡继承人的继承人。继承人在继承开始后、遗产分割前死亡,其应继承的遗产份额由他的继承人继承。转继承实际上是发生了两次继承关系,对法定继承和遗嘱继承都适用。

10. 法定继承人以外的人赡养被继承人是否可以分得被继承人的遗产？

荣凯说法：现实生活中,有些情况下,被继承人是由法定继承人以外的人照顾生活起居的,无论出于何种原因,此种无私奉献的精神是值得提倡的,如果对于该种善意行为无任何补偿或者鼓励的话,将违背法律的立法本意。还有一种情况是,丧失劳动能力和生活能力,依靠被继承人照顾生活起居的,如果脱离被继承人的照顾,可能将面临难以生存的困境。为此,《继承法》第14条规定:"对继承人以外的依靠被继承人扶养的缺乏劳动能力又没有生活来源的人，或者继承人以外的对被继承人扶养较多的，可以分给他们适当的遗产。"上述两种情形，可以分得的份额是适当的遗产，至于遗产的多少，要根据实际情况确定。

11. 如何放弃继承权？放弃继承权的意思应在什么时候做出？

荣凯说法：继承权人在继承开始后到遗产处理前，享有做出放弃自己的继承地位和应继承份额的意思表示的权利，此种放弃行为在法律上称为放弃继承权。按照我国《继承法》第25条的规定，继承人放弃继承，应当做出明确表示。这种明确表示应采取何种方式，《继承法》没有做出具体规定。《最高人民法院关于贯彻执行〈中华人民共和国继承法〉若干问题的意见》第47条规定："继承人放弃继承，本人承认，或有其他充分证据证明的，也应当认定其有效。"通过以上法律规定可以看出，放弃继承权当事人必须以明示的方式做出，但没有规定具体的方式，当事人可以书面的形式做出放弃继承的意思表示，而放弃继承权的意思表示应在继承开始后到遗产分割前做出。

第三节 遗嘱继承

1. 什么是遗嘱继承？

荣凯说法：遗嘱继承又称"指定继承"，是指按照立遗嘱人生前所留下的符合法律规定的合法遗嘱的内容要求，将遗产的全部或部分指定由法定继承人的一人或数人继承。

2. 遗嘱继承有什么特征？

荣凯说法：被继承人生前立有合法有效的遗嘱和立遗嘱人死亡是遗嘱继承的事实构成；遗嘱继承直接体现着被继承人的遗愿；遗嘱继承人和法定继承人的范围相同，但遗嘱继承不受法定继承顺序和应继份额的限制；遗嘱继承的效力优于法定继承的效力。

3. 适用遗嘱继承的前提条件有哪些?

荣凯说法:(1)被继承人生前立有遗嘱,并且遗嘱合法有效;(2)立遗嘱人死亡;(3)被继承人生前没有签订遗赠扶养协议;(4)遗嘱中指定的继承人未丧失继承权,也未放弃继承权,同时也未先于被继承人死亡。

4. 一份有效的遗嘱需要具备哪些条件?

荣凯说法:一份合法有效的遗嘱,需要符合以下条件:首先,立遗嘱人立遗嘱时必须具备完全的行为能力;其次,立遗嘱的行为必须是立遗嘱人的真实的意思表示;再次,遗嘱内容不违反国家法律、公共利益和社会主义道德准则;最后,遗嘱应符合法律规定的形式。符合上述四个条件,订立的遗嘱才是一份有效的遗嘱。

5. 订立遗嘱有哪几种形式?

荣凯说法:在我国,订立遗嘱共有五种形式,分别是公证遗嘱、自书遗嘱、代书遗嘱、录音遗嘱和口头遗嘱,其中,每种遗嘱都有各自的法定形式,如果想要订立一份真实、有效的遗嘱,应严格按照相应的法定形式订立。

6. 订立自书遗嘱的格式是什么?

遗　嘱

立遗嘱人:(姓名、性别、出生年月、住址、身份证号等)

在此明确,订立本遗嘱期间我神志清醒且未受到任何胁迫、欺诈,此遗嘱为我本人自愿作出,是自己内心真实意思的表示。为订立本遗嘱,我陈述以下事实:

1. 婚姻状况:配偶姓名,结婚时间,如有已去世的需注明死亡时间。是否再婚,若不是,需写明"无其他婚姻史";若是,需写明情况,包括是否属于协议离婚或是经法院判决离婚,夫妻共同财产是否分割完毕。

2. 子女状况：和谁育有几个孩子，分别是×××（子女姓名），×××，×××，如有已去世的需注明。有无其他婚生或非婚生子女、继子女、养子女。若没有，需写明"此外，无其他婚生或非婚生子女，无继子女，无养子女"；若有，需写明情况，包括是否成年，是否已婚及配偶、子女情况，是否过世。

3. 父母状况：父母姓名，是否过世和过世时间。

4. 财产状况：首先应写明财产情况。（例如，存款：写明开户行，开户名，存款时间、期限及数额；房产：写明座落，购买时间，在谁名下，房产证号；股票、理财：写明×××证券公司有×××股票。）

其次，应标明以上财产是否属于夫妻共同财产。若属于夫妻共同财产的，后面写"其中有属于我个人的份额及我可能继承的份额"；若不属于夫妻共同财产的，后面写"我认为属于我个人财产的份额"。

最后写："除上述所列财产之外的属于我个人所有的其他财产。"

现因年事已高，深恐自己百年之后（或因自己身患××疾病，恐不久于人世后），家人为继承遗产发生纠纷，特立此遗嘱，内容如下：

1. 在我去世后，我的个人全部遗产由×××（注明身份信息）继承。

如果是分给两人以上的，需写明："在我去世后，我的个人全部遗产由×××（注明身份证号）和×××（注明身份证号）继承。继承份额为：×××（注明身份证号）继承我的全部遗产的几分之几；×××（注明身份证号）继承我的全部遗产的几分之几。"

2. 如果前述继承人或受遗赠人先于我去世，或者他放弃、丧失继承权，则本应由×××（身份证号码）继承的这部分财产我指定由×××（注明身份证号）继承。

3. 明确写明上述人员继承的财产是否属于其个人财产或是夫妻共同财产。

若此前订立过遗嘱，需写明是否认可前面所立遗嘱的效力。前后遗嘱对个人遗产的处分并无冲突的前提条件下，若认可前面所立遗嘱的效力，需写明前后所立遗嘱均为本人真实意思表示，均有法律效力；若不认可前面所立遗嘱的效力，需写明本遗嘱是目前我认可的唯一有效的遗嘱，对本遗嘱订立之前的我的其他遗嘱，我均予以撤销（有公证遗嘱的，要用公证方式撤销）。

本遗嘱共×页，内容是我的真实意思表示，立遗嘱过程不存在欺诈、胁迫情形，该遗嘱是目前我订立及认可的唯一有效的遗嘱，望家人能够遵照执行。

注：无论上述房屋小区名称、楼号、单元号、房间号如何变化，均不影响本遗嘱的效力。

立遗嘱人（本人签名并按手印）：
年　月　日（立遗嘱人本人手写）：

7. 遗嘱如何变更和撤销？

荣凯说法：遗嘱人在设立遗嘱以后，由于主客观原因可以依法变更遗嘱的某些具体内容，也可以撤销原立遗嘱的全部内容。遗嘱人变更或者撤销原立遗嘱，一般应当用原立遗嘱的方式、程序进行，也可以用新立遗嘱变更或撤销原立遗嘱。遗嘱人立有数份遗嘱，内容相互抵触的，原则上以最后所立的遗嘱为准。

8. 什么是代书遗嘱？

荣凯说法：所谓代书遗嘱，是指遗嘱人口述遗嘱内容、他人代为书写的遗嘱。代书遗嘱需具备相应的法定形式才能成为一份有效的遗嘱。首先，遗嘱人口述遗嘱内容，由见证人代替遗嘱人书写遗嘱；第二，代书遗嘱必须有两个以上见证人在场见证，其中一人可为代书人；第三，代书人、见证人和遗嘱人必须在遗嘱上签名，并注明年、月、日。此外还应注意，见证人和代书人不应与立遗嘱事项存在利害关系。所以，立遗嘱人若要订立代书遗嘱，应严格注意以上事项,否则可能出现遗嘱无效的法律后果。

9. 法律对遗嘱见证人有什么要求?

荣凯说法:遗嘱见证人是见证立遗嘱人所立遗嘱真实有效的重要条件,法律对其也做了相应的规定,规定了哪些人不能作为遗嘱见证人。根据《继承法》第18条的规定,下列人员不能作为遗嘱见证人:(1)无行为能力人和限制行为能力人;(2)继承人、受遗赠人;(3)与继承人、受遗赠人有利害关系的人。上述人员中有不具备相应的民事行为能力的,其自然不适合作为遗嘱见证人,而继承人、受遗赠人和与继承人、受遗赠人有利害关系的人如果作为遗嘱见证人,将会影响遗嘱的真实性。所以,法律将上述人群规避在适格见证人之外。

10. 如果立遗嘱人立了多份遗嘱,该以哪份遗嘱为准?

荣凯说法:有的老人,在立遗嘱后,可能出于一些原因或者临时改变想法,会另立遗嘱,改变其处分遗产的方式,这在现实生活中也很多见。如果出现这种情况,到底该以哪份遗嘱为准呢?根据《继承法》的相关规定,遗嘱人可以撤销、变更自己所立的遗嘱。立有数份遗嘱且内容相抵触的,以最后的遗嘱为准。从以上规定可以看出,如果立遗嘱人立了多份遗嘱,公证遗嘱效力最强;如果无公证遗嘱但遗嘱内容不相抵触,可以依照在先订立的遗嘱;如果遗嘱内容相抵触的话,就应当以最后订立的遗嘱为准。

11. 立遗嘱人可以将遗产给继承人以外的人继承吗?

荣凯说法:遗嘱继承,是立遗嘱人将本人的合法财产交由其法定继承人以内的某个或者某几个人继承。是否可以通过一种方式,将遗产交由法定继承人以外的人继承呢?答案是肯定的。我国《继承法》中规定了该种方式,称作遗赠。何为遗赠?遗赠是指被继承人通过遗嘱的方式,将其遗产的一部分或全部赠与国家、社会或者法定继承人以外的被继承人的一种民事法律行为。所以,立遗嘱人可以通过遗赠的方式达到其处置遗产的目的。

12. 立遗嘱可以附义务吗？

荣凯说法：立遗嘱人有时订立遗嘱给某人或者某几个人继承时，可能同时也希望通过遗嘱要求被继承人履行相应的义务，这种情形在法律上就称为附义务，而此时所立的遗嘱称为附条件的遗嘱。立遗嘱人订立了附条件的遗嘱后，如果继承人不按照遗嘱要求的义务履行，将无法按照遗嘱中的约定继承遗产，从而督促继承人履行其义务。

13. 什么情形下立遗嘱人所立遗嘱无效？

荣凯说法：根据《继承法》第22条的规定，以下情形所立的遗嘱无效：（1）无行为能力人或者限制行为能力人所立的遗嘱无效；（2）受胁迫、欺骗所立的遗嘱无效；（3）伪造的遗嘱无效；（4）遗嘱被篡改的，篡改的内容无效。

第四节　遗赠与遗赠扶养

1. 什么是遗赠扶养协议？

荣凯说法：遗赠扶养协议是指受扶养的公民和扶养人之间关于扶养人承

担受扶养人的生养死葬的义务，受扶养人将财产转归扶养人所有的协议。

2. 什么是遗赠？

荣凯说法：遗赠是指被继承人通过遗嘱的方式，将其遗产的一部分或全部赠予法定继承人以外的人的一种民事法律行为。指被继承人临终前以遗嘱方式转让其部分遗产的行为。

3. 遗赠有效需要哪些条件？

荣凯说法：立遗嘱人在立遗嘱时，须有完全行为能力；遗嘱须意思表示真实、自愿、合法，遗嘱人须对财产享有处分权，遗嘱应当对缺乏劳动能力又没有生活来源的继承人保留必要的遗产份额；受遗赠人须在遗嘱生效时存在、未亡；欲使遗赠发生预期法律效果，须由受遗赠人在知道受遗赠后两个月内做出接受的意思表示，否则视为放弃。

4. 遗赠与遗赠扶养协议有什么区别？

荣凯说法：（1）遗赠扶养协议是双方的法律行为，只有在遗赠方和扶养方双方自愿协商一致的基础上才能成立。凡不违反国家法律规定、不损害公共利益、不违反社会主义道德准则的遗赠扶养协议即具有法律约束力，任何一方都不能随意变更或解除，如果一方要变更或解除，必须取得另一方的同意。而遗赠是遗嘱人单方的法律行为，不需要他人的同意即可发生法律效力。遗赠人不仅可以单方面订立遗嘱，而且还可以随时变更遗嘱的内容，或者撤销原遗嘱，另立新遗嘱。（2）遗赠扶养协议是有偿的、相互附有条件的，它体现了权利义务相一致的原则。而遗赠是财产所有人生前以遗嘱的方式将其财产遗赠给国家、集体或个人的行为，它不以受遗赠人为其尽扶养义务为条件。（3）遗赠扶养协议从协议成立之日起开始发生法律效力。而遗赠是从遗赠人死亡之日起发生法律效力。（4）遗赠扶养协议中的扶养人必须是有民事行为能力人或集体组织。遗赠中的受遗赠人可以是有民事行为能力的人，也可以是无民事行为能力人或限制民事行为能力人。

5. 如果同时存在遗嘱、遗赠扶养协议的情况，遗产应如何处理？

荣凯说法：根据《继承法》的相关规定，如果同时出现两种以上的继承情况，在这几种继承方式中，遗赠扶养协议的效力最高，其次是遗赠，然后是遗嘱继承，效力最低的是法定继承。

第五节　其他

1. 继承开始后由谁通知继承人？

荣凯说法：根据《继承法》第23条的规定："继承开始后，知道被继承人死亡的继承人应当及时通知其他继承人和遗嘱执行人。继承人中无人知道被继承人死亡或者知道被继承人死亡而不能通知的，由被继承人生前所在单位或者住所地的居民委员会、村民委员会负责通知。"同时，根据《继承法》第44条的规定："人民法院在审理继承案件时，如果知道有继承人而无法通知的，分割遗产时，要保留其应继承的遗产，并确定该遗产的保管人或保管单位。"从上述法条可以看出，知道被继承人死亡消息的继承人有及时通知其他继承人的义务，无继承人知道的由被继承人的单位或者其住所地的居委会或者村委会履行该通知义务，同时，人民法院在分割遗产时也应保留未得到通知的继承人应当继承的份额。

2. 因继承发生纠纷应该到哪个法院起诉？

荣凯说法：依据我国《民事诉讼法》第33条的规定："因继承遗产纠纷提起的诉讼，由被继承人死亡时住所地或者主要遗产所在地人民法院管辖。"也就是说因继承发生纠纷可以通过被继承人死亡时住所地的法院起诉，也可以通过被继承人主要遗产所在地的法院起诉，这两个法院都有该类案件的管辖权，至于具体到哪个法院起诉，由当事人二者选其一，但不得违反专属管辖的规定。

3. 被继承人死亡时的"住所地"是指何处？

荣凯说法：住所地是指公民或法人日常居住活动的中心场所。住所地的确定在诉讼中具有重要意义，它是决定审判管辖的依据，同时也是诉讼文书的送达地点。一般来说，公民的住所地是指其户籍所在地，如果经常居住地与户籍所在地不一致时，则将经常居住地视为其住所地。同时，根据我国民法的相关规定，经常居住地是指当事人连续居住一年以上的地点。

4. 因继承权纠纷到法院起诉需要准备什么证据？

荣凯说法：当事人因继承问题到法院起诉，需要准备相应的证据，以支持自己的主张，这些证据主要包括如下几种：一是证明当事人主体资格的证据。这里当事人必须证明其符合继承人的资格；二是证明法定继承或遗嘱继承法律关系成立的证据，比如被继承人死亡证明书、家庭关系证明、收养关系证明书、证明本人是继承人以外的依靠被继承人抚养的缺乏劳动能力又没有生活来源的人的相关证明、遗嘱等；三是证明被继承人财产范围的证据，比如房产证明、车辆权属证明以及其他相关财产证明。通过掌握上述证据才可以顺利通过法院立案审查，以解决其继承纠纷。

5. 继承人需要偿还被继承人生前欠下的债务吗？

荣凯说法：继承人对于被继承人生前的债务是应当偿还的，但偿还的范围仅限于其继承遗产的范围之内。根据《继承法》第33条的规定："继承遗产应当清偿被继承人依法应当缴纳的税款和债务，缴纳税款和清偿债务以被继承人遗产的实际价值为限。超过遗产实际价值部分，继承人自愿偿还的不在此限。继承人放弃继承的，对被继承人依法应当缴纳的税款和债务可以不负偿还责任。"如果继承人放弃继承遗产，则无需偿还被继承人生前的债务。对于遗产分配的顺序按如下顺序进行：首先，偿还被继承人拖欠的税款；其次，偿还被继承人拖欠的一般债务；最后再将剩余部分依法继承。

6. 无人继承的遗产归谁所有？

荣凯说法：现实生活中，常有被继承人的遗产无继承人继承的情形，那么，这种情况下，遗产应该如何处理呢？根据《继承法》第32条的规定："无人继承又无人受遗赠的遗产，归国家所有；死者生前是集体所有制组织成员的，归所在集体所有制组织所有。"

7. 继承权纠纷提起诉讼有没有时效限制？

荣凯说法：继承纠纷提起诉讼的期限为两年，自继承人知道或者应当知道其权利被侵犯之日起计算，但是，自继承开始之日起超过20年的，不得再提起诉讼。

8. 对于数字遗产应当如何处理？

荣凯说法：数字遗产，是指被继承人死亡时遗留的个人所有的网络权益和财产。数字遗产是互联网在人类的生活中越来越重要、快速成为个人数字档案中心的背景下出现的，包括个人网络相册、文件、信函和视频等。虚拟财产保护在我国也受到较高的重视，新《刑法》修正之后，盗窃虚拟财产的黑客被判罪，但在继承方面，我国目前还没有关于虚拟数字遗产的立法。随着社会问题的出现，我国立法机关也会出台相关的法律、法规等，我国法律会不断地完善。

第六节　案例解答

1. 孙老太夫妇有一儿一女，儿女都已成家。老两口居住在孙老太老伴单位房改时买的两居室里。2009年，其老伴因肺癌去世。2010年，孙老太亲笔书写了一份遗嘱，指定由儿子继承自己的房产。2013年，孙老太因身体不适，已无法执笔，就由女儿请律师现场见证并制作了一份代书遗嘱，指定房产由女儿一人继承。孙老太去世后，儿女各执一份遗嘱发生争执，房子到底该给谁？

荣凯说法：（1）根据《继承法》第26条的规定，遗嘱中所涉房产系婚后购买，依法属于夫妻共同财产，夫妻应各占一半份额。因孙老太的老伴去世时没有订立遗嘱，所以上述房产的一半财产为孙老太老伴的遗产，孙老太、女儿、儿子都各继承三分之一。（2）《最高人民法院关于贯彻执行〈中华人民共和国继承法〉若干问题的意见》第42条规定，遗嘱人以不同形式立有数份内容相抵触的遗嘱，其中有公证遗嘱的，以最后所立公证遗嘱为准；没有公证遗嘱的，以最后所立的遗嘱为准。所以本案例中，遗嘱应按照孙老太最后立的一份遗嘱为准。

2. 某家庭两位老人均身患重病。男方患糖尿病多年，思维清晰，但是引发症导致其随时有可能有生命危险。女方是大脑萎缩，思维不清晰，并且一直瘫痪在床。两位老人有7个子女，他们的共同房产是两套房子。但是有一个孩子不孝顺，不给老人赡养费并且在两位老人生病住院期间不出医疗费，两位老人生病、住院一直是其他子女在身边照顾，所以两位老人不想把房产分给他。应该怎么分割他们的遗产？

荣凯说法：（1）两套房子作为共同财产，两位老人一人一半，平均分配。因为女方思维不清晰，作为无民事行为能力人，她的监护人即男方不能处理她的一半财产，所以只能按法定顺序继承。但是男方思维清晰，他可以立属于自己的那部分份额的遗嘱，先保证不将自己的那一份给不孝顺的子女。这样可以减少纠纷。（2）也可以现在就起诉不孝顺的孩子，向其索要抚养费以及住院期间花费的医疗费。

3. 丁霖和丁惠均系丁强的子女，丁一系丁霖的儿子。在丁强的前妻去世3年后，丁强又与薛某于1978年登记再婚。薛某无子女，无工作单位及固定收入。2011年，丁强因病去世。早在1954年，丁强继承祖上房屋，市地政局曾向丁强颁发土地所有权证，确认涉案某号房屋所在土地为丁强所有；后随着国家形势变化，涉案房屋收归国有。直到2000年，才办理房屋所有权证。2006年，丁强留下亲笔书写遗嘱一份，内容为："现将名下的3间房产做出处分，在我过世后留给丁惠、丁霖、丁一。"如今年逾80的薛某是否能够获得遗产份额？

荣凯说法：薛某能够获得一定的遗产份额。虽然丁强的遗嘱符合自书遗嘱的形式要件要求，表示了遗嘱人的真实意思，但应注意到薛某年逾80，薛某应为遗产的法定继承人。《继承法》第19条规定，遗嘱应当对缺乏劳动能力又没有生活来源的继承人保留必要的遗产份额。薛某除微薄的养老金外并无其他生活来源，需支付相关生活、医疗费用等。丁强以遗嘱处分财产，应给薛某保留必要的份额。

4. 刘一与刘二系亲兄妹，父母共有楼房一处。父母生前生有4个子女，刘三、刘四走失。刘一自幼被他人收养；刘二长期与父母共同生活。刘一也在生活上多方给予关照。父母去世后，刘一提出继承、分割遗产的要求，刘二不同意，双方发生纠纷。现刘一咨询：（1）是否给刘三、刘四保留应继承的份额？（2）刘一可以继承生父母的遗产吗？

荣凯说法：根据《继承法》的规定，应由其法定第一顺序继承人4个子女共同继承；刘三、刘四至今下落不明，其继承份额应予保留。刘一自幼送他人收养,并与养父母保持收养关系,依照《婚姻法》第 26 条关于"养子女与生父母之间的权利和义务,因收养关系的成立而消除"的规定,刘一不是法定继承人。但是刘一长期对被继承人给予生活上关照和经济上扶助,依照《继承法》第 14 条关于"继承人以外的对被继承人扶养较多的人,可以分给他们适当的遗产"的规定,可以分给被继承人适当的遗产。

5. 谷某与陈某系母子关系,郑某与陈某系夫妻关系,且有一女陈甲。2008 年 5 月下旬,陈某因患癌症去世。去世之前的 2008 年 5 月 9 日,陈某立下遗嘱,将其夫妻共同财产中属于陈某的个人财产留给谷某。郑某认为,遗嘱未保留陈甲(当时未满 5 周岁)的继承份额,属无效遗嘱。而谷某认为儿子陈某的遗嘱是其真实意思的表示,合法有效,谷某作为陈某的母亲有权继承陈某的遗产,为维护自己的合法权益,特诉讼至法院。

荣凯说法:公民个人可以立遗嘱处分个人财产。本案中,谷某之子陈某所立遗嘱是其本人的真实意思表示,应为有效遗嘱。该遗嘱于 2008 年 5 月 9 日所立,5 月下旬陈某去世后该遗嘱生效。根据该遗嘱的内容,原告谷某有权继承陈某的遗产。遗嘱生效时陈某的女儿陈甲尚不满 5 周岁,系未成年人,没有劳动能力,也没有生活来源,而该遗嘱未保留陈甲的继承份额,据此陈甲的母亲郑某认为该遗嘱无效。根据《继承法》的相关规定,遗产处理时,应当为陈甲留下必要的遗产,所剩余的部分才可参照遗嘱确定的分配原则处理。基于这样的规定,陈某所立遗嘱不应属无效遗嘱。

6. 李某与张某育有二子,长子李大,次子李小。李大娶妻王某,并于 1999 年生育一子李小二。李大于 2003 年 5 月遭遇车祸身亡。李某于 2004 年 5 月病故,留有与张某婚后修建的面积相同的房屋 6 间。李某过世后,张某随儿媳王某生活,该 6 间房屋暂时由次子李小使用。后张某与王某发生纠纷,王某不再让张某一起居住,但李小却不同意将 6 间房屋还与张某。因此,上述众人因李某留下的 6 间房屋该如何继承而闹得不可开交。

荣凯说法：第一顺序继承人：配偶、子女、父母。同一顺序继承人继承遗产的份额，一般应当均等。张某、李小都属于第一顺序继承人，由于李大先于李某去世，因此由李小二代位继承，但由于该6间房屋是李某与张某婚后取得的，因此应当属于张某与李某的婚后共同财产，故李某死后，张某应当获得其中的一半，余下的3间房屋应按第一顺序继承人由张某、李小继承，因李大先于李某死亡，其子李小二享有代位继承权。故余下3间房屋中张某、李小、李小二各得一间。

7. 孙女士与曹先生于2011年结婚，姑姑给孙女士10000元作为贺礼。孙女士与曹先生于2013年生育一女孩，不久曹先生与另外一女子王某共同生活。孙女士借债共计1万元。2015年，曹先生去世，经查，曹先生与王某有共有财产约3万元，个人财产20万元。另外，2013年曹先生继承了父母遗产，得到家乡的房屋一套。曹先生的遗产该怎样继承？

荣凯说法：首先，孙女士姑姑赠与的10000元贺礼，交付在婚后，为夫妻共同财产。婚后，曹先生继承父母房产一套为夫妻共同财产，孙女士有其中一半的权利。而曹先生与王某的共有财产，属曹先生个人所有的是1.5万元。孙女士所借1万元为共同债务。王某不得以配偶身份参加继承。

如果曹先生生前立有遗嘱，全部遗产给王某，遗嘱有效。但根据我国《继承法》，遗嘱人不能以遗嘱的形式剥夺法定继承人中缺乏劳动能力又没有生活来源的继承人的继承权。否则在遗产处理时，必须为其保留必要的份额，所剩余的部分才可参照遗嘱确定的分配原则处理。也就是说，此遗嘱有效，但必须为曹先生幼女保留必要的份额，剩下的才归王某。

8. 张小某与王奶奶（现健在）系祖孙女关系，王奶奶和老伴张大某（于2010年因病去世）共生育3个孩子。婚后，王奶奶与老伴张大谋共同购买房屋两套。2008年，王奶奶老两口到公证处进行遗嘱公证，将两套房屋给张某（张小某的父亲）一人继承，他人不得干涉，但张小某的父亲在2015年2月份去世。张小某的叔叔认为上述两套房屋应该有他应得的份额，张小某应通过何种法律途径将上述两套房屋过户到自己的名下呢？

荣凯说法：根据《继承法》第 25 条的规定，继承开始后，遗产分割前，继承人没有表示放弃的，就视为接受继承。张大某于 2010 年去世后公证遗嘱即发生法律效力，张某接受了公证遗嘱的房屋继承；张某死后，其房产份额因此成为遗产。依照《继承法》第 10 条、第 11 条的规定，张某名下的遗产由配偶、子女、父母继承。对于王奶奶名下的房产份额，王奶奶完全可以通过遗嘱、赠与和遗赠等形式合法处分。

9. 李某与王某系夫妻，婚后生有一女李乙，并共有住房一套。2010 年 12 月李某去世，王某健在。李某生前留有遗嘱一份，表明将该套房产留给女儿李乙所有。王某写有赠与书一份，将属于其所有的房产份额赠与女儿李乙。但李某的父母（有生活来源）不认可该份遗嘱，诉至法院，要求继承女儿李某的遗产份额。

荣凯说法：有效的遗嘱需要同时具备实质要件和形式要件。根据《继承法》的有关规定，遗嘱的有效条件包括：

（1）遗嘱人在订立遗嘱时具有遗嘱能力。

（2）遗嘱是遗嘱人的真实意思，即遗嘱的内容与立遗嘱人的真实意思表示应相一致。相应的，受欺诈、胁迫所立的遗嘱无效，伪造的遗嘱无效，遗嘱被篡改的，篡改的内容无效。

（3）遗嘱内容合法，即遗嘱内容不能违背法律、行政法规的强制性规定。

（4）遗嘱的形式必须合法。

综上所述，李某生前立有遗嘱一份，如果所立遗嘱符合上述要件，那么该遗嘱是合法有效的，又因为王某已将其所有的房产份额赠与女儿，故该房产属于李乙所有，李某的父母没有继承权。

10. 刘女士的丈夫去世多年，丈夫去世前二人曾买过一套房子并过户给女儿。前不久，刘女士的公公也去世了，留下了一套房产，房产证上是公公的名字，婆婆现在想把房子过户，但是不知道要过户给谁、怎样过户。刘女士咨询，丈夫去世了，公公的这套房子女儿还有继承权吗？刘女士有继承权吗？现在刘女士再婚了，之前同丈夫的房子她还有权处置吗？

荣凯说法：根据《继承法》第11条的规定，被继承人的子女先于被继承人死亡的，由被继承人的子女的晚辈直系血亲代位继承。代位继承人一般只能继承他的父亲或者母亲有权继承的遗产份额。刘女士对她公公的那套房子没有继承权，除非她对公公尽了主要赡养义务。刘女士的女儿有继承权，丈夫先于公公去世，发生代位继承，刘女士的女儿继承属于刘女士丈夫的那一部分。刘女士的丈夫在世的时候同刘女士一起把房产过户给了女儿，所以刘女士无权处分该房产。如果刘女士的婆婆想将房子过户，可以将房子过户给刘女士的女儿，也可以通过立遗嘱的方式将房子给孙女。

11. 吴某与邓某结婚，吴某婚前个人购买一套房产，婚后未共同购房。吴某在一次车祸中丧生，此时邓某已怀孕。邓某与吴某的父母发生纠纷，吴某的父母认为儿子死后，房屋应该由其二人继承。而邓某认为自己是吴某媳妇，故该套房屋应归她所有。这套房子到底该怎么分？

荣凯说法：我国《继承法》规定："继承开始后，按照法定继承办理；有遗嘱的，按照遗嘱继承或者遗赠办理；有遗赠扶养协议的，按照协议办理。""遗产分割时，应当保留胎儿的继承份额。胎儿出生时是死体的，保留的份额按照法定继承办理。"吴某生前未立遗嘱，应按照法定继承处理，其父母与邓某作为第一顺序继承人，平均继承涉案房产的份额。因邓某已怀孕，故应保留未出生婴儿相应的继承份额，如出生时是活体，保留的遗产份额由胎儿继承。如胎儿出生后死亡，其应当继承的份额由胎儿的继承人继承。如果胎儿出生后是死体，则给胎儿保留的相应份额，由吴某的其他继承人来继承。

12. 张某的母亲杨某退休后，单位分给她一套房子。后来，单位与杨某签订了《住房改造赔偿协议》，对房屋进行拆迁，但是，杨某还没来得及为建成的新房办理产权登记，就于2014年5月去世了，张某父亲也于2015年1月亡故了。张某是家里的独生子，其父母生前留有遗嘱将置换来的房屋交由张某继承，请问张某能否继承未登记的房产？

荣凯说法：根据《物权法》的规定，不动产所有权的取得依据的是登记。新置换房产的所有权并未过户到张某的父母名下，因此他们还没有取得该套房屋的所有权，张某就不能将其作为遗产予以继承。但是，根据我国《继承法》第3条的规定及《最高人民法院关于贯彻执行〈中华人民共和国继承法〉若干问题的意见》第3条的规定，公民可继承的其他合法财产包括有价证券和履行标的为财物的债权等。由此可见，债权作为遗产进行分配是受到法律的认可和保护的。本案拆迁协议中约定的履行标的为单位将新建造的房产置换给权利人，该债权为财产性权利，可以作为遗产继承。

13. 刘某与李某系夫妻关系，小刘系二人的孙子。刘某与李某把共同房产赠与小刘，小刘接受了赠与，并与其一起居住，双方到公证处办理了公证。刘某2013年去世，李某2014年去世，刘某与李某生前有3个子女。现小刘咨询：刘某与李某3个子女对该房产有继承权吗？小刘对该房产能办理过户手续吗？

荣凯说法：该案例中，房屋系其夫妻共同财产，根据《合同法》的规定，赠与合同是赠与人将自己的财产无偿给予受赠人、受赠人表示接受赠与的合同。该处分权是有效的。另外，赠与房屋行为已经经过公证处公证且房屋已交付给小刘，因此，刘某与李某的3个子女没有对该房屋继承的法律事实。小刘对该房产是可以办理过户手续的，只是其爷爷奶奶去世了，程序有点麻烦。

14. 张某有子张甲和张乙，其生活主要由张乙负责照顾。2005年以后，张某生活基本不能自理。2012年年底去世时，张某留下遗产为个人房产一套。张甲提供一份纸质打印遗嘱，遗嘱人署名为张某，见证人署名为律师李某、陈某，注明时间为 2010 年 3 月 20 日。李某说，到张甲家时，遗嘱已打印好，陈某将遗嘱内容念给张某听，张某点头表示同意后签名。

荣凯说法：（1）本案的打印遗嘱属于代书遗嘱而非自书遗嘱。代书遗嘱的关键性形式要素之一就是：见证人现场见证并由其中之一代为制作。本案中，因主导该打印遗嘱的制作与完成的人没有署名而不确定，而两个律师没有现场见证并主导遗嘱主文形成过程，因此，他们也不是适格的见证人。（2）现有证据难以证明 2010 年的打印遗嘱是张某真实意思的表示。（3）打印遗嘱设立时，张某已 91 岁高龄，生活基本不能自理且丧失必要的语言表达能力，当时并不具备应有的遗嘱能力。

15. 刘大爷夫妇先后去世，他们有一处房产，并有 3 个子女。小女儿拿出一份父母生前的遗嘱，内容为"我二人无论谁先去世，遗产均由另一个全部继承。我们都走了之后，所有财产留给闺女刘某某"，下面还有二人的亲笔签名、书写日期。其他两个子女不认可这份遗嘱，一个说这份遗嘱没有公证，是不真实的；另一个则说没有见证人签字，自己写的无效。

荣凯说法：在各种遗嘱类型中，自书遗嘱是立遗嘱人自己亲笔书写的，是自己处分遗产的真实意思表示，是最重要的遗嘱类型。刘大爷夫妇生前有权就自己的遗产做出处分，其立下的遗嘱从形式上也符合法律规定，因此是合法有效的遗嘱。

我国《继承法》对自书遗嘱的规定是："自书遗嘱由遗嘱人亲笔书写，签名，注明年、月、日。"法律对遗嘱的形式有着非常严格的要求，自书遗嘱虽然内容简单，但实践当中却常常因当事人书写不规范而被判定无效。因此，建议立遗嘱人尽量在律师指导下书写，并由专门机构保存。

16. 李婆婆与赵大爷育有赵有、赵福两个孩子，二人有房产一套，登记在李婆婆名下。赵大爷 2004 年去世。2008 年 7 月，李婆婆决定将该房子卖掉,与高先生签订《房屋买卖协议》,高先生一次性将房款给了李婆婆,但房管局不给高先生办理过户。

荣凯说法:房管局不给办理过户是正确的,本房系老两口的夫妻共同财产。赵大爷在2008年去世,属于赵大爷的房产产权份额已经发生继承,因没有遗嘱或遗赠,根据《继承法》第10条规定,遗产按照下列顺序继承:第一顺序:配偶、子女、父母。因此,老两口的子女也有继承权,系法定继承人。那高先生与李婆婆签订的房屋买卖协议是有效的吗?我认为系效力待定的合同,但可以肯定一点,高先生系善意第三人,因此,李婆婆的子女有追认该份协议是否有效的权利。我建议高先生与李婆婆及其子女协商一致,走法院确权程序,李婆婆及子女到法院签字确认关于买卖协议效力,高先生拿着法院的调解书就可以办理产权过户了。

17. 梁某有一处房产。梁某去世后,兄妹三人便商议办理公证,表明老大李海和老三李尹放弃继承该房屋,该房产由二妹李云继承。但李云称自己继承房产后,李海全家一直在本套房子内居住。李云要处分该房产时,屡遭李海及家人阻挠,李云要求李海搬离该房屋并且支付房租。李海却说,生母去世后自己及家人就一直住在这里,为方便房屋买卖交易,兄妹三人均同意以李云一人之名办理房屋继承登记,同时约定李云不能自行处分该房屋,处分时要经大家同意方可。李海认为,自己并无侵占其继承所得的利益,拒不支付房租。

荣凯说法:该房产原权利人梁某死后,李氏三兄妹作为其继承人办理了继承权公证,即确认遗产由李云一人继承。李海虽对房屋产权归属及继承权公证有异议,但根据现有证据显示,李云应是上述房屋的所有权人,并对该房屋享有占有、使用、收益和处分的权利。所以李云要求大哥李海迁出现居住使用的房屋,将房屋腾空交还自己是合理的,要求李海交房租费用也是合理的。

18. 王先生与李女士均系再婚,王先生再婚前有一儿一女,均已成年。李女士婚前婚后均无子女。王先生和李女士再婚后通过工龄购买了一套房屋,此后李女士、王先生一直共同生活在此房屋内。王先生去世后，李女士也一直居住在这套房屋内。王先生去世之前立有遗嘱，将自己所占房屋份额留给李女士支配及使用，王先生的子女并未赡养李女士却一直想要继承房产，李女士将两位继子女告上法庭，要求继承房产。王先生的子女认为，房屋有其父亲的一半份额且李女士没有子女，他们为李女士的继子女，故应继承房产。

荣凯说法：在这起案件中，虽然房屋是王先生与李女士的共同财产，但是由于王先生去世前留有遗嘱，将房屋留给李女士，所以依据王先生的遗嘱，李女士则成为房屋属权人。而王先生的子女并未赡养照顾李女士，且王先生的子女在他们再婚时均已成年且未共同生活，所以不属于形成抚养关系的继子女身份，自然也就不能继承李女士将来的遗产。

19. 王女士的丈夫不幸去世，没有留下任何遗嘱，唯一的遗产有房子两套，是夫妻二人婚后购买的。王女士与丈夫生有一女儿，现已成年。丈夫系再婚，与其前妻有一女儿和一儿子，由丈夫抚养。王女士与丈夫结婚时，其丈夫与前妻的儿子和女儿没有成年。对于遗产的继承，谁有继承权？

荣凯说法：因为王女士的丈夫生前未留有遗嘱，所以应该按照法定继承来继承王女士丈夫留下来的遗产。根据《继承法》第 10 条的规定，遗产按照下列顺序继承：第一顺序：配偶、子女、父母。如王女士丈夫的父母已经先于他去世，则继承人有：王女士、二人婚后所生的女儿、丈夫与前妻生育的一个儿子一个女儿。两套房子是王女士夫妻二人婚后购买，王女士有一半的所有权，剩余的一半其四人依法分割。也就是说王女士有两套房屋 5/8 的产权份额，其余三人每人有 1/8 的产权份额。

20. 李老太与老伴王老汉生有二儿一女，大女儿、大儿子成家后单过，小儿子婚后与父母共同生活。2000 年，老两口立下公证遗嘱，将房子留给小儿子一人所有。2013 年，王老汉不幸去世。就在继承开始后、遗产分割之前，小儿子因突发心脏病去世。李老太悲痛欲绝，眼看着小儿媳与孙女王玲相依为命，老人心里实在难受。小儿媳安慰婆婆说今后不再改嫁，一定好好伺候她，给她养老送终。痛苦不堪的李老太得到一丝安慰，但听人说，儿子走在自己前头就导致自己那份公证遗嘱不再生效，自己所有的一半的房产份额将在自己百年后走法定继承的程序，大儿子和女儿都有份。李老太想把全部房产过户到孙女名下。

荣凯说法：由于小儿子在父亲去世后、遗产分割前去世，小儿子所继承的一半房产发生转继承，由女儿、妻子、母亲共同继承。对于李老太所有的一半房产，因遗嘱继承的发生事由无法实现将恢复法定继承。若李老太想把房产全部过户到孙女名下，可与孙女订立一个赠与协议，将自己的房产份额赠与给孙女。

21. 刘老太太1966年与现任老伴李老先生再婚，婚后二人没有再生育子女，只有老伴儿带来的两个儿子，当时大的十几岁，小的七八岁。2001年，两位老人通过房改，用二人的工龄和多年的积蓄，购买了一处房产。2002年年底，李老先生病故。现在，刘老太太想通过法律的方式，保障自己的权利，咨询该如何处理自己与老伴的房产问题。

荣凯说法：李老先生去世时并未留下合法有效的遗嘱，所以，本案是一起典型的法定继承案件。根据《继承法》第10条的规定，遗产按照下列顺序继承：第一顺序：配偶、子女、父母。所以刘老太太与两继子都有权分得该房的一部分。本案房产是刘老太太与老伴婚后购买的，属于夫妻共同财产，有一半的份额属于被继承人李老先生的合法个人财产，属于遗产的范围，另一半是刘老太太的合法个人财产。

22. 刘先生、张女士是夫妻，二人于1976年收养了仅8个月的刘甲并将其抚养成人。2000年，刘先生与张女士购买了一处房屋。2011年8月6日，张女士去世，留下80岁的刘先生独自一人。后刘先生与刘甲关系恶化。同年11月，经法院调解，刘先生与刘甲解除收养关系。2012年6月，刘甲将刘先生起诉至法院，要求依法分割房屋中属于张女士的遗产份额。

荣凯说法：此房屋系刘先生与张女士的夫妻共同财产，张女士去世后，其继承人有权对房屋50%的房产进行继承。依照《继承法》规定，子女有权继承父母的遗产，其中所述子女，包括婚生子女、非婚生子女、养子女和有扶养关系的继子女；父母，包括生父母、养父母和有扶养关系的继父母。刘甲经收养与张女士、刘先生形成法律上的养子女、养父母关系，按照法律规定，刘甲享有继承养母遗产的权利。对于继承份额分配的问题，同一顺序继承人继承遗产的份额，一般应当均等；对生活有特殊困难的缺乏劳动能力的继承人，分配遗产时，应当予以照顾。

23. 李大爷今年79岁了，老伴在2016年去世以后，李大爷的5个儿女便轮流照顾李大爷的生活起居。小儿子言里言外询问老爹房子想怎么处理，小儿子的一句"卖了分钱"惹怒了李大爷。李大爷认为他还在世，房子是他和老伴辛苦挣下的，儿子却要卖房分钱，这么多年的父子之情在房子面前一文不值，李大爷感到很心寒。

荣凯说法：本案涉案房屋属于李大爷和老伴的夫妻共同财产，老伴去世后，如果留有遗嘱，那属于老伴的产权份额应当按照遗嘱执行；若未留有遗嘱，应当按照法定继承来分割上述房屋。本案中，李大爷的老伴并未留有遗嘱，属于老伴的产权份额由李大爷及5个子女共同继承。李大爷享有上述房屋1/2产权份额再加上从老伴那继承来的产权份额，共计7/12的产权份额，五个子女各享有1/12的产权份额。小儿子主张分割上述房屋于法有据，但有违情理：老父还在世，儿子应考虑如何赡养老人，让老人安享晚年。

第三章

收养与赡养篇

收养制度由来已久，它能人为地解除父母、子女关系，然后建立法律拟制的父母、子女关系，在人类社会生活中发挥着不可或缺的重要作用。收养，与民间的过继有着相似之处。收养是根据法定的条件和程序领养他人子女为自己子女的民事法律行为。收养行为是一种设定和变更民事权利、义务的重要法律行为，它涉及对未成年人的抚养教育、对老年人的赡养扶助以及财产继承等一系列民事法律关系，不仅涉及当事人的切身利益，而且关系到社会利益和国家计划生育政策的实施。收养制度作为家庭关系产生的一种方式，在现实生活中发挥着积极的作用；收养制度作为一项古老的社会制度，是亲属制度不可或缺的重要组成部分。

我国是世界上老龄人最多的国家。联合国将一个国家65岁及以上人口比重超过7%定义为"老龄化社会"，依此标准，2000年我国第五次全国人口普查时，中国已经基本进入老龄化社会。2000年我国老龄化比例为7.0%，2005年达到7.69%（老龄人口为10055万）。在国家经济实力还不够强、社会保障体制尚未健全的情况下，如何赡养老龄人问题就显得尤为突出。目前，我国60岁以上的老年人有1.32亿，老龄人口增加，是我国经济社会发展、人民生活水平提高、医疗卫生条件改善的成果，是社会进步的标志。《婚姻法》《刑法》《民法总则》等法律法规中都有保障老年人的专门的条款，国家还专门制定了《老年人权益保障法》，对不尽赡养义务的人可以视情况追究其民事和刑事责任，从而为老人依法养老打下了法制基础。当前，我们要进一步加强法制宣传，让全社会了解保护老年人权益的重要性，用法律武器维护老年人的合法权益。

第一节 收养总论

1. 什么是收养？

荣凯说法：收养是指公民依照法律规定的条件和程序，将他人的子女作为自己的子女领养，从而使原来没有父母子女关系的当事人产生法律拟制的父母、子女关系的民事法律行为。

2. 收养有哪些法律特征？

荣凯说法：收养在法律上具有区别于其他法律关系的特性，主要包括以下几个特征：

（1）收养行为的身份性。通过收养，收养人和被收养人之间发生法律拟制的亲子关系，双方具有与自然血亲的父母子女相同的权利和义务；另一方面，养子女和生父母之间的权利和义务，则因收养的成立而消除。子女为他人收养后，消除的只是法律上的权利义务关系。与自然血亲有关的法律规定，如直系血亲和三代以内旁系血亲禁止结婚等，仍然适用。

（2）收养关系主体的限定性。收养关系只能发生于非直系血亲的自然人之间。自然人以外的民事权利主体不可能收养或被收养。

（3）收养关系的可变性。收养行为创设的是拟制血亲的亲子关系，因而是可以依法解除的。

3. 我国法律规定的收养子女的原则有哪些?

荣凯说法:《中华人民共和国收养法》(以下简称《收养法》)第 2 条和第 3 条明确规定:"收养应当有利于被收养的未成年人的抚养、成长,保障被收养人和收养人的合法权益,遵循平等自愿的原则,并不得违背社会公德。""收养人不得违背计划生育的法律、法规。"所以,归纳起来,收养应符合以下原则:

(1) 有利于未成年人的抚养和成长的原则。

主要表现在:①《收养法》将下列不满 14 周岁的未成年人列为被收养的对象:丧失父母的孤儿,查找不到生父母的弃婴和儿童,生父母有特殊困难无力抚养的子女。②特别规定收养人应当具有抚养教育被收养人的能力。③严禁借收养名义买卖儿童。

(2) 保障被收养人和收养人合法权益的原则。

主要表现在:①被收养人一般应为不满 14 周岁的处于特殊生活状况下的未成年人;②收养人一般须年满 30 周岁,无子女,并且具备抚养教育被收养人的能力;③生父母送养子女,须双方共同送养;有配偶者收养子女,须夫妻共同抚养;④收养人、送养人要求保守收养秘密的,其他人应当尊重其意愿,不得泄露。

(3) 平等自愿的原则。

主要表现在:①收养人收养与送养人送养,须双方自愿;②收养人与送养人可以协议解除收养关系,如果养子女年满 10 周岁以上的,应当征得被收养人同意;③收养关系当事人各方或者一方要求办理公证的,应当到有资格的公证机构办理收养公证。

(4) 不得违背社会公德的原则。

主要表现在:①无配偶的男性收养女性的,收养人与被收养人年龄应相差 40 周岁以上;②收养人不履行收养义务,有虐待、遗弃等侵害养子女行为的，送养人有权要求解除养父母和养子女的收养关系。③因养子女成年后虐待、遗弃养父母而解除收养关系的，养父母可以要求养子女补偿期间支出的生活费和教育费。

（5）不得违背计划生育的法律和法规的原则。

主要表现在：①收养人一般应为无子女者；②送养人不得以送养子女为理由违反计划生育的规定再生育子女；③收养人只能收养一名子女。

第二节　收养法定条件及程序

1. 收养子女的收养人应具备什么条件？

荣凯说法：我国《收养法》第6条规定，收养人应当同时具备下列条件：

（1）无子女。包括未婚者无子女，已婚者尚无子女以及因欠缺生育能力而不可能有子女等各种情形。既包括婚生子女，也包括非婚生子女和养子女。我国《收养法》第8条规定："收养人只能收养一名子女"（法律另有规定的除外）。

（2）有抚养教育被收养人的能力。这里所说的能力，是就其总体而言的，而不是就其某一方面。不能仅考虑收养人的经济负担能力，还要考虑在思想品德、健康状况等方面有无抚养教育能力。一般应不低于对监护人的监护能力的要求。

（3）未患有在医学上认为不应收养子女的疾病。这既是为保障养子女的身体健康，也是收养人抚育养子女的前提条件。

（4）年满30周岁。这是出于对收养关系的性质和生育时间的考虑。30周岁以下的人，生育子女的机会尚多，不必急于收养他人子女作为自己的子女。

2. 《收养法》关于收养人的特殊限制有哪些？

荣凯说法：我国《收养法》规定了如下几项特殊限制：

（1）《收养法》第9条规定："无配偶的男性收养女性的，收养人与被收养人的年龄应当相差40岁以上。"这一规定是出于伦理道德上的考虑和保护被收养人的需要。从公平的角度说，无配偶的女性收养男性的，也应有相当的年龄差距。

（2）《收养法》第10条第2款规定："有配偶者收养子女，须夫妻共同收养。"

此外，《收养法》对收养人做了"只能收养一名子女"的数量限制。

3. 哪些情况下，收养人可以按照特殊规定收养子女？

荣凯说法：《收养法》首先规定了一般条件下的收养。《收养法》在规定了上述一般条件下的收养的基础上，还规定了一些特殊条件下的收养，如收养三代以内同辈旁系血亲的子女、收养孤儿和残疾儿童以及收养继子女等。之所以称他们是特殊条件的收养，是因为他们不受某些一般收养条件的限制。

（1）关于三代以内同辈旁系血亲的收养。《收养法》第7条规定，收养三代以内同辈旁系血亲的子女，可以不受下列限制：①生父母有特殊困难无力抚养的子女。②无配偶的男性收养女性，收养人与被收养人的年龄相差40周岁以上。③被收养人不满14周岁的。

（2）关于孤儿和残疾儿童的收养。《收养法》第8条规定，收养孤儿、残疾儿童或者社会福利机构抚养的查找不到生父母的弃婴和儿童，可以不受收养人无子女和收养1名的限制。

（3）关于继子女的收养。《收养法》第14条规定，继父或者继母经继子女的生父母的同意，可以收养继子女，并不受下列限制：①生父母有特殊困难无力抚养子女。②无子女，有抚养教育被收养人的能力，未患有在医学上认为不应当收养子女的疾病，年满30周岁。③被收养人不满14周岁。④收养1名子女的限制。

4. 被收养人应符合哪些情形？

荣凯说法：我国《收养法》规定，下列不满14周岁的未成年人可以被收养：

（1）丧失父母的孤儿。孤儿系指其父母死亡或人民法院宣告其父母死亡的不满14周岁的未成年人。

（2）查找不到父母的弃婴和儿童。弃婴和儿童，系指被父母遗弃的初生儿和其他未满14周岁的未成年人。遗弃婴儿和儿童的，一般为生父母，也可能是养父母。弃婴和儿童，应以其父母查找不到为必要条件。

（3）生父母有特殊困难无力抚养的子女。一般说来，如父母出于无经济负担能力、患有严重疾病、丧失民事行为能力等原因，以致无法或不宜抚育子女，均可视为有特殊困难，无力抚养。

5. 送养人应符合那些条件？

荣凯说法：根据我国《收养法》第5条的规定，下列公民、组织可以作为送养人：

（1）孤儿的监护人。在我国，孤儿的监护人的选定，适用《民法总则》

第27条的规定。具体说来，孤儿以具有监护能力的祖父母、外祖父母、兄、姊或其他关系密切的亲属、朋友（此处显然是指其父母生前的朋友）为监护人。关系密切的其他亲属、朋友担任监护人，以本人自愿和有关单位同意的为限。没有上述监护人的，可由有关组织担任监护人，包括父、母的所在单位，孤儿住所地的居民委员会、村民委员会和民政部门。监护人送养受其监护的孤儿，须受我国《收养法》第13条规定的限制。该条指出："监护人送养未成年孤儿的，须征得有抚养义务的人同意。有抚养义务的人不同意送养、监护人不愿意继续履行监护职责的，应当依照《民法总则》的规定变更监护人。"此处所说的有抚养义务的人，系指我国《婚姻法》第28条、第29条中所说的有负担能力的祖父母、外祖父母和兄、姊。

（2）社会福利机构。我国主要是指各地民政部门主管的收容、养育孤儿和查找不到生父母的弃婴、儿童的社会福利院。

（3）有特殊困难无力抚养子女的生父母。

6. 如何办理收养手续？

荣凯说法：收养应当向县级以上人民政府民政部门登记。收养关系自登记之日起成立。收养查找不到生父母的弃婴和儿童的，办理登记的民政部门应当在登记前予以公告。收养关系当事人愿意订立收养协议的，可以订立收养协议。收养关系当事人各方或者一方要求办理收养公证的，应当办理收养公证。

7. 办理收养登记的机构如何确定？

荣凯说法：（1）收养社会福利机构抚养的查找不到生父母的弃婴、儿童和孤儿的，在社会福利机构所在地的收养登记机关办理登记。（2）收养非社会福利机构抚养的查找不到生父母的弃婴和儿童的，在弃婴和儿童发现地的收养登记机关办理登记。（3）收养生父母有特殊困难无力抚养的子女或者由监护人监护的孤儿的，在被收养人生父母或者监护人常住户口所在地（组织作监护人的,在该组织所在地)的收养登记机关办理登记。(4)收养三代以内同辈旁系血亲的子女,以及继父或者继母收养继子女的,在被收养人生父或者生母常住户口所在地的收养登记机关办理登记。

8. 建立收养关系是否需要经过被收养人的同意?

荣凯说法:《收养法》第11条规定:"收养年满10周岁以上未成年人的,应当征得被收养人的同意。"《收养法》的这一规定,对收养年满10周岁以上的未成年人应当征求被收养人的意见做出了十分明确的规定。收养年满10周岁以上的未成年人,除了收养人和送养人的意见一致外,同时还必须征求该被收养人的意见。被收养人同意后,可以建立收养关系;如果被收养人不同意被送养,则不能建立收养关系。收养人、送养人以及当事人以外的其他人都不得强迫被收养人,否则,收养关系无效。这里的所称的"10周岁",包括10周岁本数在内。

关于10周岁以下的未成年人被收养是否要征其本人的意见,法律没有做强制性的规定,送养人、收养人可以根据被收养人的具体年龄情况和其他特点酌情而定。

9. 收养孤儿的条件是什么?

荣凯说法:(1)孤儿收养人的条件。年满30周岁;有抚养教育被收养人的能力(受过高等教育、经济状况良好、没有不良记录等);未患有医学上认为不应当收养子女的疾病(重病、绝症和传染病)。已婚公民收养子女的,应当夫妻双方共同收养;收养孤儿不受收养人有子女和收养1名的限制。单身男性收养女童年龄应当相差40周岁以上。(2)被收养孤儿的条件。丧失父母的不满14周岁的未成年人是孤儿,可以被收养。收养10周岁以上孤儿的,须孤儿本人同意。(3)孤儿送养人的条件。收养社会福利机构抚养的孤儿的,由社会福利机构负责人决定送养。收养近亲属抚养的孤儿,监护人同意送养的,须其他有抚养义务人同意。

10. 有配偶者收养子女的特殊要求有哪些?

荣凯说法：根据《收养法》第10条第2款的规定："有配偶者收养子女，须夫妻共同收养。"除了继父或继母收养继子女的情况外，夫妻必须共同收养。为了保护收养人的利益，不允许夫妻中的一方单独收养子女。《婚姻法》的基本原则之一是一夫一妻，男女平等，保护妇女、儿童和老年人的合法权益。夫妻在家庭中地位平等是巩固和发展社会主义婚姻家庭关系的重要保障。

收养是很重要的民事法律行为，直接涉及夫妻双方对养子女的扶养教育及其他方面的权利义务关系，所以夫妻收养子女必须共同进行，这有利于巩固夫妻关系和家庭关系，也有利于对养子女的抚养教育，使其在一个和睦、安定的环境中成长。

11. 事实收养需要具备的条件有哪些?

荣凯说法：事实收养应具备以下条件：（1）收养当事人双方均须符合法律规定的条件。（2）收养人与被收养人公开承认其养父母养子女关系，以父母子女相称，并为群众及有关组织所公认；双方相互间有扶养的事实。（3）养子女与生父母在事实上已终止了父母子女间的权利义务关系。（4）未曾办理收养公证或登记手续。对此，中国有关政策规定，亲友、群众公认，或有关组织证明确以养父母与养子女关系长期共同生活的，虽未办理合法手续，也应按收养关系对待。据此，凡符合前述条件的事实收养，国家承认其收养的效力，并予以法律保护。

12. 不能送养的情况有哪些?

荣凯说法：为了保障当事人的合法权益，《收养法》规定以下的情况不能送养：（1）生父母一方未经另一方同意，不得送养其子女。（2）10周岁以上未成年人不同意自己送养的，不得送养。（3）未成年人的父母显然已均不具备完全民事行为能力，但只要不是对该未成年人有严重危害，该未成年人的监护人不得将其送养。（4）孤儿的其他监护人不同意送养的，不能送养。（5）配偶一方死亡，另一方送养未成年子女，死亡一方的父母不同意送养的，不能送养。（6）禁止转送养。为了防止贩卖人口、保护被收养人权利，《收养法》规定禁止转送养、再送养。

13. 怎样申办收养公证，具体程序如何？

荣凯说法：收养公证是指公证机关依法对收养人领养他人子女行为的真实性、合法性给予证明。办理收养公证是收养关系得到法律认可的最好方式，其目的是确保收养关系的有效性，使各方当事人正确地享有权利和履行义务，有利于家庭和睦团结和社会的安定，从而保护儿童和老人的合法权益，预防纠纷，减少诉讼。

申办收养公证，作为收养关系的三方当事人（包括收养人、送养人和被收养人）都应亲自到收养人或送养人或被收养人户口所在地的公证处提出申请，不得委托他人代理。如果夫妻都在一地的须一起到场；如果夫妻不在一地的，可由一方到场，但必须提供另一方同意收养的经当地公证处公证的声明书。

申办收养公证，应填写公证申请表，并提供下列证明材料：（1）收养人、被收养人和送养人三方的身份证明。证明的内容包括姓名、性别、出生年月日、职业、住地等。证明的物件包括户口簿、居民身份证、单位证明等。（2）收养人的经济状况证明，包括经济收入情况、经济来源和住房情况等。（3）收养人、被收养人和送养人三方的婚姻状况证明，即是未婚还是已婚。如是已婚，还应说明配偶情况等。（4）收养人、被收养人的身体检查情况证明，包括双方有无严重疾病、收养人有无生育能力，等等，此证明应由县级以上的医院出具。（5）收养人同意收养、送养人同意送养和有识别能力的被收养人同意接受收养的"声明书"，并必须由双方甚至三方协商一致而签订的"收养协议书"。无论是声明书还是协议书，其内容都应包括收养目的和不遗弃、不虐待子女的保证等。最好是在公证员指导下拟写。（6）如果是由社会福利机构送养的，应提供儿童来源的证明。（7）如果是外国人和华侨在我国收养小孩，还必须提供无犯罪的证明，并且所提供的证明须经当地公证人公证和我国驻该国使领馆认证。（8）公证员要求提供的其他材料。

第三节 收养的法律效力

1. 收养关系成立后将产生哪些效力？

荣凯说法：自收养关系成立之日起，养父母与养子女间的权利义务关系，适用法律关于父母子女关系的规定；养子女与养父母的近亲属间的权利义务关系，适用法律关于子女与父母的近亲属关系的规定。

养子女与生父母及其他近亲属间的权利义务关系，因收养关系的成立而消除。

养子女可以随养父或者养母的姓，经当事人协商一致，也可以保留原姓。

2. 收养关系无效的情形有哪些？

荣凯说法：无效收养行为是欠缺收养成立的实质要件和形式要件而不发生法律效力的收养行为。根据我国《收养法》的规定，无效收养的原因主要包括以下几种：（1）收养人、送养人不具有相应的民事行为能力；（2）当事人的意思表示不真实，即收养人同意收养、送养人同意送养及年满10周岁的被收养人同意被收养并非出于本人的真实意思、意愿；（3）违反法律和社会公共利益；（4）收养不符合法律规定的方式。

3. 收养子女后，夫妻离婚谁抚养？

荣凯说法：最高人民法院《关于人民法院审理离婚案件处理子女抚养问题的若干具体意见》第14条规定："《中华人民共和国收养法》施行前，夫或妻一方收养的子女，对方未表示反对，并与该子女形成事实收养关系的，离婚后，应由双方负担子女的抚育费；夫或妻一方收养的子女，对方始终反对的，离婚后，应由收养方抚养该子女。"

第四节 收养关系的解除

1. 在哪些情况下可以解除收养关系？

荣凯说法：收养人在被收养人成年以前，不得解除收养关系，但收养人、送养人双方协议解除的除外；养子女年满 10 周岁以上的，应当征得本人同意。

收养人不履行抚养义务，有虐待、遗弃等侵害未成年养子女合法权益行为的，送养人有权要求解除养父母与养子女间的收养关系。送养人、收养人不能达成解除收养关系协议的，可以向人民法院起诉。

养父母与成年养子女关系恶化、无法共同生活的，可以协议解除收养关系。不能达成协议的，可以向人民法院起诉。

当事人协议解除收养关系的，应当到民政部门办理解除收养关系的登记。

2. 收养关系解除后将产生哪些后果？

荣凯说法：收养关系解除后，养子女与养父母及其他近亲属间的权利义务关系即行消除，与生父母及其他近亲属间的权利义务关系自行恢复，但成年养子女与生父母及其他近亲属间的权利义务关系是否恢复，可以协商确定。

收养关系解除后，经养父母抚养的成年养子女，对缺乏劳动能力又缺乏生活来源的养父母，应当给付生活费。因养子女成年后虐待、遗弃养父母而解除收养关系的，养父母可以要求养子女补偿收养期间支出的生活费和教育费。

生父母要求解除收养关系的，养父母可以要求生父母适当补偿收养期间支出的生活费和教育费，但因养父母虐待、遗弃养子女而解除收养关系的除外。

3. 解除收养关系应提供什么证据？

荣凯说法：除提供一般证明、证据外，还须按照诉讼请求内容提供以下必要证据：（1）收养关系的证明（收养公证书，户籍簿，居委会、村委会等有关单位的证明或证人姓名、地址及与本人的关系）；（2）未成年人提出解除收养关系的，应由其监护人提供生父母的姓名、住址及工作单位；（3）解除收养关系的原因事实及证据。

4. 通过诉讼解除收养关系的情形有哪些？

荣凯说法：（1）收养人对养子女不加善待，不尽抚养教育义务，有虐待、遗弃、剥削劳动力等行为的，送养人有权要求解除养父母与养子女的收养关系。（2）收养关系成立后，未成年养子女生父母一方反悔，要求解除收养关系的，法院为保护无过错养父母的合法权益，不应当按照解除收养关系处理。但是，生父母故意泄露收养秘密或有其他不利于收养关系的事实发生，法院可以支持生父母或者养父母的要求解除收养关系。在此情况下，生父母除应当补偿养父母为养子女支付的生活费、教育费、医疗费等费用外，还应当对侵害养父母监护权的行为负责,承担损害赔偿的责任。(3) 养父母一方反悔,或者发现收养的子女有生理缺陷或者其他病症,要求解除收养关系的,一般不予支持。但是,生父母在送养时有意隐瞒的,可以予以解除。(4) 养父母与成年养子女关系恶化,再继续共同生活对双方确实不利,一方坚决要求解除收养关系的,一般可准予解除。

对于不利于收养关系的因素是否足以构成解除收养关系的充分根据,由人民法院根据其程度,从保护被收养的未成年人的利益和其他收养当事人的合法利益的原则出发而自由裁量。

5. 收养关系解除后,曾接受过收养人抚养的养子女是否还应该履行赡养义务?

荣凯说法:依据《收养法》第30条的规定:"收养关系解除后,经养父母抚养的成年养子女,对缺乏劳动能力又缺乏生活来源的养父母,应当给付生活费。"在法定情形下,收养人与被收养人之间仍存在特定的权利义务关系,不应因解除了收养关系,就否定了被收养人赡养养父母的义务。

第五节 赡养

1. 老人可以要求子女常回家看看吗?

荣凯说法:可以。《中华人民共和国老年人权益保障法》(以下简称《老年人权益保障法》)第18条规定,家庭成员应当关心老年人的精神需求,不得忽视、冷落老年人。与老年人分开居住的家庭成员,应当经常看望或者问候老年人。用人单位应当按照国家有关规定保障赡养人探亲休假的权利。

2. 因父母的错误行为给子女造成心灵、身体伤害的,子女是否有赡养老年父母的义务?

荣凯说法:父母在抚养子女过程中,他们的一些错误行为曾给子女造成心灵伤害的，子女成年之后，应当自觉履行赡养老年父母的义务。但是，父母犯有严重伤害子女感情和身心健康的罪行的，原则上丧失了要求被害子女赡养的权利。这些情形包括：父母犯有杀害子女的罪行的，父亲奸污女儿的，父母犯有虐待、遗弃子女罪行的，等等。

3. 没有经济收入的已嫁女儿有无赡养义务？

荣凯说法：出嫁女儿本人没有收入的，不能作为拒绝履行赡养老年父母义务的理由。因为她们从事的家务劳动与丈夫谋取生活资料的劳动具有同等价值，其丈夫劳动所得的收入属夫妻共同财产，夫妻双方对夫妻共同财产有平等的处分权，可从夫妻共同财产中支付赡养费。

4. 子女怎样分担赡养扶助义务？

荣凯说法：父母有多个子女的，应当共同承担赡养扶助父母的义务；每位子女承担义务的多少，应当根据各个子女的生活、经济条件进行协商。子女不能以父母对其年幼时的关心、疼爱程度或者结婚时资助的多少作为砝码来衡量赡养扶助义务的多少。

至于赡养扶助父母的方式，可视具体情况而定：对于不在父母身边的子女，可定期支付一定数额的赡养费；与父母共同生活的子女还应当经常关心、照料父母的生活；当父母由于生病、生活不能自理时，子女除应分担为其治病所需的医药费、手术费、住院费等外，还应承担照顾、护理父母的义务。

5. 儿子（女儿）去世后，儿媳（女婿）是否有赡养公婆（岳父母）的义务？

荣凯说法：儿媳（女婿）与公婆（岳父母）的关系是因婚姻而成立的姻亲关系。儿子（女儿）去世后，因儿子（女儿）与媳妇（女婿）的婚姻关系消灭而使得儿媳（女婿）与公婆（岳父母）的姻亲关系亦不复存在。

儿媳（女婿）是否承担赡养公婆（岳父母）的义务，我国法律未做明确规定。因此，不能强令儿媳（女婿）承担此项义务。

6. 老人法定的赡养费标准如何确定?

荣凯说法：赡养费的给付内容分六个方面：（1）老年人基本赡养费；（2）老年人的生病治疗费用；（3）生活不能自理老人的护理费用；（4）老年人的住房费用；（5）必要的精神消费支出；（6）必要的保险金费用。上述费用计算标准及依据如下：

（1）老年人的基本赡养费，可以设各地居民人均消费支出及各地低保补助为上、下限，结合赡养人收入20%左右的比例进行计算。如该数额高于或低于上、下限的，则以上限或下限确定为赡养费标准；

（2）老年人生病发生的医疗费，除保险理赔外，其余费用应按医疗部门的票据额计入赡养费中；

（3）因生病或年老体弱生活不能自理而子女无法照料的，应将护理费用计算在赡养费内，而这一费用将根据有关养老机构证明或当地一般雇佣人员标准计算；

对前述（4）（5）（6）项赡养内容亦应以相应支出发票为据计算赡养费用。当然无论是赡养费的给付内容还是其计算标准都是相对而言的，并非绝对。在确定赡养费给付内容及计算标准时既要考虑权利人需求的必要性，也要考虑义务人承受力的可能性，在充分保护老年人合法权益的前提下，综合平衡各方利益。

7. 父母再婚，子女还有赡养的义务吗?

荣凯说法：父母再婚子女还有赡养的义务。父母对子女有抚养教育的义务，同样道理，子女对父母也有赡养的义务。子女对父母的赡养义务，不因父母婚姻关系的变化而终止。

老年人的婚姻自由同样受法律保护，子女或其他亲属不得干涉老年人的离婚、再婚及婚后的生活。子女对父母的赡养义务不会因为父母婚姻关系的变化而终止。

我国《婚姻法》第30条规定，子女应当尊重父母的婚姻权利，不得干涉父母再婚以及婚后的生活。子女对父母的赡养义务，不因父母的婚姻关系而终止。由此可见，父母的被赡养权利是受法律保护的，无论父母是否再婚，子女的赡养义务都是始终存在的，子女不能以父母再婚为理由，不对父母尽赡养义务。另外，根据《老年人权益保障法》的有关规定，赡养人的赡养义务不因老年人的婚姻关系变化而消除。

8. 父母未尽抚养义务也可要求子女赡养吗？

荣凯说法：子女应对父母履行赡养义务。赡养是指子女在物质上和经济上为父母提供必要的生活条件。子女作为赡养人，应当履行对老年人经济上供养、生活上照料和精神上慰藉的义务，照顾老年人的特殊需要。儿女都有义务赡养父母。根据法律规定，父母对子女有抚养教育的义务；子女对父母有赡养扶助的义务，前者并非后者的前置前提条件，父母即使没有对子女尽抚养义务，子女也应对父母尽赡养义务。

9. 能否通过协议解除子女对父母的赡养义务？

荣凯说法：我国《婚姻法》第21条规定："子女对父母有赡养扶助的义务。子女不履行赡养义务时，无劳动能力的或生活困难的父母，有要求子女付给赡养费的权利。"协议解除赡养义务违背了法律的强制性规定，属无效的民事行为，故签订的此类协议属于无效协议。

第六节 案例解答

1. 夏女士有个妹妹小时候被别人收养了，当时去民政局办理了相关的收养手续。夏女士的这个妹妹长大成人后和夏女士及其亲生母亲联系上了，但并没有太多交集。夏女士的母亲去世后留有一处房产，这个妹妹知道亲生母亲去世后，回来要分夏女士的母亲遗留下的房产。请问：夏女士的妹妹有权利分割母亲遗留下的房产吗？

荣凯说法：夏女士的妹妹无权分割母亲遗留下的房产。根据《收养法》第 23 条的规定，自收养关系成立之日起，养父母与养子女间的权利义务关系，适用法律关于父母子女关系的规定；养子女与养父母的近亲属间的权利义务关系，适用法律关于子女与父母的近亲属关系的规定。养子女与生父母及其他近亲属间的权利义务关系，因收养关系的成立而消除。根据夏女士说的情况，其妹妹与亲生父母的权利义务关系因收养关系的成立而消除。被送养的妹妹没有继承亲生父母遗产的权利。

2. 李老师跟老伴收养过一个孩子李某，收养时李某 3 周岁，李老师与老伴一直抚养他上完大学。后因为一些琐事，李老师与他解除了收养关系。现在李老师及老伴年纪大了，丧失了劳动能力，且无生活来源，可以要求李某支付生活费吗？

荣凯说法：可以。李老师的情况属于后赡养义务。《收养法》第 26 条规定，收养人在被收养人成年以前，不得解除收养关系，但收养人、送养人双方协议解除的除外。养子女年满 10 周岁以上的，应当征得本人同意。李老师是在李某成年后与其解除的收养关系，此时解除收养关系符合法律规定。同时我国《收养法》第 30 条规定："收养关系解除后，经养父母抚养的成年子女,对缺乏劳动能力又缺乏生活来源的养父母,应当给付生活费。"李老师作为缺乏劳动能力又缺乏生活来源的养父母,要求李某支付生活费的请求同样符合法律规定,但具体金额要按照当地生活水平和李某的支付能力来具体确定。

3. 张某、吴某有3个孩子,长子系养子。现在张某和吴某都年纪大了,需要3个孩子照顾,此时长子知道了自己是养子,因此以张某、吴某另有两个亲生子女为由拒绝支付赡养费。张某、吴某可以要求长子支付赡养费吗?

荣凯说法:张某、吴某可以要求长子支付赡养费。我国《收养法》第23条规定:"自收养关系成立之日起,养父母与养子女间的权利义务关系,适用法律关于父母子女关系的规定。"《婚姻法》第21条规定:"父母对子女有抚养教育的义务,子女对父母有赡养扶助的义务。""子女不履行赡养义务时,无劳动能力或生活困难的父母,有要求子女给付赡养费的权利。"因此,养子女与亲生子女一样,只要是与养父母形成了合法的收养关系,就产生了与亲生子女同样的权利义务,对养父母就应当尽赡养义务。现在张某、吴某年事已高,需要子女尽赡养义务,3个孩子无论亲生子女还是养子女,都有义务履行赡养责任。

4. 廖先生和吴女士均系再婚,两人再婚前均有一个亲生子女,两人再婚后并没有再生育子女。《收养法》中规定,收养子女应当同时具备的条件之一是无子女,这里的"无子女"是如何定义的?廖先生和吴女士作为再婚夫妻虽然各自生育过,但孩子均判给前夫(妻),他们这种再婚新组合家庭没有生育子女,符合《收养法》中无子女的条件吗?廖先生和吴女士可以申请领养一个孩子吗?

荣凯说法:我国《收养法》和《中国公民收养子女登记办法》中均没有对"无子女"的条件做出解释,但根据《计划生育管理条例》中关于符合申请生育第二个子女的条件的规定,"再婚夫妻双方只有一个子女的"可以申请生育第二个子女。再婚夫妻双方的孩子是累积计算的，子女不管判给谁抚养，均算作再婚夫妻名下的子女。廖先生累计是有两个子女的，不符合无子女的条件，因此不能再收养其他孩子。

5. 吴某与李某系夫妻关系，婚后未生育子女，双方于 1958 年收养一子吴某某并将其抚养成人。养子吴某某结婚后生育一子一女，即小明与小薇。吴某某于 2014 年 8 月去世。吴某与李某年事已高，无生活来源，且患多种疾病，因未能得到妥善赡养，能否要求小明、小薇履行赡养义务？

荣凯说法：成年子女有赡养扶助父母的义务，赡养扶助的主要内容是指在现有经济和社会条件下，子女在经济上应为父母提供必要的生活用品和费用，在生活上、精神上、感情上对父母应尊敬、关心和照顾。子女对父母的赡养义务，不仅发生在婚生子女与父母间，而且也发生在非婚生子女与生父母间、养子女与养父母间、继子女与履行了扶养教育义务的继父母之间。

此外，我国《婚姻法》规定，有负担能力的孙子女、外孙子女，对于子女已经死亡的祖父母、外祖父母，有赡养义务。这种赡养是有条件的，须孙子女、外孙子女有负担能力，并且祖父母、外祖父母的子女均已经死亡或无力抚养。吴某与李某在其子已死亡的情况下，有要求具备负担能力的孙子女履行赡养义务的权利，小明与小薇应依法履行对祖父母的赡养义务。

6. 李先生与赵女士系经人介绍组成的再婚家庭。赵女士再婚时，其子女均已成年。在实际生活中，赵女士的子女只会给赵女士一些生活费。对此，李先生非常气愤，他觉得自己也是赵女士的子女名义上的父亲，但赵女士的子女对自己没有尽到赡养义务。就此，李先生能向赵女士的子女要赡养费吗？

荣凯说法：我国《老年人权益保护法》第 11 条规定："赡养人是指老年人的子女以及其他依法负有赡养义务的人。"根据《婚姻法》第 27 条的规定，继父母与继子女间，不得虐待或歧视。继父或继母和受其抚养教育的继子女间的权利和义务，适用本法对父母子女关系的有关规定。可见，只有形成抚育关系的继父母子女间的权利义务,才完全等同于生父母与子女间的权利。由于赵女士的子女在赵女士与李先生结婚之前都已经成年,他们与李先生之间没有抚养关系,也没有形成法律上的拟制血亲关系,因此赵女士的子女对李先生没有支付赡养费的义务。

7. 张先生今年85岁,膝下共有二子一女。老伴去世后,张先生一人在外租房独居至今,子女一直声称工作忙,很少来陪,给张先生雇了个保姆。张先生觉得让保姆照顾不如让几个子女轮流来陪着居住。张先生的要求能得到法律的支持吗?

荣凯说法:《老年人权益保障法》第18条规定,家庭成员应当关心老年人的精神需求,不得忽视、冷落老年人。

与老年人分开居住的家庭成员,应当经常看望或者问候老年人。

用人单位应当按照国家有关规定保障赡养人探亲休假的权利。

我国《老年人权益保障法》也规定,"与老年人分开居住的家庭成员,应当经常看望或者问候老年人。"但是,"看望"和"问候"不同于"陪伴",张先生的子女已经请了保姆照顾他的生活,所以他们只负有看望和问候的义务,张先生要求子女和自己一起居住是没有法律依据的,不过张先生可以要求子女履行探望义务。

8. 张某与谢某夫妇俩育有张甲和张乙两个儿子。2015年,夫妇二人与两个儿子达成《养老送终协议》,约定张甲赡养父亲张某,张乙赡养母亲谢某。2016年1月,谢某得重病住院治疗,医疗费用昂贵。由于张乙家中经济条件较差,无法完全承担该医疗费,故找到张甲,希望其能负担部分医疗费用,但遭到拒绝。张甲称应根据《养老送终协议》的约定履行赡养义务。张甲是否有权拒绝赡养母亲谢某?

荣凯说法:赡养父母是子女的法定义务,不可以通过协议免除、转让,将老人分别赡养的做法违反法律规定和公序良俗,因此张甲和张乙签订的

《养老送终协议》应属无效。《婚姻法》第21条规定，父母对子女有抚养教育的义务；子女对父母有赡养扶助的义务。父母不履行抚养义务时，未成年的或不能独立生活的子女，有要求父母付给抚养费的权利。子女不履行赡养义务时，无劳动能力的或生活困难的父母，有要求子女付给赡养费的权利。因此，张甲不仅应当照顾护理生病的谢某，更应在谢某经济困难的情况下提供医疗费用，其无权拒绝赡养其母亲谢某。

9. 张某现在10周岁，父母双亡，和70多岁的爷爷奶奶生活。由于爷爷奶奶年纪大，没有能力照顾张某，外公外婆也无能力照顾他，张某的舅舅孙某提出将其过继过来抚养。张某的爷爷奶奶也同意将张某过继给孙某抚养。但是，孙某已经有一个19周岁的儿子。孙某自己能否将张某过继过来抚养？

荣凯说法：从上述条件来看，孙某有一儿子，故不能再收养子女。但是孙某作为张某的亲舅舅，收养的是三代以内同辈旁系血亲——亲妹妹的子女，不受"无子女"条件的限制。如果孙某有抚养教育张某的能力，且孙某未患有在医学上认为不应当收养子女的疾病，则孙某可以收养张某。张某也可以被收养。除此之外，孙某收养张某，在孙某同意收养、张某的监护人即张某的爷爷奶奶同意送养的情况下，还必须征得孙某爱人的同意，而且张某的外祖父同意送养，张某本人同意被收养。上述条件缺一不可。符合上述条件，孙某对张某的收养才是合法的。

10. 刁先生（26周岁）和妻子（25周岁）2014年在派出所收养了一名弃婴，取名刁某，但是没有办理收养手续，后来刁先生和妻子给刁某入了几份保险，受益人是刁先生和妻子。2016年1月，刁先生带刁某外出时遭遇车祸，刁某抢救无效死亡，刁先生向保险公司索赔为何遭拒？

荣凯说法：由于刁先生收养刁某时不满30周岁，不符合我国《收养法》关于夫妻双方收养孩子必须达到30周岁的法定条件，且二人未在民政部门办理合法的收养手续，所以他们收养刁某的行为从程序和事实上均违反了我国法律的规定，收养关系无效。刁先生及妻子没有基于法定程序取得刁某父母的合法身份，不能成为保险合同受益人，他们与保险公司订立合同自始无效，故保险公司可以不支付保险金。两家保险公司在履行核保义务时，未按规定查验出生证和收养证，主观上疏忽了核保责任，应对引起保险合同无效承担主要过错责任，因此保险公司应返还刁先生支付的保险费用。

11. 一个被过继出去的孩子，长大后，又经常来到亲生父母的身边，给亲生父母买吃的，买喝的，亲生父母对她也是无微不至地关心照顾，似乎孩子又回到了自己的身边。后来，亲生父母年老体弱，孩子也长大成人、结婚成家，而此时亲生父母的其他子女对该父母不尽赡养的义务，两位老人又想起了曾过继给人的这个孩子，想一想孩子对自己不错，因此他们主张由该子女对自己尽赡养义务，而该子女已经成家，他的配偶反对。对于这样的情况，老人有权利让过继出去的子女尽赡养义务吗？

荣凯说法：国家保护合法的收养关系。我国《收养法》规定，养父母和养子女间的权利和义务，适用父母子女关系的有关规定。养子女和生父母间的权利和义务，因收养关系的成立而消除。从此规定可见，只要子女被过继出去与他人形成收养关系后，子女与亲生父母的权利和义务便消除。因此，在本案中，虽然该子女对自己的亲生父母很好，亲生父母对该子女也很好，但终究是被过继出去的人了，相互之间的权利义务已经终止，如果出于自愿的话，就没有问题了。

12. 小英是一个12周岁的女孩，由于家庭贫困，再加上孩子多，父母决定把小英送给别人收养，虽然要收养的那家人很富裕，看起来也很好，但小英还是不愿意离开父母和兄弟姐妹到别人家生活。请问，在小英不同意的情况下，父母能否将她送人收养？

荣凯说法：根据《收养法》的相关规定，收养应当有利于被收养的未成年人的抚养、成长，保障被收养人和收养人的合法权益，遵循平等自愿的原则，并不得违背社会公德。《收养法》规定，下列不满14周岁的未成年人可以被收养：(1) 丧失父母的孤儿；(2) 查找不到生父母的弃婴和儿童；(3) 生父母有特殊困难无力抚养的子女。一般来说，只要收养人与送养人双方自愿，不必征求孩子的同意，就可以成立，但是，《收养法》规定，收养年满10周岁以上未成年人的，应当征得被收养人的同意。小英已经12周岁，父母送养小英应该征求她的意见；如果小英不同意，父母就不能将小英送养。

13. 艾德琳女士是个德国人，年轻的时候来到中国，后来在中国安居并且做生意已经十多年了，艾德琳女士一直未婚，想在中国收养一名孩子，应该如何办理收养手续？

荣凯说法：根据《收养法》第21条的规定，外国人依照本法可以在中华人民共和国收养子女。外国人在中华人民共和国收养子女，应当经其所在国主管机关依照该国法律审查同意。收养人应当提供由其所在国有权机构出具的有关收养人的年龄、婚姻、职业、财产、健康、有无受过刑事处罚等情况的证明材料，该证明材料应当经其所在国外交机关或者外交机关授权的机构认证，并经中华人民共和国驻该国使领馆认证。该收养人应当与送养人订立书面协议，亲自向省级人民政府民政部门登记。收养关系当事人各方或者一方要求办理收养公证的，应当到国务院司法行政部门认定的具有办理涉外公证资格的公证机构办理收养公证。

14. 单某2010年和万某登记结婚，婚后二人育有一子万山。2016年4月，她和丈夫万某协议离婚，儿子万山归单某抚养。现单某想重新组建家庭，再婚丈夫在年老时能否要求儿子万山赡养？

荣凯说法：可以要求。我国《婚姻法》第21条规定："父母对子女有抚养教育的义务；子女对父母有赡养扶助的义务。父母不履行抚养义务时，未成年的或不能独立生活的子女，有要求父母付给抚养费的权利。子女不履行赡养义务时，无劳动能力的或生活困难的父母，有要求子女付给赡养费的权利。"我国《婚姻法》第 27 条规定："继父母和继子女间，不得虐待或歧视。继父或继母和受其抚养教育的继子女间的权利和义务，适用本法对父母子女关系的有关规定。"依据上述法律规定，如单某再婚丈夫和万山形成事实上的抚养关系，那么再婚丈夫和万山之间就符合继父子关系，再婚丈夫在年老体弱、没有生活能力时就有要求万山进行赡养的权利。

15. 李某夫妇家住南宁市郊农村，且均年过七旬。他们生有两个子女，但孩子婚后分别在宾阳和横县生活，而且都不愿给赡养费，理由是他们都是下岗工人，家庭负担很重。李某夫妇该向哪里的法院起诉？

荣凯说法：我国《婚姻法》第 21 条规定："父母对子女有抚养教育的义务；子女对父母有赡养扶助的义务。父母不履行抚养义务时，未成年的或不能独立生活的子女，有要求父母付给抚养费的权利。子女不履行赡养义务时，无劳动能力的或生活困难的父母，有要求子女付给赡养费的权利。"李某夫妇居住在农村，年过七旬，无法通过自己的劳动获得收入，只能靠成年子女赡养。两人的两个子女均已成家，即使生活困难，也应当承担赡养年迈父母的义务。这既是作为子女的法定责任，也是道义所要求的。如果父母与子女协商解决不了，可以向法院提起诉讼，要求子女给付赡养费。

《最高人民法院关于适用〈中华人民共和国民事诉讼法〉若干问题的意见》第 9 条规定："追索赡养费案件的几个被告住所地不在同一辖区的，可以由原告住所地人民法院管辖。"因此，李某夫妇可以向住所地南宁市城区人民法院起诉。

第四章

侵权篇

侵权，在现实生活中表现为多种形式，有关于身体权、健康权、财产权、名誉权等各方面的侵权。在日常生活中，我们也难免会碰到一些关于侵权问题的烦心事。解决这些纠纷有很多途径，但了解法律的相关规定及操作技巧是非常有必要的。

目前，随着社会经济的发展和生活形态的日趋丰富，各种侵权案件不断出现，侵权损害赔偿纠纷案件日益呈现出法律关系复杂化、诉讼主体多元化、赔偿数额高额化、纠纷发生群体化的鲜明特点，成为所有民事案件中社会敏感程度高、波及范围广、审理难度大的纠纷案件类型。《中华人民共和国侵权责任法》（以下简称《侵权责任法》）是为了保护民事主体的合法权益、明确侵权责任、预防并制裁侵权行为、促进社会和谐稳定而制定的。根据《侵权责任法》的规定，侵权责任包括产品责任、机动车交通事故责任、医疗损害责任、环境污染责任、高度危险责任、饲养动物损害责任、物件损害责任等。本章内容通过法律理论与实践案例的结合，对常见侵权案件进行深入浅出的讲解，以求对广大读者有所裨益。

第一节 责任承担及竞合

1. 侵权案件的主要类型有哪些？

荣凯说法：根据《侵权责任法》的规定，侵权责任包括产品责任、机动车交通事故责任、医疗损害责任、环境污染责任、高度危险责任、饲养动物损害责任、物件损害责任等。

2. 侵权责任的承担方式有哪些？

荣凯说法：根据《侵权责任法》第3条的规定，被侵权人（受害人）有权请求侵权人（实施侵权行为的人）承担侵权责任。损害赔偿是侵权责任承担的主要方式之一。除此之外，侵权责任的承担方式还有停止侵害、排除妨碍、消除危险、返还财产、恢复原状、赔礼道歉、消除影响、恢复名誉等；承担侵权责任的方式，可以单独适用，也可以合并适用。具体侵权人如何承担侵权责任，应当根据侵权人实际实施的侵权行为做出定论。

3. 什么是民事责任优先原则？

荣凯说法：《侵权责任法》第4条规定了侵权责任优先的原则。根据法律责任的类型，法律责任可以分为民事责任、刑事责任、行政责任。侵权责任是民事责任的一种，侵权行为人因同一行为应当承担行政责任或者刑事责任的，不影响其依法承担侵权责任。但侵权人的财产不足以支付被侵权人的损失时，应当先承担侵权责任，即用侵权责任优先原则来解决这类责任的竞合问题。

4. 发生了损害结果，行为人主观上没有过错还需承担侵权责任吗？

荣凯说法：《侵权责任法》第6条规定，行为人因过错侵害他人民事权益的，应当承担侵权责任。根据法律规定推定行为人有过错，行为人不能证明自己没有过错的，应当承担侵权责任。

一般情况下只有行为人对侵权后果具有法定的过错时才承担侵权责任。无过错时，只有在法律有特别规定的情况下才承担侵权责任。这一原则只是重申了我国立法对一般侵权所采取的规则。

《侵权责任法》第6条第2款规定的是过错推定原则，即在损害事实发生后，基于某种客观事实或条件而推定行为人有过错，并由被推定者负担自己没有过错的证明责任的规则。

《侵权责任法》中规定的过错推定原则有：一是关于责任主体的特殊规定中，监护人责任、暂时丧失心智致人损害、用人者责任、网站责任、违反安全保障义务责任、无民事行为能力人在教育机构受到损害的责任；二是在机动车交通事故责任中，机动车造成非机动车驾驶人或者行人人身损害的；三是医疗伦理损害责任；四是在动物损害责任中，违反管理规定未对动物采取安全措施造成损害，以及动物园的动物造成损害的；五是在物件致人损害中，建筑物以及建筑物上的搁置物悬挂物致人损害、堆放物致人损害、林木致人损害、在公共场所危险施工等。

例如，甲某阳台上摆放的花盆坠落，砸伤了乙某，则甲某应承担对乙某的侵权责任，但如果甲某证明自己对花盆尽到了妥善管理的义务，则甲某不承担侵权责任。

《侵权责任法》第 7 条规定，行为人损害他人民事权益，不论行为人有无过错，法律规定应当承担侵权责任的，依照其规定。我国法律规定采取无过错原则的情形主要有：(1) 产品责任；(2) 高度危险责任；(3) 环境污染责任；(4) 动物损害责任中的部分责任。

例如，甲化工厂排出的工业废水、废气污染了附近居民的生活环境，损害了附近居民的身体健康，则不论甲化工厂是否存在过错，都要承担侵权责任。

5. 二人以上实施侵权行为造成损害的责任怎样承担？

荣凯说法：根据《侵权责任法》第 8 条至第 12 条的规定，二人以上实施侵权行为包括以下几种情形：(1) 共同实施侵害行为造成他人损害的应当承担连带责任。(2) 实施危及他人人身、财产安全的行为，其中一人或数人的行为造成他人损害的，能够确定具体侵权人的，由侵权人承担赔偿责任；不能确定具体侵权人的，则由行为人承担连带责任。(3) 分别实施侵权行为造成同一损害的，每个人的行为都足以造成全部损害的，则由行为人承担连带责任。(4) 分别实施侵权行为造成同一损害的，能够确定责任大小的，各自承担相应的责任；难以确定责任大小的，平均承担赔偿责任。

6. 连带责任的承担及赔偿有何规定？

荣凯说法：根据《侵权责任法》第 13 条、第 14 条的规定，侵权人承担连带责任的，被侵权人有权请求部分或者全部连带责任人承担责任。例如，甲乙共同实施侵权行为致丙损害，对丙承担连带责任，此时丙有权选择甲乙中的任何一人承担全部责任，也可选择由甲乙二人共同承担责任。连带责任人根据各自责任大小确定相应的赔偿数额；难以确定责任大小的，平均承担赔偿责任。支付超出自己赔偿数额的连带责任人，有权向其他连带责任人追偿。

例如，甲乙共同实施侵权行为致丙损害，对丙承担连带责任，如果能确定责任大小，则甲乙根据各自责任大小确定相应的赔偿数额，难以确定责任大小的,则对丙的赔偿数额甲乙各付一半。如果甲支付的赔偿数额超过了自己应承担的份额,则有权要求乙支付自己超过应承担数额的部分。

7. 对不承担责任和减轻责任的情形有何规定?

荣凯说法:根据《侵权责任法》第26条、第31条的规定,不承担责任和减轻责任的情形分为以下几种:(1)被侵权人对损害的发生也有过错的,可以减轻侵权人的责任。(2)损害是因受害人故意造成的,行为人不承担责任。(3)损害是因第三人造成的,第三人应当承担侵权责任。(4)因不可抗力造成他人损害的,不承担责任。法律另有规定的,依照其规定。(5)因正当防卫造成损害的,不承担责任。正当防卫超过必要的限度,造成不应有的损害的,正当防卫人应当承担适当的责任。(6)因紧急避险造成损害的,由引起险情发生的人承担责任。如果危险是由自然原因引起的,紧急避险人不承担责任或者给予适当补偿。紧急避险采取措施不当或者超过必要的限度,造成不应有的损害的,紧急避险人应当承担适当的责任。

8. 什么是民事责任的竞合?

荣凯说法:民事责任竞合是指因某种法律事实的出现,而导致两种或两种以上的民事责任的产生,各项民事责任发生冲突的现象。责任竞合作为一种客观存在的现象,既可以发生在同一法律部门内部,如民法中的违约责任与侵权责任竞合,也可以发生在不同法律部门,如民事责任与行政责任竞合。对于民事责任竞合,从民事权利的角度来看,当不法行为人实施的一个行为在法律上同时符合数个法律规范的要件时,当事人之间便产生了两个或两个以上的法律关系,受害人便产生了两个或两个以上的请求权,这些请求权之间相互冲突,因此,民事责任竞合又被称为请求权竞合。民事责任竞合有违约责任与侵权责任竞合、违约责任与不当得利责任竞合等。《合同法》第122条规定,当事人一方的违约行为,侵害对方人身、财产利益的,受损害方有权选择依本法要求其承担违约责任或依其他法律要求其承担侵权责任。根据该规定可以看出，在违约责任与侵权责任竞合时，违约是侵权的原因，侵权是违约的结果。例如张三从商场买回一台电视，当晚李四到张三家一起观看，半小时后电视爆炸，张三左眼被炸瞎，李四右眼被炸瞎。张三既可以要求商场承担违约责任，亦可以要求商场及电视制造商承担侵权责任，但李四却只能依《产品质量法》第43条或《消费者权益保护法》第40条的规定，要求商场及电视制造商承担侵权责任。

第二节　交通事故

1. 什么叫交通事故？

荣凯说法：依据《中华人民共和国道路交通安全法》（以下简称《道路交通安全法》）的规定，交通事故是指车辆在道路上因过错或者意外造成的人身伤亡或者财产损失的事件，车辆包括机动车和非机动车。但并非所有的车辆发生的人身伤亡或者财产损失都可以称为交通事故，必须是发生在公路、城市道路和虽在单位管辖范围内但允许社会机动车通行的地方，如广场、公共停车场等用于公众通行的场所。

2. 发生交通事故后该怎么处理？

荣凯说法：依据《道路交通事故处理程序规定》第13条、第14条的规定，发生交通事故后，当事人应当保护现场并立即报警。若车辆可以移动的，在确保安全的原则下对现场拍照或者标划停车位置，然后将车辆移至不妨碍交通的地点等候处理，并设置警示标志。公路上发生道路交通事故的，驾驶人或其他人员必须在确保安全的原则下，立即组织车上人员疏散到路外安全地点，避免发生次生事故。

3. 发生交通事故后，当事人未在现场报警的怎么处理？

荣凯说法：依据《道路交通事故处理程序规定》第18条的规定，当事人未在道路交通事故现场报警、事后请求公安机关交通管理部门处理的，公安机关交通管理部门应当记录报警方式、报警时间、报警人姓名、联系方式，电话报警的，还应当记录以下内容：（1）报警电话；（2）发生道路交通事故时间、地点；（3）人员伤亡情况；（4）车辆类型、车辆牌号，是否载有危险物品、危险物品的种类等；（5）涉嫌交通肇事逃逸的，还应当询问并记录肇事车辆的车型、颜色、特征及其逃逸方向、逃逸驾驶人的体貌特征等有关情况等，并在 3 日内做出是否受理的决定。经核查道路交通事故事实存在的，公安机关交通管理部门应当受理，并告知当事人；经核查无法证明道路交通事故事实存在，或者不属于公安机关交通管理部门管辖的，应当书面告知当事人，并说明理由。

4. 交警部门处理交通事故的程序是什么？

荣凯说法：依据《道路交通事故处理程序规定》的规定，公安机关交通管理部门接到报警后，首先进行现场处置，然后按照以下程序处理：（1）现场调查。①勘查事故现场，查明事故车辆、当事人、道路及其空间关系和事故发生时的天气情况；②固定、提取或者保全现场证据材料；③查找当事人、证人进行询问，并制作询问笔录。（2）检验、鉴定。需要进行检验、鉴定的，交警部门应当自事故现场调查结束之日起 3 日内委托具备资格的鉴定机构进行检验、鉴定，检验、鉴定期限一般不超过 30 日。可以延长，但最长不得超过 60 日。交警部门应当在收到检验、鉴定报告之日起 5 日内，将检验鉴定报告复印件送达当事人。当事人对检验、鉴定结论有异议的，可以在交警部门送达之日起 3 日内申请重新检验、鉴定。（3）事故认定。交警部门应当自现场调查之日起 10 日内制作道路交通事故认定书；检验、鉴定的，应当在检验鉴定报告确定之日起 5 日内制作道路交通事故认定书。交通事故责任通常分为全部责任、主要责任、同等责任、次要责任和无责任。（4）复核。当事人对道路交通事故认定有异议的，可以自道路交通事故认定书送达之日起 3 日内，向上一级公安机关交通管理部门提出书面复核申请。

5. 关于交通事故案件的管辖权是如何确定的？

荣凯说法：（1）道路交通事故由发生地的县级公安机关交通管理部门管辖。未设立县级公安机关交通管理部门的，由设区市公安机关交通管理部门管辖。（2）道路交通事故发生在两个以上管辖区域的，由事故起始点所在地公安机关交通管理部门管辖。对管辖权有争议的，由共同的上一级公安机关交通管理部门指定管辖。指定管辖前，最先发现或者最先接到报警的公安机关交通管理部门应当先行处理。（3）上级公安机关交通管理部门在必要的时候，可以处理下级公安机关交通管理部门管辖的道路交通事故，或者指定下级公安机关交通管理部门限时将案件移送其他下级公安机关交通管理部门处理。案件管辖发生转移的，处理时限从案件接收之日计算。（4）军队、武警部队人员、车辆发生道路交通事故的，按照本规定处理。需要对现役军人给予行政处罚或者追究刑事责任的，移送军队、武警部队有关部门。

6. 发生交通事故后，需要进行检验、鉴定的，期限是如何约定的？

荣凯说法：（1）需要进行检验、鉴定的，公安机关交通管理部门应当自事故现场调查结束之日起3日内委托具备资格的鉴定机构进行检验、鉴定。尸体检验应当在死亡之日起3日内委托。（2）对现场调查结束之日起3日后需要检验、鉴定的，应当报经上一级公安机关交通管理部门批准。（3）对精神病的鉴定，应由精神病鉴定资质的鉴定机构进行。（4）公安机关交通管理部门应当与检验、鉴定机构约定检验、鉴定完成的期限，约定的期限不得超过30日。超过30日的，应当报经上一级公安机关交通管理部门批准，但最长不得超过60日。

7. 交通事故中，对已经检验的尸体应该如何处理？

荣凯说法：检验鉴定结束后应书面通知死者家属，10日内办理丧葬事宜。对未知名尸体，由法医提取人身识别检材，并对尸体拍照、采集相关信息后，由公安机关交通管理部门填写未知名尸体信息登记表，并在设区市级以上报纸上刊登认尸启事。登报后 30 日仍无人认领的，由县级以上公安机关负责人或者上一级公安机关交通管理部门负责人批准处理尸体。

8. 交通事故责任认定书是如何划分责任的？

荣凯说法：公安机关交通管理部门应当根据当事人的行为对发生道路交通事故所起的作用以及过错的严重程度，确定当事人的责任。（1）因一方当事人的过错导致道路交通事故的，承担全部责任；（2）因两方或者两方以上当事人的过错发生道路交通事故的，根据其行为对事故发生的作用以及过错的严重程度，分别承担主要责任、同等责任和次要责任；（3）各方均无导致道路交通事故的过错，属于交通意外事故的，各方均无责任。（4）一方当事人故意造成道路交通事故的，他方无责任。省级公安机关可以根据有关法律、法规制定具体的道路交通事故责任确定细则或者标准。

9. 交通事故责任认定书的期限及内容有哪些？

荣凯说法：公安机关交通管理部门应当自现场调查之日起 10 日内制作道路交通事故认定书。在交通肇事逃逸案件中，在查获交通肇事车辆和驾驶人后 10 日内制作道路交通事故认定书。对需要进行检验、鉴定的，应当在检验、鉴定结论确定之日起 5 日内制作道路交通事故认定书。发生死亡事故，公安机关交通管理部门应当在制作道路交通事故认定书前，召集各方当事人到场，公开调查取得证据。证人要求保密或者涉及国家秘密、商业秘密以及个人隐私的证据不得公开。当事人不到场的，公安机关交通管理部门应当予以记录。

道路交通事故认定书应当载明以下内容：

（1）道路交通事故当事人、车辆、道路和交通环境等基本情况；

（2）道路交通事故发生经过；

（3）道路交通事故证据及事故形成原因的分析；

(4) 当事人导致道路交通事故的过错及责任或者意外原因；

(5) 作出道路交通事故认定的公安机关交通管理部门名称和日期。

道路交通事故认定书应当由办案民警签名或者盖章，加盖公安机关交通管理部门道路交通事故处理专用章，分别送达当事人，并告知当事人向公安机关交通管理部门申请复核、调解和直接向人民法院提起民事诉讼的权利、期限。

10. 发生交通事故可以得到哪些赔偿？

荣凯说法： 发生交通事故后，当事人要及早咨询专业人员，询问赔偿项目、计算标准及赔偿依据等事宜。依据《最高人民法院关于审理人身损害赔偿案件适用法律若干问题的解释》及《山东省高级人民法院关于审理人身损害赔偿案件若干问题的意见》的规定，发生交通事故后，当事人能够得到的赔偿项目有：(1) 医疗费、后续治疗费；(2) 误工费；(3) 护理费；(4) 交通费；(5) 住院伙食补助费；(6) 营养费；(7) 残疾赔偿金；(8) 残疾辅助器具费；(9) 丧葬费；(10) 死亡赔偿金；(11) 被抚养人生活费；(12) 精神抚慰金等。

11. 机动车之间发生交通事故造成同一损害该怎么赔？

荣凯说法： 依据《道路交通安全法》第76条的规定，机动车之间发生交通事故的，实行过错责任，而机动车之间发生交通事故致第三人损害的，机动车之间如何承担赔偿责任没有明确规定。机动车之间发生交通事故造成同一损害，如果能够明确各自责任的，使用《侵权责任法》第12条的规定处理，由机动车之间各自承担赔偿责任；如果无法明确责任，且每个机动车的肇事行为足以造成全部损害的，适用《侵权责任法》第11条的规定，由各机动车承担连带责任。

12. 如何认定机动车第三者责任强制保险中的第三者？

荣凯说法： 依据《机动车交通事故责任强制保险条例》第21条的规定，

被保险机动车发生道路交通事故造成本车人员、被保险人以外的受害人人身伤亡、财产损失的，由保险公司依法在机动车交通事故责任强制保险责任限额范围内予以赔偿。机动车第三者责任强制保险中的"第三者"的范围应严格按照国务院《机动车交通事故责任强制保险条例》第21条的规定确定，被保险机动车发生交通事故时，如本车人员因机动车颠覆、倾斜等脱离了被保险机动车辆造成损害的，不宜视受害人为机动车第三者责任强制保险中的"第三者"，受害人请求保险公司承担限额赔偿责任的，人民法院一般不予支持。

13. 机动车未参加机动车第三者责任强制保险的如何处理？

荣凯说法：机动车未依照《道路交通安全法》和国务院《机动车交通事故责任强制保险条例》的规定参加机动车第三者责任强制保险，发生道路交通事故致人损害的，依据《山东省实施〈中华人民共和国道路交通安全法〉办法》第65条的规定及《最高人民法院及审理道路交通事故损害赔偿案件适用法律若干问题的解释》的规定，机动车未参加交通事故责任强制保险发生交通事故造成人身伤亡、财产损失的，由机动车所有人或者管理人在相当于强制保险责任限额范围内按照伤情和实际损失先行赔偿。不足部分，依照《道路交通安全法》第76条的规定确定赔偿责任。

14. 交通事故认定书的效力如何？

荣凯说法：根据《道路交通安全法》的规定，公安交通部门出具交通事故认定书的行为不是具体行政行为，只是人民法院处理道路交通事故损害赔偿案件的重要证据之一。如果当事人一方或者双方无相反的证据或者足以推翻其结论的理由，交通事故认定书应当是人民法院认定案件事实的依据。当事人一方或者双方对交通事故认定书提出异议的，应当提供相关的证据或者说明理由，并承担结果意义上的举证责任。

15. 道路交通事故损害赔偿责任主体的确定原则是什么？

荣凯说法：根据最高人民法院相关司法解释的精神，道路交通事故损害赔偿责任主体的确定原则仍以机动车运行支配和机动车运行利益归属为原则，凡是符合其中一个标准的均应当确定为承担赔偿责任的主体，但是否承担连带责任应当区别不同的情形加以判断。

16. 发生交通事故后如何要求交通警察主持调解？

荣凯说法：（1）发生事故后，当事人必须共同请求调解，然后交通警察当场对财产损失的确定、当事人过错及承担的赔偿责任、赔偿方式等进行调解。达成协议的，交通警察在交通事故简易程序处理书上记录调解结果，由当事人签名，当场送达当事人；（2）当事人对交通事故认定有异议的，当事人不同意由交通警察调解的，拒绝在交通事故简易程序处理书上签名的以及经调解未达成协议的，交通警察在交通事故简易程序处理书上载明有关情况，当场送达当事人；（3）调解未达成协议，或者调解生效后，当事人不履行的，当事人可以持交通事故简易程序处理书作为证据，向人民法院提起民事诉讼。

17. 哪些事故虽然事实清楚，且未造成人员伤亡，但当事人也必须保护现场，立即报警，等候处理？

荣凯说法：有下列情形之一的，当事人应当保护现场并立即报警：（1）驾驶人无有效机动车驾驶证或者驾驶的机动车与驾驶证载明的准驾车型不符的；（2）驾驶人有饮酒、服用国家管制的精神药品或者麻醉药品嫌疑的；（3）机动车无号牌或者使用伪造、变造的号牌的；（4）当事人不能自行移动车辆的；（5）一方当事人离开现场的；（6）有证据证明事故是由一方故意造成的。

18. 哪些情况下交通警察应当终止调解，并记录在案？

荣凯说法：有下列情形之一的，公安机关交通管理部门应当终止调解，并记录在案：（1）调解期间有一方当事人向人民法院提起民事诉讼的；（2）一方当事人无正当理由不参加调解的；（3）一方当事人调解过程中退出调解的。

19. 机动车发生交通事故造成人身伤亡、财产损失的如何赔偿？

荣凯说法：依据《道路交通安全法》第76条的规定，机动车发生交通事故造成人身伤亡、财产损失的，由保险公司在机动车第三者责任强制保险责任限额范围内予以赔偿。超过责任限额的部分，按照下列方式承担赔偿责任：（1）机动车之间发生交通事故的，由有过错的一方承担责任；双方都有过错的，按照各自过错的比例分担责任。（2）机动车与非机动车驾驶人、行人之间发生交通事故的，由机动车一方承担责任；但是，有证据证明非机动车驾驶人、行人违反道路交通安全法律、法规，机动车驾驶人已经采取必要处置措施的，可减轻机动车一方的责任。

交通事故的损失是由非机动车驾驶人、行人故意造成的，机动车一方不承担责任。

20. 挂靠车辆发生交通事故后该怎样承担责任？

荣凯说法：根据2012年《最高人民法院关于审理道路交通事故损害赔偿案件适用法律若干问题的解释》第3条的规定，以挂靠形式从事道路运输经营活动的机动车发生交通事故造成损害，属于该机动车一方责任，当事人请求由挂靠人和被挂靠人承担连带责任的，人民法院应予支持。

21. 发生交通事故后机动车逃逸的，保险公司是否应该赔偿？

荣凯说法：根据《侵权责任法》第53条的规定，机动车驾驶人发生交通事故后逃逸，该机动车参加强制保险的，由保险公司在机动车强制保险责任限额范围内予以赔偿；机动车不明或者该机动车未参加强制保险，需要支付被侵权人人身伤亡的抢救、丧葬等费用的，由道路交通事故社会救助基金垫付。道路交通事故社会救助基金垫付后，其管理机构有权向交通事故责任人追偿。

**22. 机动车驾驶人与登记车主不是一个人的时候，发生交通事故后，责任该怎么承担?

荣凯说法：根据《侵权责任法》第49条的规定，首先由交强险在保险限额内优先承担；不足的部分，原则上由机动车使用人来承担，但是登记车主有过错的除外。那么，怎么才算登记车主有过错呢？有下列情形之一的就认定登记车主有过错：

（1）知道或者应当知道机动车存在缺陷，且该缺陷是交通事故发生原因之一的；

（2）知道或者应当知道驾驶人无驾驶资格或者未取得相应驾驶资格的；

（3）知道或者应当知道驾驶人因饮酒、服用国家管制的精神药品或者麻醉药品，或者患有妨碍安全驾驶机动车的疾病等依法不能驾驶机动车的；

（4）其他应当认定机动车所有人或者管理人有过错的。

23. 在机动车买卖未办理过户手续情形下发生交通事故的，如何确定赔偿责任主体?

荣凯说法：根据《物权法》的规定，机动车买卖未办理过户登记手续的，只要出卖人将标的物交付给买受人，便完成了《物权法》规定的动产物权变动，是否必须办理机动车的登记过户手续，既非机动车交易双方的强制性义务，也非机动车所有权转移的标志，在此情形下发生交通事故的，应当由实际支配机动车辆的买受人承担道路交通损害赔偿责任。

24. 出卖机动车未办理过户登记手续，保险公司是否赔偿?

荣凯说法：依据《侵权责任法》第50条规定："当事人之间已经以买卖等方式转让并交付机动车但未办理所有权转移登记、发生交通事故后属于该机动车一方责任的，由保险公司在机动车强制保险责任限额范围内予以赔偿。不足部分，由受让人承担赔偿责任。"依据《保险法》和国务院行政法规的规定，出卖人将机动车出卖给他人时，应当及时通知承保的保险公司，并办理保险关系的转移手续。据此规定，很多保险公司以投保人未及时通知保险人为抗辩事由拒绝承担交通事故的损害赔偿责任，对此，根据山东省高级人民法院的审判意见，出卖人已经为出卖机动车辆缴纳道路交通事故强制责任保险的，即使没有办理保险关系的过户手续，在保险期限内也不能免除承保的保险公司应当承担的限额赔偿责任，保险公司依然要承担赔偿责任。

25. 关于交通事故强制责任保险的适用问题有哪些规定？

荣凯说法：道路交通事故责任保险属于一种法定险，根据《道路交通安全法》的规定，交通事故发生后，首先应当由承保的保险公司承担限额赔偿责任，因此，交通事故受害人起诉直接责任人的，保险公司应当作为共同被告参加诉讼。对于保险公司承担的交通事故强制责任保险限额能够区分的赔偿项目，可以在裁决文书中明确加以区分；不能区分的，保险公司在赔偿限额总额内承担责任。

26. 交警部门无法确定事故责任的交通事故怎么办？

荣凯说法：交通事故损害赔偿案件以"过错"原则为基本归责原则，在处理机动车与非机动车间交通事故时，如果非机动车方存在过错，法律还同时规定了"过失相抵"原则。交通事故认定书是人民法院处理道路交通事故损害赔偿案件的重要证据之一，但在交警部门无法认定责任、过错无法区分、责任大小难以划定的情况下，法院会适用"优者危险负担"原则，公平合理地分配交通事故责任，从而使受害人的合法权益得以维护。所谓"优者危险负担"原则，是指在难以分清各自过错责任的情况下，充分考虑双方对安全注意义务的轻重，按照机动车危险性的大小以及危险回避能力的优劣等，适当分配事故双方赔偿责任的一种纠纷处断方法。

27. 交通事故诉讼需要提交哪些材料？

荣凯说法：交通事故诉讼案中，事故当事人需要向人民法院提交以下材料：（1）民事起诉状，人民法院和每位被告各一份。（2）证据材料，主要包括：①医疗机构出具的医药费、住院费等收款凭证，病历和诊断证明；②医疗机构出具的误工时间证明、工作单位出具的减少收入证明；③用以证明交通费的正式票据；④受害人及近亲属的户籍证明，如受害人系农村户口，提供发生交通事故时已在城镇居住一年以上、且有固定收入的证明；⑤受害人丧失劳动能力或者伤残的证明；⑥被扶养人与受害人系近亲属的证明，以及被扶养人是未成年人或者丧失劳动能力又无其他生活来源的证明；⑦其他证据材料，如交通事故责任认定书等。以上证据材料需根据案件具体情况做相应增减，并按民事起诉状的份数提交给人民法院。（3）还需向人民法院提交原告身份证复印件或者营业执照副本复印件等材料。（4）如委托代理人的，需签署授权委托书。

28. 交通事故诉讼财产保全注意事项有哪些？

荣凯说法：（1）需要采取诉前财产保全的申请必须具有给付内容，即申请人将来提起案件的诉讼请求具有财产给付内容。（2）情况紧急，不立即采取相应的保全措施，可能使申请人的合法权益受到难以弥补的损失。（3）由利害关系人提出诉前财产保全申请。利害关系人，即与被申请人发生争议，或者认为权利受到被申请人侵犯的人。（4）诉前财产保全申请人必须提供担保。申请人如不提供担保，人民法院可驳回申请人在起诉前提出的财产保全申请。

29. 诉前保全需要的材料有哪些？

荣凯说法：诉前财产保全要向事故车辆扣留地的法院提出，应当提供以下材料：（1）诉前财产保全申请书；（2）申请人身份证明，申请人不是受害人的要附加申请人与受害人的关系证明；（3）被申请人的身份证明；（4）事故车辆的权属证明；（5）交通事故责任认定书；（6）等值的担保，如果是以他人的财产作为担保，要求他人写担保书。申请诉前保全要防止保全错误，因为如果保全错误的话，申请人要赔偿被申请人因为财产保全所受到的损失。在肇事司机是车主或者肇事司机属于职务行为或者有雇佣关系的情况下，一般车主也有赔偿受害人损失的义务，但是，如果肇事司机不是车主、司机的行为不属于职务行为也不存在雇佣关系的情况下，车主一般是不负民事赔偿责任的。而事故车辆属于车主所有，如果保全事故车辆给车主造成损失的，申请人需要赔偿。

法院接受申请后，会在48小时内做出裁定。裁定采取财产保全措施的，应当立即执行。申请人需要在法院采取保全措施后15日之内提起诉讼，到期不起诉的，法院将解除保全。

30. 请谈谈交强险的赔偿范围。

荣凯说法：《机动车交通事故责任强制保险条例》在2006年3月1日国务院第127次常务会议通过，于2006年7月1日起施行。条例实施后，受害一方的权利得到了极大的保障，但是，交强险的赔偿范围具体包括哪些，很多人不明确。该条例第21条第1款规定："被保险机动车发生道路交通事故造成本车人员、被保险人以外的受害人人身伤亡、财产损失的，由保险公司依法在机动车交通事故责任强制保险责任限额范围内予以赔偿。"由此可见，交强险只对本车人员和被保险人以外的受害人承担赔偿责任；另一方面，保险公司只对受害人的人身伤亡和财产损失承担赔偿责任，保险公司只在相应的责任限额内承担赔偿责任。

31. 交强险能赔多少？

荣凯说法：依据《机动车交通事故责任强制保险条款》第8条的规定，在中华人民共和国境内（不含港、澳、台地区），被保险人在使用被保险机动车过程中发生交通事故，致使受害人遭受人身伤亡或者财产损失，依法应当由被保险人承担的损害赔偿责任，保险人按照交强险合同的约定对每次事故在下列赔偿限额内负责赔偿：(1) 死亡伤残赔偿限额为110000元；(2) 医疗费用赔偿限额为10000元；(3) 财产损失赔偿限额为2000元；(4) 被保险人无责任时，无责任死亡伤残赔偿限额为11000元，无责任医疗费用赔偿限额为1000元，无责任财产损失赔偿限额为100元。

32. 交强险都赔哪些项目？

荣凯说法：依据《机动车交通事故责任强制保险条款》的规定，死亡伤残赔偿限额和无责任死亡伤残赔偿限额项下负责赔偿：丧葬费、死亡补偿费、受害人亲属办理丧葬事宜支出的交通费用、残疾赔偿金、残疾辅助器具费、护理费、康复费、交通费、被扶养人生活费、住宿费、误工费，被保险人依照法院判决或者调解承担的精神损害抚慰金。医疗费用赔偿限额和无责任医疗费用赔偿限额项下负责赔偿：医药费、诊疗费、住院费、住院伙食补助费，必要的合理的后续治疗费、整容费、营养费。

33. 借车后发生交通事故责任如何承担？

荣凯说法：在《侵权责任法》出台之前，法院一般判决由车辆使用人（借车者）和车主承担连带赔偿责任。由于车辆使用人（借车者）赔偿能力较弱，所以受害人往往请求由车主承担全部赔偿责任。车主好心借车，出了交通事故，却吞下了自己赔偿的苦果。这样矛盾不但未化解，反而导致扩大和激化，经常因为借车发生交通事故后致朋友反目、亲戚成仇的情况。2010年7月1日《侵权责任法》实施后，对这种情况下责任的承担做了法律调整。《侵权责任法》第49条规定："因租赁、借用等情形机动车所有人与使用人不是同一人时，发生交通事故后属于该机动车一方责任的，由保险公司在机动车强制保险责任限额范围内予以赔偿。不足部分，由机动车使用人承担赔偿责任；机动车所有人对损害的发生有过错的，承担相应的赔偿责任。"按照法律规定，借车出现交通事故，机动车一方是要承担责任的，首先由保险公司在交强险责任限额内赔偿，超过交强险责任限额的，由车辆使用人（借车者）承担赔偿责任，车主不再承担连带赔偿责任。但是如果车主有过错的，也承担与过错相适当的责任。车主有过错的情形：(1)明知无驾证而借车；(2)明知饮酒、醉酒或吸食毒品而借车；(3)明知车辆未投保而借车；(4)明知车辆未年检不适驾而借车；（5）明知是报废车而借车。车辆为高度危险物，车主在出借时应当充分尽到谨慎义务，不可随便出借。

34. 发生交通事故后，保险公司已向被保险人理赔，受害人是否有权请求保险公司赔偿？

荣凯说法：依据《道路交通安全法》第76条、《保险法》第65条和国务院《机动车交通事故责任强制保险条例》第21条的规定，参加交通事故第三者责任强制保险的被保险机动车发生交通事故的，保险公司负有直接向交通事故的受害人在责任限额内给付保险金的义务，同时也可以直接向被保险人直接理赔，但受害人的保险赔偿请求权优于被保险人的理赔请求权，在被保险人没有依法对受害人承担赔偿责任的情形下，保险公司不能以其已向被保险人理赔为由，对抗受害人的保险赔偿请求权。

35. 负交通事故全部责任的行为有哪些？

荣凯说法：依据《道路交通安全法》及《道路交通安全法实施条例》等相关法律、法规的规定，发生交通事故后，一方有下列行为的应当负事故的全部责任：（1）当事人逃逸造成现场变动、证据灭失、公安机关交通管理部门无法查证交通事故事实的；（2）当事人故意破坏、伪造现场、毁灭证据的；（3）当事人驾驶车辆在有交通信号灯控制的交叉路口，遇红灯继续通行的；（4）当事人驾驶机动车越过施划有禁止穿越的道路中心线或者隔离设施与道路上的其他车辆或行人发生交通事故的；（5）当事人驾驶机动车进入非机动车道或非机动车通行范围内，剐撞同向行驶的非机动车的；（6）当事人驾驶车辆在人行道或行人通行范围内剐撞行人的；（7）当事人驾驶车辆剐撞依法在人行横道内通行的行人的；（8）当事人驾驶车辆未避让执行紧急任务的警车、消防车、救护车、工程救险车的；（9）当事人所驾驶车辆的装载物在遗洒、飘散过程中，导致发生交通事故的；（10）当事人驾驶机动车倒车时，与车后其他车辆、行人发生交通事故的；（11）当事人驾驶非机动车在非机动道逆行，与顺向行驶的非机动车发生交通事故的；(12) 当事人驾驶非机动车在非机动车道超越同向行驶的非机动车发生交通事故的。

36. 负交通事故主要责任的行为有哪些？

荣凯说法：依据《道路交通安全法》及《道路交通安全法实施条例》等相关法律、法规的规定，发生交通事故后，一方有下列行为的应当负事故的主要责任：(1) 车辆在路口未按规定让行事故；(2) 车辆在路口未按交通信号通行事故；(3) 车辆违反右侧通行规定、未各行其道的事故；(4) 车辆在路段未按规定让行事故；(5) 车辆未按规定变更车道、借道通行事故；(6) 机动车未按规定会车、后车未与前车保持安全距离事故；(7) 机动车未按规定调头事故；(8) 机动车未按规定超车事故；(9) 机动车未按规定停放事故；(10) 机动车违反规定装载事故；(11) 机动车未按规定行车、停车发生的乘车人事故；(12) 行人未按规定通行的事故；(13) 未按规定施工、作业事故；(14) 未按规定设置广告牌、管线事故。

37. 存在承包关系的车辆发生交通事故如何处理？

荣凯说法：主要是指单位将归其所有的车辆承包给本单位或外单位人员的情况，发生机动车交通事故时，如何确定赔偿责任主体？当今时代，单位将车辆承包出去的情况比较普遍，但双方大多签订承包合同，也往往约定一切事故和经济损失由承包方负责，而发包方不承担任何责任。鉴于发包方是机动车运行支配或运行利益的归属者，既可以支配运行，又可以将运行的利益归己所有，是受益者，所以，发包方承担赔偿责任是合情合理的。发包方应作为共同被告参加诉讼。如果车辆驾驶员受雇于车辆承包方，发生机动车交通事故时车辆驾驶人的行为是执行职务的行为，那么车辆承包方与发包方都应作为被告承担民事赔偿责任。受雇的车辆驾驶人的行为是非职务行为的，车辆驾驶人和承包方或发包方可以成为共同被告。如果承包方为个人，车辆又由其个人驾驶，发生机动车交通事故后，由其个人与车辆所有权人共同承担赔偿责任。

38. 机动车在修理期间被擅自使用时如何确定赔偿义务人？

荣凯说法：机动车在修理期间被修理工人擅自使用或者修理工厂擅自借给他人使用等情况下产生的损害赔偿，机动车的所有人一般不应当承担赔偿责任，因为此时的所有人根本无法管理支配该机动车，而且机动车所有人也不是发生交通事故时使用机动车的受益人。不过，如果修理厂的职员在交还修理后的机动车的过程中发生交通事故而产生的损害，机动车所有人应当承担赔偿责任，因为此时他是受益人。

39. 机动车在保管期间发生交通事故时，如何确定赔偿主体？

荣凯说法：机动车在停车场或保管站保管期间如被擅自使用，需根据具体情况而论。如果是得到了机动车所有人同意的，所有人就应当承担责任，因为他应当预见使用该机动车可能会产生的后果；如果使用时未得到所有人的同意而且所有人也没有过错，这种擅自使用与盗窃使用性质相同，当然应由使用者承担责任。

第三节 医疗纠纷

1. 什么是医疗事故？

荣凯说法：所谓医疗事故，是指医疗机构及其医务人员在医疗活动中，违反医疗卫生管理法律、行政法规、部门规章和诊疗护理规范、常规，过失造成患者人身损害的事故。确定是否为医疗事故，目前需要医疗事故鉴定委员会鉴定才能认定。

2. 医疗事故分几个等级？

荣凯说法：根据对患者人身造成的损害程度，医疗事故一共分为四个等级。一级医疗事故：造成患者死亡、重度残疾的；二级医疗事故：造成患者中度残疾、器官组织损伤导致严重功能障碍的，重要器官缺失或功能完全丧失，其他器官不能代偿，存在特殊医疗依赖，生活完全不能自理；三级医疗事故：造成患者轻度残疾、器官组织损伤导致一般功能障碍的，器官缺失或功能完全丧失，其他器官不能代偿，可能存在特殊医疗依赖，或生活大部分不能自理；四级医疗事故：造成患者明显人身损害的其他后果的，存在器官缺失、严重缺损、严重畸形情形之一，有严重功能障碍，可能存在特殊医疗依赖，或生活大部分不能自理。

3. 患者是否有权复印或复制其病历资料？复印资料时医院能否收取工本费？

荣凯说法：患者有权复印或者复制其门诊病历、住院志、体温单、医嘱单、化验单（检验报告）、医学影像检查资料、特殊检查同意书、手术同意书、手术及麻醉记录单、病理资料、护理记录等其他病历资料。医院为患者复印上述病理资料时，可以收取相应的工本费用。

4. 复印或复制病历资料的具体步骤是什么？

荣凯说法：（1）患者向医疗机构的医疗服务质量监控部门或有关人员提出复印或复制的要求，医疗机构的医疗服务质量监控部门或有关人员应在规定时限内受理患者提出的要求复印或复制病历资料的申请;(2)在医患双方在场的情况下,由医疗机构的医疗服务质量监控部门负责人主持进行复印或复制病历;(3)复印或复制完成后,由医疗机构的医疗服务质量监控部门的有关人员进行核对;(4)在核对无误后,医疗机构应在复印或复制的病历资料的每一页上加盖医疗机构印章。

5. 发生医疗事故争议时,应当封存哪些病例资料?封存的病例资料由谁保管?

荣凯说法:发生医疗事故争议时,医疗机构负责医疗服务质量监控的部门或者专职人员应当在患者或者其代理人在场的情况下封存死亡病例讨论记录、疑难病例讨论记录、上级医师查房记录、会诊意见、病程记录等。

封存的病历由医疗机构负责医疗服务质量监控的部门或者专职人员保管。封存的病历可以是复印件。

6. 怎样封存病历资料?

荣凯说法:医疗纠纷发生后,为防止医疗机构伪造、涂改、隐匿病历资料,患方应立即要求医院按照《医疗事故处理条例》的规定将客观病历材料予以复制,由医疗机构加盖病历复印专用章后交给家属,并且在医患双方在场的情况下将全部主、客观病历材料装在档案袋中予以封存,在封口处签名盖章并写明封存日期。主观病历不允许患者及其家属复印,其余客观病例允许复印。

7. 医疗事故尸检的时间有何要求?

荣凯说法:《医疗事故处理条例》第18条规定,患者死亡,医患双方当事人不能确定死因或者对死因有异议的,应当在患者死亡后48小时内进行尸检;具备尸体冻存条件的,可以延长至7日。尸检应当经死者近亲属同意并签字。

要求:(1)尸检应当由按照国家有关规定取得相应资格的机构和病理解

剖专业技术人员进行。承担尸检任务的机构和病理解剖专业技术人员有进行尸检的义务。

（2）医疗事故争议双方当事人可以请法医病理学人员参加尸检，也可以委派代表观察尸检过程。拒绝或者拖延尸检，超过规定时间、影响对死因判定的，由拒绝或者拖延的一方承担责任。

8. 如何进行现场实物的封存？

荣凯说法：（1）如果怀疑是输液、输血、注射、药物等引起人身损害后果时，需要在医患双方同时在场的情况下，对所怀疑的物品（输液器、注射器、残存的药液、血液、药物以及服药使用的器皿等）进行现场封存，在封存的时候，应该严格按照无菌技术规范操作，以免再次污染。为了检验时做比对检验，还应当同时封存同批同类的物品。

（2）对怀疑由输血引起的不良后果，需要对血液所采集的标本进行封存时，采血机构应当在接到医疗机构的通知后派工作人员到场。如果短时间内无法到场，可由双方当事人共同进行密封，并保存在适当的条件下，等采供血机构人员到场后，由双方共同封存。

（3）封存的物品送检启封的时候，也是需要当事人双方同时在场的。在场的双方当事人应该具有完全民事行为能力，还需要保证两人以上。

9. 解决医疗纠纷的方式有哪些？

荣凯说法：（1）协商：医疗纠纷协商指医患双方在没有第三方介入的情况下，就医疗纠纷的解决方案进行沟通、谈判，取得一致意见的过程。通常是医患双方就医疗纠纷产生的原因、造成的后果、关联性和各自的责任进行交涉，达成一致意见。协商达成的协议具有法律效力，任何一方不履行，对方可以向法院起诉要求履行。

（2）调解：医疗纠纷的调解是指纠纷双方当事人，在第三方的协调、帮助、促进下，进行谈判、商量，取得一致意见，消除争议，解决医疗纠纷第三方在尊重双方当事人意思的前提下，促成当事人达成一致意见，签订调解协议。该协议具有法律的效力，任何一方不履行，对方可以向法院起诉要求履行。

（3）申请卫生行政部门处理（申请书格式详见下文）：发生医疗事故争议后，当事人可以自其知道其身体受到损害之日起一年内向卫生行政部门提出医疗事故争议处理申请。当事人应向医疗机构所在地的县级卫生行政部门提出申请，如果医疗机构是直辖市的，应向医疗机构所在地的区、县卫生行政部门提出申请。

医疗事故争议涉及多个医疗机构，当事人申请卫生行政部门处理的，只可以向其中一所医疗机构所在地卫生行政部门提出处理申请。

（4）诉讼：医疗纠纷的诉讼程序是指人民法院在医患双方和其他诉讼参与人的参加下，审理和解决医疗纠纷案件的程序和过程。医疗纠纷诉讼，说通俗一点就是打医疗纠纷官司，往往是在协商、调解不能达成协议的情况下，当事人选择的最后解决医疗纠纷的途径。诉讼作为解决纠纷的一个最严格的程序，也是一个最繁琐的程序，与协商、调解相比更加耗时、费力，且需要诉讼成本支出。

诉讼程序：①诉前准备工作。医疗纠纷发生后，患方应第一时间和医务科联系、投诉，要求复印诊疗病历，并会同医方代表一起共同封存病历（包括诊治病历、住院病历、手术同意书、会诊讨论记录等所有资料），向医务科索要"医疗纠纷投诉表"回执。完成上述工作后，患方便可选择适用何种法律方式解决纠纷了。

②诉讼。提起诉讼后，法院会安排时间进行第一次开庭，该次开庭主要确认医患双方的诉讼主体资格、对双方提交的病历资料进行质证，经过质证的病历将在第一次开庭后由法院移交医疗事故鉴定委员会鉴定。所以在首次开庭这一阶段，患方应把握好机会，认真仔细审查病历资料的真实性、规范

性、完整性，尽可能将对自己不利的病历资料排除出有效证据之外。

③医疗事故技术鉴定。这是医疗纠纷处理程序中最重要的一环，它决定了整个医疗纠纷诉讼的大局。说白了，打医疗纠纷官司其实就是打医疗事故鉴定！患方应认真对待，向专家小组提交的陈述书内容应尽可能详细陈述医疗经过，同时着重指出医方的医疗行为存在哪些过失，违反何种诊疗规范。医疗事故鉴定委员会的专家们其实也是各医院的主任医师、医学教授，他们对医院一方有着天性的维护，故患方在陈述书中应明了地指出医方存在的诊疗过错，不给专家小组回旋的余地；如果患方在陈述书中不能指出医方明显过错的话，专家们往往也会睁只眼闭只眼做出对患方不利的鉴定结论，这像民事诉讼中不诉不理的原则。

④赔偿款的确定。医疗事故鉴定结果出来后，如认为构成医疗事故，患方可根据《医疗事故处理条例》确定赔偿款项，但要考虑到医方的诊疗行为和患者出现的损害后果之间存在多大的因果关系来确定医方应承担的责任。如某患者被确诊为癌症晚期，死亡已是不可避免的事实，尽管医方的诊疗失误加速了患者的死亡，但如要求医方对患者的死亡负全部赔偿责任也是不合理的，法院也不会支持。所以，患方应实事求是地分析医方过错程度来确定赔偿额，避免盲目索赔，导致自己承担过多的诉讼费用。在更多的时候，医疗鉴定结论是认定医方不构成医疗事故的，这种情况下患方应如何索赔呢？笔者认为，患方可灵活应用《民法通则》《消费者权益保护法》等有关原则，举证证明医方的诊疗行为存在瑕疵并给患者造成人身损害的后果，以人身损害为由提起索赔。

医疗纠纷处理流程：发生医疗纠纷——向医疗机构投诉——复印封存病历——向卫生行政部门申请处理——医疗事故鉴定——（不服）申请再次鉴定——卫生行政区部门做出处理决定——（不服）行政复议

诉讼处理流程：发生医疗纠纷——向医疗机构投诉——复印封存病历——

提起诉讼——第一次开庭（质证病历）——委托医疗事故鉴定——（不服）申请再次鉴定——司法鉴定——再次开庭——判决——（不服）上诉

医疗鉴定流程：医患共同向市医鉴会提起（或委托鉴定）——受理——交费——提交陈述书等材料——查看专家名录——选出需回避的专家——专家随机编号——抽号——组成专家鉴定组——患医各陈述 15 分钟——退庭——专家讨论——出具医鉴结论报告——提起再次鉴定

10. 什么是医疗事故技术鉴定？

荣凯说法：医疗事故技术鉴定程序是指医疗纠纷发生后，是否构成医疗事故，为了明确与纠纷有关的医疗技术问题，委托有关专业技术人员运用医学与法律知识对这些问题进行鉴别、判定的活动。

11. 如何选择医疗技术鉴定机构？

荣凯说法：医疗技术鉴定机构分类：（1）民间鉴定机构主要由医学、法律院校设立，也有一些独立的社会鉴定机构；（2）行政鉴定机构主要是指医学会，是《医疗事故处理条例》这一行政法规指定的行政鉴定机构；（3）司法鉴定机构主要是法院依法设立的专门从事司法鉴定的机构。这种划分是以目前从事何种鉴定为主业作为标准，民间鉴定机构及行政鉴定机构也可受法院委托从事司法鉴定工作，也有司法鉴定机构办理非诉讼鉴定案件的情况。

区别：（1）民间鉴定机构作为纯市场主体，其优点是服务意识较强，委托人或许能有一点"上帝"感，其缺点在于片面性，结论不易被采信。

（2）医学会的优势在于医疗技术力量雄厚，其劣势在于同行情结与法律欠缺，其缺点在行政处理时还能被掩盖，但受法院委托从事司法鉴定时难免暴露出来。

（3）医学会鉴定多数时候显得同行相护，个别情况同行相侵；鉴定人不署名、不出庭使鉴定结论作为证据具有致命的程序缺陷；鉴定结论总是注重是否是医疗事故，对案件来说往往答非所问。

（4）司法鉴定的优势在于中立性强，案件处理的协调性强，缺点在于医疗技术力量不充分，常常需要聘请专家，费用较大，否则可能因技术不全面而影响鉴定的科学性。

（5）医疗纠纷发生后，选择医疗技术鉴定机构需要高度重视，这与案件处理的最终结果息息相关。

（6）鉴定机构的中立性与专业水平是最重要的考虑因素，但中立性更应优先考虑。

12. 有权提起首次医疗事故技术鉴定的主体有哪些？

荣凯说法：主体：（1）卫生行政部门移交；（2）当事人共同委托鉴定。

卫生行政部门移交鉴定，发生于两种情形之下：（1）县级以上地方卫生行政部门接到医疗机构关于重大医疗过失行为的报告后。医疗机构应当在重大医疗过失行为发生后12小时内向所在地卫生行政部门报告。（2）县级以上地方卫生行政部门接到医疗事故争议当事人（此处所指的当事人是指医患双方的一方或双方）要求处理医疗事故争议的申请后。

当事人共同委托鉴定的方式必须同时具备四个条件：（1）对医疗事故争议问题，当事人不提请卫生行政部门处理，而是由双方当事人协商解决；（2）由医患双方共同提出医疗事故技术鉴定的申请；（3）医患双方按照鉴定机构的要求提供鉴定所需的病案资料、实物等；（4）配合鉴定机构的调查，如实提供相关情况。

13. 医疗事故鉴定费由谁承担？

荣凯说法：《医疗事故处理条例》第34条明确规定，经鉴定，属于医疗事故的，鉴定费用由医疗机构支付；不属于医疗事故的，鉴定费用由提出医疗事故处理申请的一方支付。

（1）卫生部强调，医疗机构违反《医疗事故处理条例》的有关规定，不如实提供相关材料或不配合相关调查，导致医疗事故技术鉴定不能进行的，应当承担医疗事故责任。

（2）患者向卫生行政部门提出判定医疗事故等级及责任程度请求的，卫生行政部门可以委托医学会按照《医疗事故分级标准（试行）》，对患者人身损害的后果进行等级判定。若二级、三级医疗事故无法判定等级的，按同级甲等认定。责任程度按照完全责任判定。

（3）医疗机构有上述情形之一而对判定或者鉴定结论不服，提出医疗事故技术鉴定或者再次申请鉴定的，卫生行政部门不予受理。

14. 不属于医疗事故的情形有哪些？

荣凯说法：下列情形不属于医疗事故：（1）在紧急情况下为抢救垂危患者生命而采取紧急医学措施造成不良后果的；（2）在医疗活动中由于患者病情异常或者患者体质特殊而发生医疗意外的；（3）在现有医学科学技术条件下，发生无法预料或者不能防范的不良后果的；（4）无过错输血感染造成不良后果的；（4）因患方原因延误诊疗导致不良后果的；（6）因不可抗力造成不良后果的。

15. 医疗纠纷诉讼时效是什么？

荣凯说法：医疗纠纷的时效的计算方式主要有以下几种：（1）诉讼时效为一年，自知道或者应当知道损害结果发生时计算，知道或者应当知道时距医疗行为已超过20年的法律不保护；（2）诉讼前进行医疗事故鉴定的，可以自收到鉴定结论之日起计算一年时效；（3）诉讼前进行过书面协商或行政调解的，可以自书面协商或调解不成日计算一年时效。

16. 在医疗纠纷案件中患者能否要求医院赔偿精神损失费？

荣凯说法：根据《最高人民法院关于确定民事侵权精神损害赔偿责任若干问题的解释》第1条的规定，自然人因下列人格权利遭受非法侵害、向人民法院起诉请求赔偿精神损害的，人民法院应当依法予以受理：（1）生命权、健康权、身体权；（2）姓名权、肖像权、名誉权、荣誉权；（3）人格尊严权、人身自由权。

在医疗纠纷中，患者因医疗单位的过错给其造成损害或致其死亡，属于医疗单位侵害患者生命权、健康权、身体权的情形，患者可以要求医院赔偿精神损失费。

17. 在医疗纠纷中举证责任怎样分配？

荣凯说法：《侵权责任法》第54条规定，患者在诊疗活动中受到损害、医疗机构及其医务人员有过错的，由医疗机构承担赔偿责任。《侵权责任法》第58条规定，患者有损害，因下列情形之一的，推定医疗机构有过错：（1）违反法律、行政法规、规章以及其他有关诊疗规范的规定；（2）隐匿或者拒绝提供与纠纷有关的病历资料；（3）伪造、篡改或者销毁病历资料。

举证责任分配：应由患者就医疗机构的过错承担举证责任，如患者不能证明医疗机构有过错或违反法律、行政法规、规章以及其他有关诊疗规范的规定，就要承担举证不能的不利后果。这对专业知识不足的患方来说，无疑增加了难度。而对医疗行为与损害结果之间是否存在因果关系的举证责任，《侵权责任法》对此未做具体规定。

18. 如果患者为未成年人或者精神病人，应该怎样打医疗官司？

荣凯说法：在医疗纠纷诉讼中，患者为未成年人或者精神病人，不具有完全民事行为能力的，不能独立参加诉讼，而应由法定代理人代为诉讼。未成年人的法定代理人为其监护人，即其父母；若父母已经死亡或者没有监护能力的，由其祖父母、外祖父母、兄姐或关系密切的其他亲属按顺序担任（存在前一顺序监护人的，后一顺序的不能担任）。若没有以上监护人的，由未成年人的父、母所在单位或者未成年人住所的居民委员会、村民委员会或民政部门担任监护人。精神病人的法定代理人也为其监护人，由其配偶、父母、成年子女、经精神病人所在单位同意的其他近亲属或关系密切的其他亲属、朋友按顺序担任。

19. 医疗过错鉴定申请书如何书写？

荣凯说法：申请书的书写，最好委托专业律师，格式基本如下：

司法鉴定申请书

申请人：（基本信息）

被申请人：单位名称（要写全称）、地址、联系电话

法定代表人（负责人）：姓名、职务

申请事项：

申请对申请人的损害后果与被申请人之间的医疗过错行为是否有因果关系及参与度；

事实和理由：

　　年　　月　　日，申请人到被申请人处就诊，因（写明事实经过及要求申请作医疗事故技术鉴定的理由，可分两段写，第一段写事实，第二段写明理由。）

此致

申请人：

年　月　日

20. 医疗纠纷赔偿协议书

李荣凯：如果医患双方达成赔偿协议，可以书写协议书，协议书格式如下：

赔偿协议书

甲方：_____（医疗机构）

乙方：_____（患方）

甲乙双方根据《侵权责任法》等相关法律法规之规定，经协商，在完全自愿的情况下达成如下协议：

一、患者基本情况

姓名：　　　年龄：　　　性别：　　　籍贯：　　　住址：

身份证号：　　　　住院号：

疾病诊断：

治疗结果：

二、双方共同认定的伤残等级

三、医疗过错原因

四、赔偿数额

1. 医疗费：　　　　元；

2. 误工费：　　　　元；

3. 住院伙食补助费：　　　　元；

4. 陪护费：　　　　元；

5. 残疾生活补助费：　　　　元；

6. 残疾用具费：　　　　元；

7. 丧葬费：　　　　元；

8. 被抚养人生活费：　　　　元；

9. 交通费：　　　　元；

10. 住宿费：　　　　元；

11. 精神损害抚慰金：　　　　元；

12. 患者死亡，参加丧葬活动的患者的配偶和直系亲属所需交通费、误工费、住宿费：　　　　元（不超过2人）

合计：　　　　元

五、赔偿款给付时间

六、违约责任

七、其他

1. 出院处理：

2. 如为死亡患者，处理：

3. 其他

八、上述协议经双方签字或盖章后生效。

甲方：　　　　　　　　　　乙方：

代理人：　　　　　　　　　代理人：

日期：　　　　　　　　　　日期：

见证人：

日期：

注：具体条款根据不同情况可以增减。

第四节　雇佣、承揽、承包、帮工伤害

1. 什么是雇佣关系、承揽关系？

荣凯说法：雇佣关系是受雇人利用雇佣人提供的条件，在雇佣人的指示、监督下，以自身的技能为雇佣人提供劳务，并由雇佣人提供报酬的法律关系。雇佣关系主要存在于私人企业、三资企业、个人合伙、个体工商户、承包经营以及其他公民用工的情况。雇员的行为超出授权范围，但其表现形式是履行职务或者与职务有内在联系的，应当认定为从事雇佣活动。承揽关系是承揽人按照定作人的要求完成一定的工作，交付工作成果，定作人接受工作成果并给付报酬而在双方当事人之间形成的法律关系。承揽关系是一种典型的完成工作的法律关系。

2. 雇佣关系与承揽关系有何区别？

荣凯说法：雇佣关系和承揽关系主要存在以下区别：（1）雇佣关系存在支配和服从关系，雇员没有自主选择权；承揽关系中承揽人具有独立性，仅对劳动成果向定作人负责。（2）双方成立合同的前提不同：在雇佣关系中，

雇主一般在选择雇员时，以雇员的劳动技能是否符合工作为标准，雇员则直接看劳动报酬是否符合自己的要求以应允提供劳务；在承揽关系中，定作人选任承揽方要考虑对方的设备、技能、信誉、劳力是否能胜任工作，承揽方则要考虑自己的技能和现有条件能否完成工作和获利来缔结合同。（3）提供工作的一方提供的内容不同：在雇佣关系中，雇员提供单纯的劳动力，以满足雇主的需要；在承揽合同中，承揽方则以其特有的技能提供劳动成果。（4）提供工作的一方劳动设施依赖性不同：在雇佣关系中，雇员不需提供劳动设备，主要由其自身提供劳动力；在承揽关系中，承揽人要自己提供设备、劳动条件以便于完成劳动成果，定作人不需提供劳动设备。

3. 雇员受伤后应注意什么？

荣凯说法：（1）雇员受伤后第一时间应当就医，最好是拨打120急救，由救护车送医，这样可以证明受伤的地点。（2）伤情严重必须住院时，一定要用自己的名字住院，住院病历中应写清楚是因什么原因受伤的。雇员受伤住院时一定要用自己的名字住院，若伤情严重无法自己陈述，在家属到后也要第一时间去核实，以避免后续的麻烦。（3）雇员一定要记住，等自己的伤好了，医生说出院时方可出院，并且要向自己的主治医生问清楚，是否需要后续治疗及后续治疗的费用，切不可听雇主所说仓促出院，导致治疗不彻底。（4）关于雇佣关系的证明。因为雇佣关系一般不存在合同，雇员受伤后要保存好相关的提供劳务的证据，如报警记录和安监局的相关证明、与雇主的谈话录音、工友的证明等。

4. 雇员出院后是否同意雇主的一次性赔偿？

荣凯说法：雇员受伤后，大部分雇主会选择与雇员就赔偿费用问题进行协商，并一次性赔偿费用。这时，雇员就要把所有的赔偿项目考虑全面，建议受伤的雇员可以找律师咨询一下，让律师把所有的赔偿算清楚。如受伤严重，雇员可以去伤残鉴定机构咨询一下，或者是经过双方协商共同选定一家有资质的司法鉴定所，就雇员受伤后的伤残等级进行鉴定，以便确定最终的赔偿数额。

5. 雇员在从事雇佣活动中致人损害的，怎样承担责任？

荣凯说法：雇员从事雇佣活动是指从事雇主授权或者只是范围内的生产经营活动或其他劳务活动，即使雇员的行为超出雇主的授权范围，但其表现形式是履行职务或者与履行职务有内在联系的，也应当认定为从事雇佣活动。根据《最高人民法院关于审理人身损害赔偿案件适用法律若干问题的解释》第9条的规定："雇员从事雇佣活动中致人损害的，雇主应当承担赔偿责任；雇员因故意或者重大过失致人损害的，应当与雇主承担连带赔偿责任。雇主承担连带赔偿责任的，可以向雇员追偿。"

6. 雇佣关系外的第三人造成雇员人身损害的，怎样承担责任？

荣凯说法：根据《最高人民法院关于审理人身损害赔偿案件适用法律若干问题的解释》第11条第1款之规定："雇佣关系外的第三人造成雇员人身损害的，赔偿权利人（即雇员）可以请求第三人承担赔偿责任，也可以请求雇主承担赔偿责任。雇主承担赔偿责任后，可以向第三人追偿。"因请求第三人赔偿与请求雇主赔偿并不是一个法律关系，所以，雇员只能选择其一向法院提起诉讼，这时，雇员应从谁更有赔偿能力以及诉谁更有希望胜诉等方面综合考虑。

7. 个人之间劳务关系造成的损害如何处理？

荣凯说法：个人之间形成的劳务关系，如家庭雇佣的保姆，提供劳务一方因劳务造成他人损害的，由接受劳务一方承担侵权责任。提供劳务一方因劳务自己受到损害的，根据双方各自的过错承担相应的责任。根据《侵权责任法》第35条之规定："个人之间形成的劳务关系，提供劳务一方因劳务造成他人损害的，由接受劳务一方承担侵权责任。提供劳务一方因劳务自己受到损害的，根据双方各自的过错承担相应的责任。"

8. 雇员在安全生产事故中遭受人身损害怎么办？

荣凯说法：应当先报当地安监局备案，先行协商，如果协商不成，可诉讼至法院。根据《最高人民法院关于审理人身损害赔偿案件适用法律若干问题的解释》第11条第2款的规定："雇员在从事雇佣活动中因安全生产事故遭受人身损害的，发包人、分包人知道或者应当知道接受发包或者分包业务的雇主没有相应资质或者安全生产条件的，应当与雇主承担连带赔偿责任。"雇员诉讼前或诉讼中可申请法院财产保全，保全雇主的财产，以方便判决的执行。另外，属于《工伤保险条例》调整的劳动关系和工伤保险范围的，不适用前述规定。依法应当参加工伤保险统筹的用人单位的劳动者，因工伤事故遭受人身损害，劳动者或者近亲属向人民法院起诉请求用人单位承担民事赔偿责任的，法院会告知其按《工伤保险条例》的规定处理。

9. 诉讼程序中如何确定诉讼主体？

荣凯说法：一般来讲，如果产生雇员伤害，根据《最高人民法院关于审理人身损害赔偿案件适用法律若干问题的解释》第11条的规定，雇员在从事雇佣活动中遭受人身损害，雇主应当承担赔偿责任。雇员在从事雇佣活动中因安全生产事故遭受人身损害，发包人、分包人知道或者应当知道接受发包或者分包业务的雇主没有相应资质或者安全生产条件的，应当与雇主承担连带赔偿责任。因此在诉讼过程中，若雇主不具备赔偿能力，而发包人、分包人、雇主不具备相应资质和生产条件时，雇员可以要求发包人、分包人承担连带赔偿责任。

10. 什么是劳务派遣？

荣凯说法："有关系没劳动，有劳动没关系"是劳务派遣的典型写照。劳务派遣是近年来我国人力资源市场根据社会需求而开办的新的劳务中介服务项目，是一种新的用人方式。所谓劳务派遣，是实际用人单位与劳务派遣组织签订劳务派遣合同，劳务派遣组织与提供劳务人员签订劳动合同。

实际用人单位与劳务人员签订劳务协议，双方之间只有使用关系，没有聘用合同关系。劳务派遣的最显著特征就是劳动力的雇佣和使用分离。劳务派遣机构不同于一般的职业介绍机构，而是成为与劳动者签订劳动合同的一方当事人。

派遣单位、实际用工单位和受派遣劳动者三方，包含派遣单位与受派遣劳动者之间的劳动合同关系、派遣单位和实际用工单位之间的派遣合同关系这两个法律关系。

11. 劳务派遣人员在用工单位受伤，向谁主张权利？

荣凯说法：《劳动合同法》第92条规定，劳务派遣单位违反本法规定的，给被派遣劳动者造成损害的，劳务派遣单位与用工单位承担连带赔偿责任。虽然用工单位（实际用人单位）与受派遣的劳动者并没有建立劳动关系，但该劳动者在用工单位从事劳动，受用工单位的指挥和管理，用工单位对该劳动者负有安全生产保障义务，涉及劳动者工伤赔偿待遇的诉讼，应当追加用工单位作为共同被告，与劳务派遣单位承担连带赔偿责任。

12. 劳务派遣工作人员侵权责任纠纷及责任承担。

荣凯说法：劳务派遣工作人员侵权责任纠纷是指劳务派遣机构受特定企业委托招聘的工作人员侵害他人合法权益而引起的损害赔偿责任纠纷。劳务派遣工作人员与劳务派遣机构签订劳动合同，并由劳务派遣机构派遣其至企业工作，在企业工作期间的工资、福利、社会保险等待遇由企业提供给劳务派遣机构。根据《侵权责任法》第34条第2款之规定："劳务派遣期间，被派遣的工作人员因执行工作任务造成他人损害的，由接受劳务派遣的用工单位承担侵权责任；劳务派遣单位有过错的，承担相应的补充责任。"该款项明确了劳务派遣的用工单位应承担侵权责任。

13. 无偿为他人提供劳动造成损害的由谁承担赔偿责任？

荣凯说法：根据《最高人民法院关于审理人身损害赔偿案件适用法律若

干问题的解释》第 13 条、第 14 条之规定，无偿为他人提供劳动又称之为帮工活动，可以分为以下三种情形：（1）为他人无偿提供劳务的帮工人，在从事帮工活动中致人损害的，被帮工人应当承担民事赔偿责任。被帮工人明确拒绝帮工的，不承担赔偿责任。如果帮工人存在故意或者重大过失，赔偿权利人请求帮工人和被帮工人承担连带责任的，人民法院应当支持。（2）为他人无偿提供劳务的帮工人因帮工活动遭受人身损害的，被帮工人应当承担赔偿责任。被帮工人明确拒绝帮工的，不承担赔偿责任；但可以在受益范围内予以适当补偿。（3）为他人无偿提供劳务的帮工人因第三人侵权遭受人身损害的，由第三人承担赔偿责任。第三人不能确定或者没有赔偿能力的，可以由被帮工人予以适当补偿。

第五节　其他伤害

1. 无民事行为能力人和限制行为能力人在学校中遭受人身损害的，责任如何承担？

荣凯说法：首先要区分什么是无民事行为能力人和限制民事行为能力人。无民事行为能力人指不满 8 周岁的未成年人及不能辨认自己行为的精神病人。限制民事行为能力人指年满 8 周岁以上的未成年人及不能完全辨认自己行为的精神病人。根据《侵权责任法》第 38 条之规定："无民事行为能力人在幼儿园、学校或者其他教育机构学习、生活期间受到人身损害的，幼儿园、学校或者其他教育机构应当承担责任，但能够证明尽到教育、管理职责的，不承担责任。"第 39 条规定："限制民事行为能力人在学校或者其他教育机构学习、生活期间受到人身损害，学校或者其他教育机构未尽到教育、管理职责，应当承担责任。"这里的人身损害指的是除第三人侵权之外的人身损害。无民事行为能力人遭受人身损害，幼儿园、学校或者其他教育机构当然应当承担责任，除非幼儿园、学校或者其他教育机构能够有充足的证据证明自己尽到了教育、管理职责，才可以减轻或者免除责任。若限制民事行为能力人遭受人身损害，限制行为能力人的监护人必须有证据能证明学校或者其他教育机构未尽到教育、管理职责，学校或者其他教育机构才承担责任。

2. 无民事行为能力人或者限制民事行为能力人在校内遭受外来人员侵害的责任如何承担？

荣凯说法：根据《侵权责任法》第40条之规定："无民事行为能力人或者限制民事行为能力人在幼儿园、学校或者其他教育机构学习、生活期间，受到幼儿园、学校或者其他教育机构以外的人员人身损害的，由侵权人承担侵权责任；幼儿园、学校或者其他教育机构未尽到管理职责的，承担相应的补充责任。"在这里讲的是未成年人在学校、幼儿园或者其他教育机构受到第三人侵权的情形，这时是由第三人承担侵权责任，而未成年学生的监护人如果可以证明幼儿园、学校或者其他教育机构未尽到管理职责的，幼儿园、学校或者其他教育机构应当在过错范围内承担补充责任。

3. 被监护人造成他人损害的责任如何承担？

荣凯说法：被监护人造成他人损害的，监护人明确的，由监护人承担民事责任自然不存在异议，但如果监护人不明确，法律规定由顺序在前的有监护能力的人承担民事责任。根据我国《民法总则》第26条、第27条的规定，未成年人的监护人的顺序依次为：父母；祖父母、外祖父母；兄、姐；其他愿意担任监护人的个人或者组织，但须经被监护人住所地居民委员会、村民委员会或民政部门同意。精神病人的监护人的顺序为：配偶；父母；成年子女；其他愿意承担监护责任的个人或者有关组织，经被监护人住所地的居民委员会、村民委员会或者民政部门同意的。

4. 什么是建筑物、构筑物、搁置物、悬挂物？

荣凯说法：建筑物一般是指供人们生产、生活或进行其他活动的房屋或场所，是各类土木建筑设施的总称，如住宅、学校、办公楼、车间、仓库等，包括砖墙、楼板、房梁、屋面等与房屋难以拆分的部分。

构筑物是指与生产设备配套用的各种土建设施，人们一般不在内生产或生活，包括烟囱、大坝、排水沟、围墙、水塔、电视塔、电线杆、纪念碑、桥梁、涵洞、电梯等。

搁置物、悬挂物包括人工搁置物、悬挂物（如搁置于阳台上的花盆、天花板上的吊扇等）与自然悬挂物，自然悬挂物即因自然的而非人为的原因，在建筑物、构筑物或其他设施上形成的悬挂物，如自然悬挂的冰柱、积雪。

5. 物件脱落、坠落损害责任纠纷的责任谁来承担？

荣凯说法：根据《侵权责任法》第85条之规定："建筑物、构筑物或者其他设施及其搁置物、悬挂物发生脱落、坠落造成他人损害，所有人、管理人或者使用人不能证明自己没有过错的，应当承担侵权责任。所有人、管理人或者使用人赔偿后，有其他责任人的，有权向其他责任人追偿。"致害物件类型：建筑物、构筑物或者其他设施；建筑物、构筑物或者其他设施的搁置物、悬挂物。非连带责任，是由对建筑物、构筑物或者其他设施及搁置物、悬挂物负有维护、管理义务的人承担责任，但在实践操作中，为维护当事人的合法权益，一般会将所有人、管理人或使用人一起告。

6. 建筑物、构筑物或者其他设施倒塌造成他人损害的责任主体有哪些？

荣凯说法：建筑物、构筑物或者其他设施倒塌造成他人损害的责任主体有：（1）建设单位与施工单位。（2）"其他责任人"是指，因为勘查、设计、监理等环节的原因造成建筑物倒塌的责任人。如果倒塌是在业主入住后，在装修过程中擅自改变承重结构，打断、掏空承重墙等造成建筑物倒塌的，这些与建设单位、施工单位及勘查、设计、监理单位无关的倒塌情形，受害人不能直接要求建筑单位和施工单位承担责任。一旦发生建筑物、构筑物或者其他设施倒塌，造成他人损害，赔偿权利人可以向建设单位与施工单位（连带责任）及其他责任人（勘察、设计、监理、业主等）索赔。

7. 从建筑物中抛掷物品或者从建筑物上坠落的物品造成他人损害的责任主体、形态及责任承担。

荣凯说法：责任主体是建筑物使用人，并不包括建筑物的所有人和管理人。本条的责任形态较为复杂，包含了过错推定原则和公平原则。从过错推定原则看，建筑物使用人不能证明自己不是侵权人的就应当承担责任。从公平原则看，责任人只承担补偿的按份责任，而非全部赔偿责任，因此也不可能是连带责任。根据《侵权责任法》第87条的规定，从建筑物中抛掷物品或者从建筑物上坠落的物品造成他人损害的，难以确定具体侵权人的，除能够证明自己不是侵权人的外，由可能加害的建筑物使用人给予补偿。本条责任的承担前提是抛掷物品或坠落的物品致人损害且难以确定具体侵权人。

8. 堆放物倒塌造成他人损害应当承担什么责任？

荣凯说法：根据《侵权责任法》第88条的规定，堆放物倒塌造成他人损害、堆放人不能证明自己没有过错的，应当承担侵权责任。

（1）本条的"倒塌"应当做扩张解释，应当包括"滚落""滑落"等形态。

（2）堆放人无过错或者第三人有过错或受害人有过错，堆放人就无需承担责任。如堆放人、受害人都有过错的，可以适用过失相抵规则，按照各自过错承担责任。

（3）责任形态是过错推定原则。

9. 公共道路上堆放、倾倒、遗撒妨碍通行的物品造成他人损害的责任承担。

荣凯说法：经常有人咨询，在公路上因为有人任意堆放渣土或晾晒玉米导致的事故应该如何处理？根据《侵权责任法》第89条的规定，公共道路上堆放、倾倒、遗撒妨碍通行的物品造成他人损害的，有关单位或者个人应当承担侵权责任。这里所说的"有关单位或者个人"可以理解为行为人、管理人。行为人有可能是个人,也有可能是单位;而管理人应是公共道路的管理单位。该种情形的归责原则是过错推定原则。赔偿权利人除了可以要求行为人赔偿外,还可要求其停止侵害和排除妨碍。

10. 林木折断造成他人损害应当承担什么责任?

荣凯说法:根据《侵权责任法》第90条的规定,因林木折断造成他人损害,林木的所有人或者管理人不能证明自己没有过错的,应当承担侵权责任。

(1)"林木折断"应包括林木倾倒,做扩大解释才符合立法宗旨。

(2)责任主体:林木的所有人或者管理人。

(3)责任形态:过错推定原则。

11. 地面施工、地下设施造成他人损害的责任如何承担?

荣凯说法:我们经常强调,在进行施工作业时应当设置明显的标志并采取相关的安全措施。如果不按照规定设置,一旦出现损害事故,相关人员和单位需要承担相应责任。根据《侵权责任法》第91条的规定,在公共场所或者道路上挖坑、修缮、安装地下设施等,没有设置明显标志和采取安全措施造成他人损害的,施工人应当承担侵权责任。

窖井等地下设施造成他人损害，管理人不能证明尽到管理职责的，应当承担侵权责任。

（1）第一款规定的是地上施工责任，第二款规定的是地下设施（非施工过程中）致人损害的责任。

（2）若由于第三人等原因破坏了"明显标志"或"安全措施"，施工人不能因此而免责，因为施工人还有维护这些标志和措施的义务。

（3）"设置明显标志"和"采取安全措施"不是选择性义务，而是必须同时履行的义务。

12. 产品生产者、销售者责任纠纷应当如何处理？

荣凯说法：因产品缺陷造成的侵权，是指由于产品有缺陷，造成了产品的消费者、使用者或者其他第三者的人身伤害或财产损失，依法应由生产者或销售者分别或共同负责赔偿的一种法律责任。因产品缺陷造成侵权，消费者一般有以下几种方式来主张自己的权利：

（1）如果产品存在缺陷是因生产者的原因导致的，在消费者因缺陷产品造成损害时，可直接要求生产者承担侵权责任。

（2）如果产品存在缺陷是因销售者的过错导致的，在消费者因缺陷产品造成损害时，可直接要求销售者承担侵权责任。

（3）在大多数情况下，消费者在因缺陷产品造成损害时，并不能判断缺陷产品是生产者的过错还是销售者的过错，我们也不能给消费者强加如此高的注意义务，因此，一般情况下，在消费者因缺陷产品造成损害时，既可向产品的生产者请求赔偿，也可向产品的销售者请求赔偿。

如果产品缺陷是由生产者造成的，销售者赔偿后，有权向生产者追偿。如果因销售者的过错使产品存在缺陷，生产者赔偿后，有权向销售者追偿。如果是因运输者、仓储者等第三人的过错使产品存在缺陷造成他人损害的，产品的生产者、销售者赔偿后，有权向第三人追偿。

13. 产品运输者、仓储者责任纠纷应当如何处理？

荣凯说法：在产品运输或仓储过程中发生侵权，应当依照下列原则处理：

（1）在缺陷产品尚未造成消费者人身损害，但危及他人人身、财产安全的情况下，被侵权人有权请求生产者、销售者承担排除妨碍、消除危险等侵权责任。

（2）产品投入流通后发现存在缺陷的，生产者、销售者应当及时采取警示、召回等补救措施。未及时采取补救措施或者补救措施不力造成损害的，应当承担侵权责任。

（3）明知产品存在缺陷仍然生产、销售，造成他人死亡或者健康严重损害的，被侵权人有权请求相应的惩罚性赔偿。根据《2011年山东省民事审判工作会议纪要》的规定，惩罚性赔偿仅限于因缺陷产品致使他人死亡或者健康严重损害的人身损害，而不适用财产损害。在确定惩罚性赔偿的具体数额时，应当综合考虑侵权行为的性质、过错程度、损害后果、侵权人的赔偿能力、获利状况、受害人遭受的损失、社会影响等因素来确定。

14. 动物致人损害的情形应当如何承担责任？

荣凯说法：动物致人损害要区分情况。若个人饲养的动物致人损害，动物饲养人或者管理人应当承担侵权责任，但动物饲养人或者管理人能够证明损害是因被侵权人故意或者重大过失造成的，可以不承担或者减轻责任；若动物园饲养的动物致人损害，根据《侵权责任法》第81条的规定："动物园的动物造成他人损害的，动物园应当承担侵权责任，但能够证明尽到管理职责的，不承担责任。"若遗弃、逃逸的动物造成他人损害的，因第三人的过错致使动物造成他人损害的，根据《侵权责任法》第82条、第83条的规定，遗弃、逃逸的动物在遗弃、逃逸期间造成他人损害的，由原动物饲养人或者管理人承担侵权责任。因第三人的过错致使动物造成他人损害的，被侵权人可以向动物饲养人或者管理人请求赔偿，也可以向第三人请求赔偿。动物饲养人或者管理人赔偿后,可向第三人追偿。《侵权责任法》第 80 条规定,禁止饲养的烈性犬等危险动物造成他人损害的,动物饲养人或者管理人应当承担侵权责任。

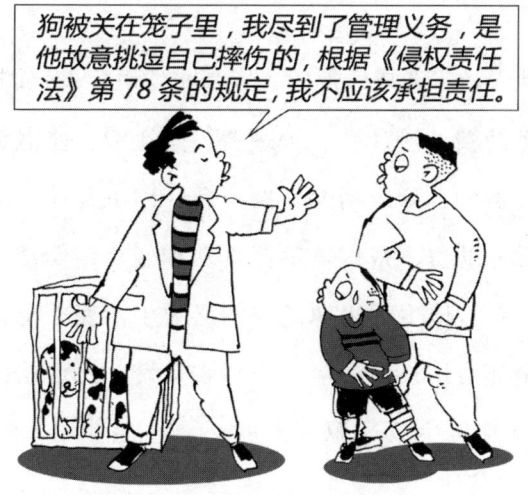

15. 公民的名誉权、肖像权受到侵犯应当如何维权?

荣凯说法:名誉权、肖像权属于《侵权责任法》所称的民事权益,根据《侵权责任法》第 2 条的规定,侵害被侵权人的民事权益,应当依照本法承担侵权责任。受到侵害的公民还可依据《民法通则》第 120 条的规定,要求侵权人停止侵害、恢复名誉、消除影响、赔礼道歉,还可以要求相应的赔偿损失。

16. 网络侵权应当如何承担赔偿责任?

荣凯说法:网络日益发展,在人们生活中的影响也越来越大,网络用户、服务提供者利用网络侵害他人民事权益的,应当依据《侵权责任法》第 36 条的规定,承担侵权责任。被侵权人有权通知网络服务提供者采取删除、屏蔽、断开链接等必要措施。网络服务提供者接到通知后应当及时采取必要措施,未及时采取措施造成损害扩大的,网络服务提供者应当对损害的扩大部分与网络用户承担连带责任。网络服务提供者知道他人利用服务侵害民事权益但未采取必要措施的,应当与网络用户承担连带责任。

第六节 赔偿计算标准

侵害人致伤他人尚未造成残疾的,应当赔偿医疗费、因误工减少的收入。医疗费一般包括医药费、治疗费、护理费、交通费、住宿费、必要的营养费等;侵害人致人残疾的,除应当赔偿医疗费、误工费等全部费用外,还应当赔偿残疾者的生活补助费、残疾辅助器具费和残疾赔偿金,以及残疾者致残前实际抚养而又没有其他生活来源的人的必要生活费;侵害致人死亡的除应当支付医疗费的全部费用外,还应当支付丧葬费、死亡赔偿金以及死者生前实际抚养而又没有其他生活来源的人的必要生活费用。各项费用具体计算如下:

1. 医疗费用

医疗费根据医疗机构出具的医药费、住院费等收费凭证,结合病历诊断证明等相关证据确定,按一审法院辩论终结前实际发生的数额确定。器官功能恢复训练所必要的康复费、适当的整容费以及其他后续治疗费,赔偿权利人可以待实际发生后另行起诉,但根据医疗证明或者鉴定结论确定必然发生的费用,可以与已经发生的医疗费一并予以赔偿。

2. 误工费

误工费根据受害人的误工时间和收入状况确定。误工时间根据受害人接受治疗的医疗机构出具的证明确定。受害人因伤致残持续误工的,误工时间可以计算至定残日前一天。受害人有固定收入的,误工费按照实际减少的收入计算。受害人无固定收入的,按照其最近3年的平均收入计算;受害人不能举证证明其最近3年的平均收入状况的,可以参照受诉法院所在地相同或者相近行业上一年度职工的平均工资计算。

3. 护理费

护理人员有收入的，参照误工费的规定计算；护理人员没有收入或者雇佣护工的，参照当地护工从事同等级别护理的劳务报酬标准计算。护理人员原则上为一人，但医疗护理费根据护理人员的收入状况和护理人数、护理期限确定。护理人机构或者鉴定机构有明确意见的，可以参照确定护理人员人数。护理期限应计算至受害人恢复生活自理能力时止。受害人因残疾不能恢复生活自理能力的，可以根据其年龄、健康状况等因素确定合理的护理期限，但是最长不超过20年。受害人定残后的护理，应当根据其护理依赖程度并结合配制残疾辅助器具的情况确定护理级别。

4. 交通费

根据受害人及其必要的陪护人员因就医或者转院治疗实际发生的费用计算。交通费应当以正式票据为凭；有关凭据应当与就医地点、时间、人数、次数相符。

5. 住院伙食补助费

可以参照当地国家机关一般工作人员的出差伙食补助标准予以确定。受害人确有必要到外地治疗、因客观原因不能住院的，受害人本人及其陪护人员实际发生的住宿费和伙食费，其合理部分应予赔偿。

6. 住宿费

受害人确有必要到外地治疗、因客观原因不能住院的，受害人本人及其陪护人员实际发生的住宿费和伙食费，其合理部分应予赔偿。

7. 营养费

营养费根据受害人伤残情况参照医疗机构的意见确定。

8. 残疾赔偿金

残疾赔偿金根据受害人丧失劳动能力程度或者伤残等级，按照受诉法院所在地上一年度城镇居民人均可支配收入或者农村居民人均纯收入标准（简称"基数"），自定残之日起按20年计算。但60周岁以上的，年龄每增加一岁减少一年；75周岁以上的，按5年计算。受害人因伤致残但实际收入没有减少，或者伤残等级较轻但造成职业妨害严重影响其劳动就业的，可以对残疾赔偿金做相应调整。受伤人员伤残程度划分为10级，从第一级（100%）到第十级（10%），每级相差10%。

9. 残疾辅助器具费

残疾辅助器具费按照普通适用器具的合理费用标准计算。伤情有特殊需要的，可以参照辅助器具配制机构的意见确定相应的合理费用标准。辅助器具的更换周期和赔偿期限参照配制机构的意见确定。

10. 被扶养人生活费

被抚养人生活费根据抚养人丧失劳动能力的程度，按照受诉法院所在地上一年度城镇居民人均消费性支出和农村居民人均年生活消费支出标准计算。被扶养人为未成年人的，计算至18周岁；被扶养人无劳动能力又无其他生活来源的计算20年。但是60周岁以上的，年龄每增加一岁减少一年；75周岁以上的，按5年计算。被扶养人是指受害人依法应当承担扶养义务的未成年人或者丧失劳动能力又无其他生活来源的成年近亲属。被扶养人还有其他扶养人的，赔偿义务人只赔偿受害人依法应当负担的部分。被扶养人有数人的，年赔偿总额累计不超过上一年度城镇居民人均消费性支出额或者农村居民人均年生活消费支出额。

11. 丧葬费

丧葬费按照受诉法院所在地上一年度职工月平均工资标准，以6个月总额计算。

12. 死亡赔偿金

死亡赔偿金按照受诉法院所在地上一年度城镇居民人均可支配收入或者农村居民人均纯收入标准，按20年计算。但60周岁以上的，年龄每增加一岁减少一年；75 周岁以上的，按 5 年计算。

13. 精神损害抚慰金

受害人或者死者近亲属遭受精神损害，赔偿权利人向人民法院请求赔偿精神损害抚慰金的，适用《最高人民法院关于确定民事侵权精神损害赔偿责任若干问题的解释》予以确定。

根据《山东省高级人民法院关于印发全省民事审判工作会议纪要的通知》的规定侵权致人损害、未造成严重后果的，受害人请求精神损害抚慰金赔偿的，一般不予支持；侵权致人损害、造成严重后果的，可以根据受害人一方的请求判令侵权人赔偿相应的精神损害抚慰金。精神损害抚慰金的赔偿数额应当根据侵权人的过错程度、侵权方式、侵权情节、影响范围、侵权获利情况、承担赔偿责任的能力等因素综合确定。精神损害抚慰金赔偿请求权的主体为受害人或者近亲属。

近年来，随着经济社会的发展变化，人民群众生活水平不断提高，上述会议认为，应对精神损害抚慰金的赔偿标准予以适当调整。具体调整标准如下：侵权人是自然人的，一般精神损害，赔偿标准为 1000 元至 5000 元；严重精神损害，赔偿标准为 5000 元至 10000 元。侵权人是法人或其他社会组织的，一般按照自然人赔偿标准的 5 至 10 倍予以赔偿。损害后果特别严重的，可在上述基础上适当提高赔偿标准。

附：2019 年山东省人身损害赔偿标准及计算公式

2019 年 1 月 31 日，山东省统计局发布了《2018 年山东省国民经济和社会发展统计公报》，根据该公报，可知：

一、山东省城镇居民年人均可支配收入 39549 元

二、山东省城镇年人均消费支出 24798 元

三、山东省农村居民年人均可支配收入 16297 元

四、山东省农村年人均消费支出 11270 元

人身损害赔偿项目及计算公式：

（一）人身损害的一般赔偿范围（受害人没有达到残疾级别）

1. 医疗费赔偿计算公式：

挂号费＋诊疗费＋医药费＋住院费＋其他治疗费用

2. 误工费赔偿金额的计算方法：

误工费赔偿金额＝受害人固定工资收入（元÷天）×误工时间（天）或无固定收入（最近3年的平均收入或受诉法院所在地相同（近）行业上一年度职工的平均工资÷365天）×误工时间

3. 护理费的计算方法：

护理人员的原收入×陪护时间或同等级别护工报酬标准×陪护时间。

4. 交通费：

就医、转院实际发生的交通费用，交通费应当以正式票据为凭证。

5. 住宿费：

国家机关一般工作人员出差住宿标准×住宿时间。

6. 住院伙食补助费：

100元×住院天数。

7. 营养费：

营养费根据受害人伤残情况参照医疗机构的意见确定。

（二）受害人因伤致残的赔偿范围

1. 残疾赔偿金：

（1）受害人在60周岁以下

城镇居民残疾赔偿金＝39549×20年×伤残赔偿指数；

农村居民残疾赔偿金＝16297×20年×伤残赔偿指数。

（2）受害人年龄在60－74周岁之间

城镇居民残疾赔偿金＝39549×【20年－（受害人实际年龄－60岁）】×

伤残赔偿指数；

农村居民残疾赔偿金 = 16297 ×【20 年 -（受害人实际年龄 - 60 岁）】× 伤残赔偿指数。

（3）受害人年龄在 75 岁以上

城镇居民残疾赔偿金 = 39549 × 5 年 × 伤残赔偿指数；

农村居民残疾赔偿金 = 16297 × 5 年 × 伤残赔偿指数。

2. 残疾辅助器具费计算公式：

普通适用器具的合理费用。

3. 被扶养人生活费赔偿计算公式：

（1）被扶养人在 18 周岁以下的

城镇居民被扶养人生活费赔偿金额 = 24798 ×（18 岁 - 被扶养人实际年龄）÷ 对被扶养人承担扶养义务的人数 × 伤残赔偿指数（受害人死亡的不乘伤残赔偿指数）；

农村居民被扶养人生活费赔偿金额 = 11270 ×（18 岁 - 被扶养人实际年龄）÷ 对被扶养人承担扶养义务的人数 × 伤残赔偿指数（受害人死亡的不乘伤残赔偿指数）。

（2）被抚养人在 18 - 60 周岁之间

城镇居民被扶养人生活费赔偿金额 = 24798 × 20 年 ÷ 对被扶养人承担扶养义务的人数 × 伤残赔偿指数（受害人死亡的，不乘以伤残赔偿指数）；

农村居民被扶养人生活费赔偿金额 = 11270 × 20 年 ÷ 对被扶养人承担扶养义务的人数 × 伤残赔偿指数（受害人死亡的不乘伤残赔偿指数）。

（3）被扶养人在 60 - 74 周岁之间

城镇居民被扶养人生活费赔偿金额 = 24798 ×【20 年 -（被抚养人实际年龄 - 60 岁）】÷ 对被扶养人承担扶养义务的人数 × 伤残赔偿指数（受害人死亡的不乘伤残赔偿指数）；

农村居民被扶养人生活费赔偿金额 = 11270 ×【20 年 –（被抚养人实际年龄 – 60 岁）】÷ 对被扶养人承担扶养义务的人数 × 伤残赔偿指数（受害人死亡的不乘伤残赔偿指数）。

（4）被扶养人在 75 周岁以上

城镇居民被扶养人生活费赔偿金额 = 24798 × 5 年 ÷ 对被扶养人承担扶养义务的人数 × 伤残赔偿指数（受害人死亡的不乘伤残赔偿指数）；

农村居民被扶养人生活费赔偿金额 = 11270 × 5 年 ÷ 对被扶养人承担扶养义务的人数 × 伤残赔偿指数（受害人死亡的不乘伤残赔偿指数）。

4. 伤残鉴定费

5. 康复费

6. 后续治疗费

（三）受害人死亡的赔偿范围

1. 丧葬费赔偿金额 = 按城镇单位在岗职工年平均工资 ÷ 12 个月 × 6 个月。

2. 死亡赔偿金计算公式：

（1）受害人在 60 周岁以下

城镇居民死亡赔偿金 = 39549 元 × 20 年；

农村居民死亡赔偿金 = 16297 元 × 20 年。

（2）受害人在 60 – 74 周岁之间

城镇居民死亡赔偿金 = 39549 元 ×【20 年 –（死亡人实际年龄 – 60 岁）】；

农村居民死亡赔偿金 = 16297 元 ×【20 年 –（死亡人实际年龄 – 60 岁）】。

（3）受害人在 75 周岁以上

城镇居民死亡赔偿金 = 39459 元 × 5 年；

农村居民死亡赔偿金 = 16297 元 × 5 年。

3. 被扶养人生活费计算公式

（1）被扶养人在 18 周岁以下的

城镇居民被扶养人生活费赔偿金额 = 24798 × （18 岁 - 被扶养人实际年龄）÷ 对被扶养人承担扶养义务的人数；

农村居民被扶养人生活费赔偿金额 = 11270 × （18 岁 - 被扶养人实际年龄）÷ 对被扶养人承担扶养义务的人数。

（2）被抚养人在 18 - 60 周岁之间

城镇居民被扶养人生活费赔偿金额 = 24798 × 20 年 ÷ 对被扶养人承担扶养义务的人数；

农村居民被扶养人生活费赔偿金额 = 11270 × 20 年 ÷ 对被扶养人承担扶养义务的人数。

（3）被扶养人在 60 - 74 周岁之间

城镇居民被扶养人生活费赔偿金额 = 24798 × 【20 年 - （被抚养人实际年龄 - 60 岁）】÷ 对被扶养人承担扶养义务的人数；

农村居民被扶养人生活费赔偿金额 = 11270 × 【20 年 - （被抚养人实际年龄 - 60 岁）】÷ 对被扶养人承担扶养义务的人数。

（4）被扶养人在 75 周岁以上

城镇居民被扶养人生活费赔偿金额 = 24798 × 5 年 ÷ 对被扶养人承担扶养义务的人数；

农村居民被扶养人生活费赔偿金额 = 11270 × 5 年 ÷ 对被扶养人承担扶养义务的人数。

4. 交通费：

就医、转院实际发生的交通费用，交通费应当以正式票据为凭。

5. 住宿费：

国家机关一般工作人员出差住宿标准 × 住宿时间。

6. 误工费：

误工费赔偿金额＝受害人固定工资收入（元÷天）×误工时间（天）或无固定收入（最近3年的平均收入或受诉法院所在地相同（近）行业上一年度职工的平均工资÷365天）×误工时间。

7. 精神损害抚慰金

侵权人是自然人的，一般精神损害，赔偿标准为1000元至5000元；严重精神损害，赔偿标准为5000元至10000元。侵权人是法人或其他社会组织的，一般按照自然人赔偿标准的5至10倍予以赔偿。

第七节　案例解答

1. 李某与孙某骑电动车在路上并行，因对面来车让行，李某与孙某相撞，造成孙某大腿骨折。问：孙某该怎么办？

荣凯说法： 根据《道路交通安全法实施条例》第93条、第94条的规定，交通事故发生后，自交警勘查现场之日起10天之内，交警出具事故认定书；若进行车检的话，需要延长20个工作日。鉴定结果出来后5天内出具事故认定书。当事故认定书下来后，双方可在10天内书面申请调解；如果有一方不愿意调解或调解不成的，在一年之内进行起诉。

起诉必须提交的证据：（1）交通事故认定书或事故证明书，如果原件丢失，需要去交警队调取复印件并加盖公章；（2）对交通事故认定书中的责任认定不服的，提交复核申请书、复核决定书；（3）对交通事故认定书中的责任认定不服的，但未提交过复核申请书的，补充制作复核申请书，重点阐明理由及法律依据，起诉同时提交调查取证申请书；（4）其他作为赔偿依据的各种票据。

2. 我在路上发生了交通事故，对方开车玩手机把我撞了。交警大队制作

了交通事故认定书，对方承担全部责任。自事故发生后，我住院20天，认定为腿部粉碎性骨折，我妈辞职照顾我，花了大约20万元的医药费。对方的车只有交强险。现在对方不愿意赔偿我各种费用，我应该怎么走法律程序？

荣凯说法：走法律途径应到事故发生地的法院起诉对方和交强险保险公司。向法院申请司法鉴定，鉴定事项一般为伤残等级、误工时间、护理人数及护理期限、后续治疗费、营养费等项目，根据鉴定结论确定最终的赔偿数额。根据《最高人民法院关于审理人身损害赔偿案件适用法律若干问题的解释》第17条规定，赔偿项目主要包括医疗费、误工费、护理费、交通费、住宿费、住院期间伙食补助费、营养费、鉴定费、残疾赔偿金、残疾辅助器具费、精神损害抚慰金。最后提醒您，凡是与事故有关的票据都要注意保存好，作为赔偿依据。

3. 我有一个车，按照市场价卖给了朋友，签了买卖合同但没办理过户，签合同当天付清全款并把车让朋友开走了。前几天，朋友开车出了事故，把对面来车给撞坏了，对方发现登记的是我的名字，要求我也承担责任。请问：这种要求合理吗？

荣凯说法：因为这辆车还在你的名下，出了事故，被害人是有权利起诉你和肇事者的，但是根据《侵权责任法》第50条的规定，当事人之间已经以买卖等方式转让并交付机动车但未办理所有权转移登记、发生交通事故后属于该机动车一方责任的，由保险公司在机动车强制保险责任限额范围内予以赔偿。不足部分，由受让人承担赔偿责任。只要你能向法院证明这车不在你的支配范围之内，已经通过买卖转让并交付了车辆，你是可以免于承担赔偿责任的。

4. 我的车寒假的时候借给我外甥了，他20多岁了，一直会开车，就是没考驾照。现在，他开车让行时和别人的车撞了，交警认定我外甥是30%责任，对方责任占70%。请问：我在该事故中也承担责任吗？

荣凯说法：根据你说的情况，你需要承担责任。根据《侵权责任法》第49条规定，因租赁、借用等情形机动车所有人与使用人不是同一人时，发生交通事故后属于该机动车一方责任的，由保险公司在机动车强制保险责任限额范围内予以赔偿。不足部分，由机动车使用人承担赔偿责任；机动车所有人对损害的发生有过错的，承担相应的赔偿责任。可见，你明知你外甥没驾照还把车借给他开，属于有过错，现在你外甥发生了交通事故，应当在你外甥应承担的赔偿范围内承担相应份额。

5. 我家里有几辆货车，雇了几个司机运货。有一个司机中午吃饭的时候喝了点白酒，结果下午在运输过程中撞了一个人，保险公司赔付了一部分，现在这个伤者让我赔付剩余的全部医药费。这合理吗？

荣凯说法：伤者可以要求你赔偿剩余全部医疗费，他的要求是合理的。根据《最高人民法院关于审理人身损害赔偿案件适用法律若干问题的解释》第9条的规定，雇员在从事雇佣活动中致人损害的，雇主应当承担赔偿责任；雇员因故意或者重大过失致人损害的，应当与雇主承担连带赔偿责任。雇主承担连带赔偿责任的，可以向雇员追偿。你和开车司机是雇佣关系，应当由雇主承担赔偿责任，但由于司机喝酒了，是属于有重大过错的，你与司机承担连带赔偿责任。既然保险公司已经赔付其应承担的部分，剩余的你来支付，由于你雇佣的司机在工作期间喝了酒驾驶车辆发生了事故，存在重大过错，因此你向你的司机进行追偿即可。

6. 我家养了一只宠物狗，一直都是关在笼子里养的，笼子也放在家门里面。邻居小孩放学回家用小棍子戳他，在和狗拉扯棍子的过程中倒在地上，腿磕在地上摔伤了。请问：他自己逗狗摔伤，我应该承担赔偿责任吗？

荣凯说法：邻居家的小孩放学到你家里挑逗关在笼子里的狗而摔伤，你不应该承担责任。根据《侵权责任法》第78条的规定，饲养的动物造成他人损害的，动物饲养人或者管理人应当承担侵权责任，但能够证明损害是因被侵权人故意或者重大过失造成的，可以不承担或者减轻责任。只要你能证明你家的狗被关在笼子里，你尽到了管理义务，是邻居家小孩故意挑逗狗自己摔伤的，你就可以不承担责任。

7. 王先生咨询：我是枣庄人，在济南发生交通事故，我负全责。我给对方支付了医疗费、伙食费。我的车也从交警队里开出来了，没调解成。对方是农村的，现在主要是对伤残赔偿金没达成一致意见，他现在是10级伤残。我的车只交了交强险，他现在起诉了。问：这个钱是我出，还是保险公司支付？

荣凯说法：这个钱，一部分是你支付，一部分是保险公司支付。在本次交通事故中，对方伤残等级已经确定，依据当地的上年度职工平均工资，以及受害人的年龄、户籍来确认各项赔偿责任。根据《机动车交通事故责任强制保险条款》第8条的规定："死亡伤残赔偿限额和无责任死亡伤残赔偿限额项下（11万）负责赔偿丧葬费、死亡补偿费、受害人亲属办理丧葬事宜支出的交通费用、残疾赔偿金、残疾辅助器具费、护理费、康复费、交通费、被扶养人生活费、住宿费、误工费、被保险人依照法院判决或者调解承担的精神损害抚慰金。医疗费用赔偿限额和无责任医疗费用赔偿限额项下（1万）负责赔偿医药费、诊疗费、住院费、住院伙食补助费、必要的、合理的后续治疗费、整容费、营养费。"也就是说，不同的赔偿项目是在不同的限额内获得赔偿的，虽然有的事故赔偿数额并没有超过交强险12.2万的限额，但很多情况下医疗费都要超过1万的限额，此时车主就有可能自己赔付部分医疗费用。

8. 在一起交通事故中，同车3个人死亡，其中两个是农村人，一个是城市人，请问：死亡赔偿金怎么计算？

荣凯说法：《侵权责任法》第17条规定，因同一侵权行为造成多人死亡的，可以以相同数额确定死亡赔偿金。死亡赔偿金的确定是根据《最高人民法院关于审理人身损害赔偿案件适用法律若干问题的解释》第29条之规定,死亡赔偿金计算是按照受诉法院所在地上一年度城镇居民人均可支配收入或者农村居民人均纯收入标准,按20年计算。但60周岁以上的,年龄每增加1岁减少1年;75周岁以上的,按5年计算。同时,第30条规定了赔偿权利人如果能够举证证明其住所地或者经常居住地相关标准高于受诉法院所在地的,死亡赔偿金可以按照其住所地或者经常居住地的相关标准计算。上述法律规定明确了个人因侵权行为死亡时死亡赔偿金的计算方式和适用标准。然而,本案中却是同一起交通事故造成3人死亡,且死者两人并非城镇居民,如果按照同一数额确定死亡赔偿金时,应按照城镇标准还是农村标准?是否考虑受害人年龄差异?司法实践中,针对此种情形在确定死亡赔偿金数额时,可以不考虑受害人年龄、收入、是否居住在城镇等个人差异因素,遵循"就高不就低"原则,按照个体赔偿数额较高的标准统一确定死亡赔偿金数额。

9. 几个月前我撞了人,交警的事故责任认定书中认定我负全责。我积极配合对方治疗,现在对方已经痊愈了,医生说可以出院,但他迟迟不出院,还狮子大开口索要赔偿,我该怎么办?

荣凯说法: 根据《最高人民法院关于审理人身损害赔偿案件适用法律若干问题的解释》第17条的规定:"受害人遭受人身损害,因就医治疗支出的各项费用以及因误工减少的收入,包括医疗费、误工费、护理费、交通费、住宿费、住院伙食补助费、必要的营养费,赔偿义务人应当予以赔偿。"如果你对以上费用都积极赔偿,他还漫天要价,可以出院的情况下仍不出院,你可以和他共同委托申请鉴定,让鉴定机构来确定他所需医疗等费用的合理性和必要性,支付合理费用。对于对方的无理要求你可以不予理睬,不予支付,等待对方起诉时积极应诉答辩即可。

10. 张某买了一辆车,在开回家的途中发生了交通事故,不慎将王某的车撞坏,王某要求张某和保险公司承担赔偿责任。保险公司认为,合同约定

保险是次日零时生效，拒绝赔偿。请问：保险公司的说法正确吗？

荣凯说法："零时生效"属于合同法中典型的格式条款，这一条款排除了保险公司的责任。根据《合同法》第40条的规定，格式条款凡是具备合同绝对无效条件之一的，一律无效；凡是规定造成对方人身伤害而予以免责的，规定因故意或重大过失给对方造成财产损失而予以免责的条款一律无效；凡是免除提供格式条款一方当事人主要义务，排除对方当事人主要权利的，一律无效。

交强险保险合同按照保监会的规定应当是即时生效，该零时生效的条款应该认定为无效条款。本案的交强险生效时间的认定应该从有利投保人的角度认定，保险公司应该在交强险范围内承担保险责任。

11. 小张是农村户口，不过家里没有地了，长期在城市从事建筑行业，现在在施工中发生了事故，请问：人身损害赔偿能不能按照城市的标准索赔？

荣凯说法：根据《民法总则》第25条及相关司法解释的规定，公民以其户籍所在地为住所，经常居住地与住所不一致的，经常居住地为住所，经常居住地为连续居住一年以上的地方。最高人民法院民一庭在《关于经常居住地在城镇的农村居民因交通事故伤亡如何计算赔偿费用的复函》中明确指出，受害人虽然是农村户口，"但在城市经商、居住，其经常居住地和主要收入来源地为城市，有关损害赔偿费用应当根据当地城镇居民的相关标准计算"。案件中，小张是农村户口，在证明自己的"准城镇居民"身份时，应提供派出所开具的暂住证、工作单位的证明、居住地居委会的证明或房屋租赁合同等。只要能够证明自己已经在城市生活一年，并且主要收入来源地在城市的，可以按照城镇标准要求赔偿。

12. 兰兰今年3周岁，在某幼儿园上学前班。2013年2月20日早晨，兰兰的母亲送兰兰入园时，兰兰健康活泼、状态良好，未显现出异常或病症。直到当天15时14分许，老师发现兰兰瘫在凳子上，餐盘被打翻，于是，老

师上前查看，随即让兰兰保持半卧位并采取按压人中穴、搽抹风油精、按摩手心脚心等急救措施，同时，幼儿园安排车辆将兰兰送到医院，并致电孩子母亲告知病情。但在到达医院之前，兰兰的心脏和呼吸已经停止。对遗体进行解剖和检验后出具的鉴定意见书认为，兰兰因急性呼吸窘迫综合征（ARDS）致死。幼儿园是否承担赔偿责任？

荣凯说法：根据《最高人民法院关于审理人身损害赔偿案件适用法律若干问题的解释》第7条的规定，对未成年人依法负有教育、管理、保护义务的学校、幼儿园或者其他教育机构，未尽职责范围内的相关义务致使未成年人遭受人身损害，或者未成年人致他人人身损害的，应当承担与其过错相应的赔偿责任；第三人侵权致未成年人遭受人身损害的，应当承担赔偿责任。学校、幼儿园等教育机构有过错的，应当承担相应的补充赔偿责任。儿童属于未成年人，如果幼儿园"未尽职责范围内的相关义务致使未成年人遭受人身损害"，你可以要求幼儿园承担相应责任，而幼儿园教师是在履行职务行为，承担责任的主体应为幼儿园。

13. 我前几天出了交通事故，把别人的车撞了，交警部门扣押了我的车辆，并将它放在一个收费的停车场里。事故处理完毕我去开车的时候，停车场让我拿2250元的停车费，这合理吗？

荣凯说法：交警部门在处理交通事故时，利用职权扣押肇事车辆属于行政强制措施。根据2012年1月1日生效的《行政强制法》第26条的规定，对查封、扣押的场所、设施或者财物，行政机关应当妥善保管，不得使用或者损毁；造成损失的，应当承担赔偿责任。根据此规定，扣押车辆属于强制措施，行政机关为交警部门，第三人为停车场一方，显而易见，扣押车辆所产生的费用应该由交警部门承担。

对查封的场所、设施或者财物，行政机关可以委托第三人保管，第三人不得损毁或者擅自转移、处置。因第三人的原因造成的损失，行政机关先行赔付后，有权向第三人追偿。因查封、扣押发生的保管费用由行政机关承担。本案中，车辆保管费用，也就是停车费，应当由交警部门承担。

14. 2015年3月底，患者李某因在建筑工地施工中被砸伤，被送往某三级医院紧急救治，抢救成功并逐渐康复。但因李某是急诊入院，医院通过绿色通道救治，一开始没有收费，李某出院时已欠医疗费用4万多元，鉴于李某经济困难，医院同意他出院后筹钱补缴。

因李某此前买过相关保险，治疗费用可从保险公司获得赔偿。出院后，李某获知，住院费用必须通过他的住院病历才能证明，但李某找到当时救治他的主治医生提出复印病历的要求时，该医生却告诉他，因李某还欠着医院很大一笔医疗费用，现在又要求复印病历，按照医院有关规定，可能难以获得医院同意。李某又来到该院医务科和病历档案管理科室交涉，得到了同样的"欠费未还，不给复印病历"的答复，且相关工作人员态度非常坚决。请问：医院的做法对吗？

荣凯说法：医院的做法不对。根据《医疗事故处理条例》及《侵权责任法》的相关规定，患者有权复印或者复制其门诊病历、住院志、体温单、医嘱单、化验单（检验报告）、医学影像检查资料、特殊检查同意书、手术同意书、手术及麻醉记录单、病理资料、护理记录以及国务院卫生行政部门规定的其他病历资料。所以，你可以去医院要求对治病时的病历进行复印。不过这个复印是要收费的，具体收费标准由省、自治区、直辖市人民政府价格主管部门会同同级卫生行政部门规定。

15. 张女士咨询：病员，男，45周岁，腰臀部多发性疖肿两年，来院就医。两年前曾因腰臀部病疖十多个，由乡村医生注射青霉素治疗过，有好转，本次就医便要求再用青霉素治疗。医生邓某即为其开出直接肌肉注射40万单位青霉素的处方，当病人把处方拿给护士李某要求为其注射时，护士李某注意到处方上没有"皮试"字样，便向邓某询问，邓某回答说不用做，"让你打你就打，出了事我负责"。李某遂为该病人肌注，针刚拔出，病人即发生过敏性休克，经抢救无效死亡。这件事解决的途径是什么？

荣凯说法：首先，医患双方可以进行协商调解，调解不成的，医患任何一方均可向主管卫生行政部门提出处理请求。卫生行政部门受理后会指派专人妥善保管原始资料，封存有关医疗物品，组织工作人员展开调查，并形成文字材料。调查研究后，卫生部门会给出处理意见，一般会再次协商调解。协商不成的，则建议患者或家属诉诸三级医疗事故鉴定委员会，进行鉴定。如对三级鉴定结论不服，可申请复议或二级鉴定。如仍不服，则申请复议和一级鉴定。卫生行政管理部门和医疗单位根据鉴定结论和有关法规及制度做出相应处理。如对处理结果仍不服的，可以向当地基层人民法院提起诉讼。当然，双方自行协商、请求卫生行政部门处理都不是必经程序，也可直接向法院提起诉讼。

16. 陆某在某医院做了手术。手术后，陆某感觉腹部隐约作痛。陆某后来去复查，发现自己腹部留有医院手术时的一个小器具，请问：应该如何主张赔偿？

荣凯说法：陆某在出院后，应先找医院复印病历，并保留好拍的医疗光片，然后和医院协商，协商不成，可以再和卫生局、医务处协商。如果上述方法不能解决问题，可以向人民法院起诉，向法院申请司法鉴定，鉴定医院是否存在医疗过错，根据鉴定结果要求赔偿。依据《侵权责任法》第54条的规定："患者在诊疗活动中受到损害，医疗机构及其医务人员有过错的，由医疗机构承担赔偿责任。"第57条规定："医务人员在诊疗活动中未尽到与当时的医疗水平相应的诊疗义务，造成患者损害的，医疗机构应当承担赔偿责任。"如果司法鉴定鉴定出该医院有过错，并确认过错程度的大小，便可以依法主张个人的权利。

17. **曹先生咨询**：我母亲年前在医院看病时，医生给用了过期的药品，现在家里还有一部分那种药，母亲在吃了医院的药后经常头疼。请问：能索赔吗？

荣凯说法：如果真是药的问题造成的，那就可以要求赔偿。这个问题的关键是先得证明你母亲的头疼病是因为用了过期药造成的，这需要做一个因果关系鉴定。如果不能证明，那么就不会有赔偿，而且你也要证明你母亲当时用的药是过期的。这些证据都不太好收集，而且那些用药的单据等都是需要的。所以，如果真想要赔偿，走诉讼程序，收集证据很关键。另外，要注意诉讼时效问题。《民法总则》第188条规定，向人民法院请求保护民事权利的诉讼时效为3年，法律另有规定的，依照其规定。诉讼时效期间自权利人知道或者应当知道权利受到损害以及义务人之日起计算。法律另有规定的，依照其规定。但是自权利受到损害之日起超过20年的，人民法院不予保护；有特殊情况的，人民法院可以根据权利人的申请决定延长。

18. 王先生咨询：我晚上骑自行车去上夜班，经过一个工厂门前的公路时，突然发现前面路上的井盖已经塌落，但因为距离太近躲闪不及而摔倒，造成鼻骨骨折，花去医疗费4500元。经过我自己调查，该井盖是市政公司于1个月前更换的。更换时该井盖有不明显裂纹，但因井盖已换完，施工人员认为一般不会影响使用，就没有对该井盖再换新的。出事当天上午，工厂的一辆超载汽车进厂时将该井盖压塌，但工厂既未告知市政公司，也未设置示警标志。请问：我所受到的损害应当由谁承担赔偿责任？

荣凯说法：根据《侵权责任法》第12条的规定，二人以上分别实施侵权行为造成同一损害，能够确定责任大小的，各自承担相应的责任；难以确定责任大小的，平均承担赔偿责任。在此案例中，市政公司装置井盖质量不合格，主观上有过错，是造成王某摔伤的原因之一。工厂超载汽车压塌井盖，但工厂既未告知市政公司，又未设置示警标志，是造成王某摔伤的主要原因。如果不能确定工厂和市政公司的责任，那么工厂与市政公司就对王某所受到的损害平均承担民事责任。

19. 我上个月在家电市场买了一个热水器,安装好之后,第一次洗澡时就因热水器漏电把我电伤了,现在还没有痊愈,我自己拍下了当时的大量图片。请问：现在我的人身受到伤害,花费的医药费应该谁来赔偿？如果起诉,需要准备哪些材料？

荣凯说法：根据《侵权责任法》第43条第1款的规定,因产品缺陷造成损害的,被侵权人可以向产品的生产者要求赔偿,也可以向产品的销售者请求赔偿。你在家电市场买的热水器,你可以向卖给你热水器的经营者或热水器上面标注的生产商要求赔偿。起诉时需要收集以下证据：（1）证明热水器是从哪家商户买的,需要有相关发票、小票、收据等。（2）证明热水器与受伤存在因果关系,也就是说你是因为热水器漏电导致受伤的。（3）要分清电伤是热水器质量存在问题还是操作不当造成的。根据目前的情况,建议你找一下消费者协会投诉维权。

20. 我孩子今年7岁了,在学校玩耍的时候把同年级小孩推到学校挖的树坑里,造成对方右腿骨折。对方家长让我赔偿全部医药费,这样的要求合理吗？

荣凯说法：首先,这个孩子未满8周岁,属无民事行为能力人,根据《侵权责任法》第38条的规定,无民事行为能力人在幼儿园、学校或者其他教育机构学习、生活期间受到人身损害的,幼儿园、学校或者其他教育机构应当承担责任,但能够证明尽到教育、管理职责的,不承担责任。学校存在种树的大坑导致孩子掉进去,说明学校存在一定的安全隐患且没有及时排除,这种情况下学校肯定有过错,因而学校应该承担一定的责任。未成年孩子在发生过错的时候,是直接行为的话,其责任应该由孩子的监护人承担。这个事应该先由你承担赔偿责任,如果学校不能证明已经尽到管理责任的,则应承担相应的补充责任,所以他要求你承担全部责任是不合理的。

21. 我父亲跟随包工头在工地从事建筑工作已经四五年了，虽然是农村户口，但一直在城镇工作。前不久在建造楼房的过程中因脚手架固定得不牢，父亲从5米高处跌落死亡，当时报了警。请问：我家人如何主张权利？

荣凯说法：先与包工头和发包方协商赔偿，协商不成，可以向人民法院起诉，将包工头和发包方一起作为被告。依据《最高人民法院关于审理人身损害赔偿案件适用法律若干问题的解释》第11条第2款之规定："雇员在从事雇佣活动中因安全生产事故遭受人身损害，发包人、分包人知道或者应当知道接受发包或者分包业务的雇主没有相应资质或者安全生产条件的，应当与雇主承担连带赔偿责任。"因此，可以向包工头和发包人一起要求赔偿。索赔项目包括死亡赔偿金、丧葬费、被扶养人生活费、精神损害赔偿金，如果去医院进行了治疗，也包括在医院花费的各种费用。

22. 王先生咨询：我孙子今年5周岁了，前几天在幼儿园玩耍时摔伤了，当时幼儿园态度很好，积极地配合我们的治疗，也缴纳了前期的医疗费用，所以我们当时也没报警。现在孙子要出院了，还需要交一部分费用，另外需买一些营养品。再去找幼儿园要求承担费用的时候，幼儿园说他们只承担60%的责任，已经承担过了，不再有责任。幼儿园这样分配责任合理吗？

荣凯说法：根据《民法总则》的规定，不满8周岁的未成年人是无民事行为能力人，你孙子5岁属于无民事行为能力人。另根据《侵权责任法》第38条的规定，无民事行为能力人在幼儿园、学校或者其他教育机构学习、生活期间受到人身损害的，幼儿园、学校或者其他教育机构应当承担责任，但能够证明尽到教育、管理职责的，不承担责任。幼儿园要举证尽到管理职责的才可以减轻责任。所以，这个责任分配不是幼儿园说多少就是多少的，你可以先与幼儿园协商，如不成再起诉。

23. 王某和赵某系小学三年级在校学生，一个8周岁、一个9周岁。2014年12月的一天突降大雪，校园内地面光滑，赵某在追逐其他同学玩耍时，不慎从王某背后将其撞倒，致王某两颗门牙脱落，其伤情经司法鉴定所鉴定属十级伤残。事故发生后，法院判决适用过错相抵，是什么意思？

荣凯说法：所谓过错相抵，是指在混合过错中，通过确定并比较加害人和受害人的过错程度，以决定责任的承担和责任的范围。根据《最高人民法院关于审理人身损害赔偿案件适用法律若干问题的解释》第2条之规定："受害人对同一损害的发生或者扩大有故意、过失的，依照民法通则第一百三十一条规定，可以减轻或者免除赔偿义务人的赔偿责任。但侵权人因故意或者重大过失致人损害，受害人只有一般过失的，不减轻赔偿义务人的赔偿责任。适用民法通则第一百零六条第三款规定确定赔偿义务人的赔偿责任时，受害人有重大过失的，可以减轻赔偿义务人的赔偿责任。"

《侵权责任法》第26条也规定："被侵权人对损害的发生也有过错的，可以减轻侵权人的责任。"因此，本案中，王某虽然是限制民事行为能力人的小学生，但其已8周岁，对雨雪天气下在室外追逐玩耍危险性已具有一定的识别能力，如果不适用过错相抵规则而一概让学校有过错即承担全部责任，显然有失公允。

24. 张先生询问：我在医院住院时因为医院失误对身体造成了不小的伤害，当时申请了医疗事故鉴定。医疗事故鉴定费用由谁出？如果鉴定出来的结果我不满意，还能再申请一次鉴定吗？

荣凯说法：医疗事故鉴定的费用承担方式主要有两种：一是双方当事人共同委托医疗事故技术鉴定的，由双方当事人协商预先交纳鉴定费；二是卫生行政部门移交进行鉴定的，由提出医疗事故争议处理的当事人预交。经鉴定属于医疗事故的，鉴定费由医疗机构承担；不属于医疗事故的，鉴定费用由提出鉴定的申请人承担。另根据《医疗事故处理条例》之规定，当事人对首次医疗事故技术鉴定结论不服的，可以自收到首次鉴定结论之日起15日内向医疗机构所在地卫生行政部门提出再次鉴定的申请。因此，可以在收到鉴定书后 15 日内向医疗机构所在地卫生行政部门提出再次鉴定的申请。

25. 我家建楼房，将工程发包给个体建筑户沈某施工。施工过程中，沈某手下干活的人不慎被倒塌的墙体砸伤。受伤的人起诉我与沈某，要求我们赔偿。沈某是没有建筑资质的。请问：我该赔偿他吗？

荣凯说法：要赔偿。明知或者应当知道沈某没有建筑施工资质，却将建楼项目发包给沈某施工；沈某的雇员在从事雇佣活动的过程中因安全事故受伤，符合《最高人民法院关于审理人身损害赔偿案件适用法律若干问题的解释》第 11 条第 2 款规定的情形，你与沈某对受害人的损害应当承担连带的赔偿责任。《最高人民法院关于审理人身损害赔偿案件适用法律若干问题的解释》第 11 条第 2 款规定，雇员在从事雇佣活动过程中因安全生产事故遭受人身损害，发包人、分包人知道或者应当知道接受发包或者分包业务的雇主没有相应资质或者安全生产条件的，应当与雇主承担连带赔偿责任。

第五章

劳动篇

劳动是公民的基本权利。《中华人民共和国宪法》第42条规定，公民有劳动的权利和义务，劳动是一切有劳动能力公民的光荣职责。劳动关系双方在本质上是非对抗性的，是一个整体。不过，在现实生活中，用工双方追求的利益具有冲突性质，劳资双方往往会因为履行合同而产生纠纷。随着社会经济的高速发展，行业分工日益细化，新兴行业逐渐增多，用工单位的主体日益多元化，劳动争议纠纷案件持续攀升。"劳动者"具体指达到法定年龄，具有劳动能力，以从事某种社会劳动获得的收入为主要生活来源，依据法律或合同的规定，在用人单位的管理下从事劳动并获取劳动报酬的自然人（中外自然人）。但并不是所有自然人都是合法的劳动者，要成为合法的劳动者必须具备一定的条件并取得劳动权利能力和劳动行为能力，区别于"非法劳动者"，如偷渡者打工。随着《中华人民共和国劳动法》（以下简称《劳动法》）、《中华人民共和国劳动合同法》（以下简称《劳动合同法》）、《中华人民共和国社会保险法》等一系列关于劳动的法律法规的实施，对劳动者利益保护的规定逐渐完备，劳动争议案件成为了社会各界关注的热点。妥善处理劳资双方的争议，建立和谐的劳动关系，依法维护劳动者的合法权益，维护用工单位的合法利益,是经济与社会发展的必然要求。只有如此,才能有效促进社会转型、经济转轨。

第一节 劳动合同订立

1. 用人单位不与劳动者签订书面劳动合同,应承担哪些责任?

荣凯说法:用人单位自用工之日起即与劳动者建立了劳动关系,建立劳动关系时即应当订立书面劳动合同,已建立劳动关系但未同时订立书面劳动合同的,应当自用工之日起一个月内订立书面劳动合同。自用工之日起超过一个月不满一年未与劳动者订立书面劳动合同的,应当向劳动者每月支付二倍的工资。用人单位自用工之日起满一年不与劳动者订立书面劳动合同的,视为用人单位与劳动者已订立无固定期限劳动合同。

2. 无固定期限劳动合同订立的情形有哪些?

荣凯说法:无固定期限劳动合同,是指用人单位与劳动者约定无确定终止时间的劳动合同。用人单位与劳动者协商一致可以订立无固定期限劳动合同。

有下列情形之一,劳动者提出或者同意续订、订立劳动合同时,除劳动者提出订立固定期限劳动合同外,应当订立无固定期限劳动合同:(1)劳动者在该用人单位连续工作满10年的;(2)用人单位初次实行劳动合同制度或者国有企业改制重新订立劳动合同时,劳动者在该用人单位连续工作满10年且距法定退休年龄不足10年的;(3)连续订立两次固定期限劳动合同,且劳动者没有《劳动合同法》第39条,第40条第一项、第二项规定的情形,续订劳动合同的。

用人单位自用工之日起满一年不与劳动者订立书面劳动合同的,视为用人单位与劳动者已订立无固定期限劳动合同。

3. 用人单位可以与劳动者随意约定试用期吗？

荣凯说法：用人单位可以和劳动者协商确定试用期，但不得超过法定的试用期期限。法定的试用期期限为：劳动合同期限3个月以上不满1年的，试用期不得超过1个月；劳动合同期限1年以上不满3年的，试用期不得超过2个月；3年以上固定期限和无固定期限劳动合同，试用期不得超过6个月。超过法定期限的试用期按正式劳动合同期限对待。

同一用人单位与同一劳动者只能约定一次试用期。

以完成一定工作任务为期限的劳动合同或者劳动合同期限不满3个月的，不得约定试用期。

试用期包含在劳动合同期限内。劳动合同仅约定试用期的，试用期不成立，该期限为劳动合同期限。

4. 试用期的工资如何约定？

荣凯说法：劳动者在试用期的工资不得低于本单位相同岗位最低档工资或者劳动合同约定工资的80%，并不得低于用人单位所在地的最低工资标准。也就是说，"同岗位最低档工资"与"最低工资标准"，"劳动合同约定工资的80%"与"最低工资标准"两组标准可以任选一组。在选定的这一组中，按标准较高者确定。

5. 劳动合同应该具备哪些条款？

荣凯说法：劳动合同应当具备以下条款：（1）用人单位的名称、住所和法定代表人或者主要负责人；（2）劳动者的姓名、住址和居民身份证或者其他有效身份证件号码；（3）劳动合同期限；（4）工作内容和工作地点；（5）工作时间和休息休假；（6）劳动报酬；（7）社会保险；（8）劳动保护、劳动条件和职业危险防护；（9）法律、法规规定应当纳入劳动合同的其他事项。

劳动合同除前款规定的必备条款外，用人单位与劳动者可以约定试用期、培训、保守秘密、补充保险和福利待遇等其他事项。

6. 哪些劳动合同属于无效或者部分无效合同？

荣凯说法： 下列劳动合同无效或者部分无效：（1）以欺诈、胁迫的手段或者乘人之危，使对方在违背真实意思的情况下订立或者变更劳动合同的；（2）用人单位免除自己的法定责任、排除劳动者权利的；（3）违反法律、行政法规强制性规定的。

第二节　劳动合同履行

1. 用人单位规章制度的内容和程序怎样才算合理合法？

荣凯说法： 首先，用人单位的规章制度应依法定程序制订。经职工代表大会或者全体职工讨论，提出方案和意见，与工会或者职工代表平等协商确定。其次，规章制度的内容不得损害劳动者合法权益，不得违反法律、法规的规定。最后，规章制度应公示或告知劳动者。

2. 劳动者可否同时就职于两个以上的工作单位？

荣凯说法： 在《劳动合同法》实施以前，我国劳动法理论与实践中有所谓劳动关系唯一性理论，即如果一名劳动者已经与一家用人单位建立了劳动关系，那么他与其他用人单位即使在事实上属于劳动关系，法律上也只能作为劳务关系处理。而《最高人民法院关于审理劳动争议案件适用法律若干问题的解释》第8条规定："企业停薪留职人员、未达到法定退休年龄的内退人员、下岗待岗人员以及企业经营性停产放长假人员，因与新的用人单位发生用工争议，依法向人民法院提起诉讼的，人民法院应当按劳动关系处理。"

3. "返聘"人员与用人单位之间属于劳务关系吗？

荣凯说法： 已领取养老金的人员被原单位继续聘用，或者被其他用人单位聘用，被称为"返聘"人员。返聘人员与用人单位之间属于劳务关系，返聘人员不能依据《劳动合同法》主张加班工资、社会保险、工伤待遇等权利，只能根据双方的约定处理权利义务争议。

4. 劳务派遣的劳动者应该如何签订劳动合同？

荣凯说法：劳务派遣单位是《劳动合同法》所称的用人单位，应当履行用人单位对劳动者的义务。劳务派遣单位与被派遣劳动者订立的劳动合同，除应当载明本法第17条规定的事项外，还应当载明被派遣劳动者的用工单位以及派遣期限、工作岗位等情况。

劳务派遣单位应当与被派遣劳动者订立两年以上的固定期限劳动合同，按月支付劳动报酬；被派遣劳动者在无工作期间，劳务派遣单位应当按照所在地人民政府规定的最低工资标准，向其按月支付报酬。

5. 非全日制劳动者是否需要签订劳动合同？

荣凯说法：非全日制用工双方当事人可以订立口头协议。

从事非全日制用工的劳动者可以与一个或者一个以上用人单位订立劳动合同，但是，后订立的劳动合同不得影响先订立的劳动合同的履行。

非全日制用工双方当事人不得约定试用期。

第三节　劳动合同解除和终止

1. 什么样的劳动合同是无效的？

荣凯说法：（1）以欺诈、胁迫的手段或者乘人之危，使对方在违背真实意思的情况下订立或者变更劳动合同的，劳动合同无效；（2）用人单位免除自己的法定责任、排除劳动者权利的，劳动合同部分无效；（3）违反法律、行政法规强制性规定的劳动合同无效。

对劳动合同的无效或者部分无效有争议的，由劳动争议仲裁机构或人民法院确认。

2. 孕妇可以要求辞职吗？

荣凯说法：任何单位不得因结婚、怀孕、产假、哺乳等情形，降低女职工的工资、辞退女职工、单方解除劳动合同或者服务协议，但是女职工要求终止劳动合同或者服务协议的除外。因此，怀孕女职工可以主动要求与用人单位解除劳动合同。

3. 合同没到期，劳动者可否与用人单位解除劳动合同？

荣凯说法：合同没到期，劳动者可以与用人单位协商一致解除劳动合同，也可以提前30日以书面形式通知用人单位，解除劳动合同。

4. 用人单位在哪些情形下可以提前30日以书面形式通知解除与劳动者的劳动合同？

荣凯说法：用人单位可以解除劳动合同的情形：（1）劳动者患病或者非因工负伤，医疗期满后，不能从事原工作也不能从事由用人单位另行安排的工作的；（2）劳动者不能胜任工作，经过培训或者调整工作岗位，仍不能胜任工作的；（3）劳动合同订立时所依据的客观情况发生重大变化，致使原劳动合同无法履行，经当事人协商不能就变更劳动合同达成协议的。在上述情况下，单位可提出与劳动者解除劳动关系，但是应当提前30日以书面形式通知劳动者本人，或者额外支付劳动者一个月工资后解除。

5. 在什么情况下劳动者可以解除合同？

荣凯说法：劳动者可以与用人单位解除劳动合同的情形：（1）未按照劳动合同约定提供劳动保护或者劳动条件的；（2）未及时足额支付劳动报酬的；（3）未依法为劳动者缴纳社会保险费的；（4）用人单位的规章制度违反法律法规的规定，损害劳动者权益的；（5）劳动合同无效的；（6）法律、行政法规规定劳动者可以解除劳动合同的其他情形。

用人单位以暴力、威胁或者非法限制人身自由的手段强迫劳动者劳动的，或者用人单位违章指挥，强令冒险作业危及劳动者人身安全的，劳动者可以立即解除劳动合同，不需要事先告知用人单位。

6. 用人单位在哪些情形下不需提前30天通知劳动者即可解除与劳动者的劳动合同？

荣凯说法：主要有以下几种情形：（1）在试用期间被证明不符合录用条件的；（2）严重违反用人单位的规章制度的；（3）严重失职，营私舞弊，给用人单位造成重大损害的；（4）劳动者同时与其他用人单位建立劳动关系，对完成本单位的工作任务造成严重影响，或者经用人单位提出，拒不改正的；（5）因欺诈、胁迫使劳动者在违背真实意思情况下订立劳动合同致使劳动合同无效的；（6）被依法追究刑事责任的。

7. 用人单位在哪些情形下不得与劳动者解除劳动合同？

荣凯说法：主要有以下情形：（1）从事接触职业病危害作业的劳动者未进行离岗前职业健康检查，或者疑似职业病病人在诊断或者医学观察期的；（2）在本单位患职业病或者因公负伤并被确认丧失或者部分丧失劳动能力的；（3）患病或非因工负伤在规定的医疗期内的；（4）女职工在孕期产期哺乳期的；（5）在本单位连续工作满15年且距法定退休年龄不足5年的；（6）法律、行政法规规定的其他情形。

8. 用人单位在哪些情形下须向劳动者支付经济补偿？

荣凯说法：主要有以下情形：（1）劳动者依照《劳动合同法》第38条的规定解除劳动合同的情形；（2）用人单位依照《劳动合同法》第36条的规定向劳动者提出解除劳动合同并与劳动者协商一致解除劳动合同的；（3）用人单位依照《劳动合同法》第41条第1款的规定解除劳动合同的；（4）用人单位依照《劳动合同法》第40条的规定解除劳动合同的；（5）除用人单位维持或提供劳动合同约定条件续订劳动合同、劳动者不同意续订的情形外，依照《劳动合同法》第44条的规定终止固定期限劳动合同的；（6）依照《劳动合同法》第44条第4项、第5项规定终止劳动合同的；（7）法律、行政法规规定的其他情形。

9. 劳动合同到期终止，用人单位需要支付经济补偿吗？

荣凯说法：依照《劳动合同法》第46条第5项的规定，除用人单位维持或者提高劳动合同约定条件续订劳动合同、劳动者不同意续订的情形外，依照本法第34条第1项规定终止固定期限劳动合同的。也就是说，劳动合同到期终止，用人单位并非一概需要向劳动者支付经济补偿金。只有用人单位到期不同意按原来约定条件与劳动者续订劳动合同，或要求降低条件续订，导致劳动合同没有续订的，用人单位才需要支付经济补偿金。如用人单位同意维持或者提高原劳动合同约定条件续订，而劳动者不同意续订，或劳动者以加薪为续订劳动合同条件，导致用人单位不同意续订的，用人单位不需支付经济补偿金。

10. 经济补偿金如何计算？

荣凯说法：经济补偿按劳动者在本单位工作的年限，每满一年支付一个月工资的标准向劳动者支付。6个月以上不满一年的按一年计算，不满6个月的按半月工资支付。

11. 劳动者向用人单位支付违约金的情形有哪些？

荣凯说法：《劳动合同法》中规定，劳动者向用人单位支付违约金的情形只有两种：一是用人单位为劳动者提供专项培训费用，对其进行专业技术培训而与劳动者约定服务期，劳动者违反服务期约定的，应当向用人单位支付违约金。二是用人单位与劳动者就劳动者知悉的用人单位商业秘密和知识产权秘密而约定竞业限制条款，劳动者违反竞业限制约定的，应支付违约金。

第四节 劳动争议

1. 哪些情况下劳动者可以向劳动人事争议仲裁委员会提起劳动仲裁？

荣凯说法：以下情况适用劳动争议调解仲裁法：（1）因确认劳动关系发生的争议；（2）因订立、履行、变更、解除和终止劳动合同发生的争议；（3）因除名、辞退和辞职、离职发生的争议；（4）因工作时间、休息休假、社会保险、福利、培训以及劳动保护发生的争议；（5）因劳动报酬、工伤医疗费、经济补偿或者赔偿金等发生的争议；（6）法律、法规规定的其他劳动争议。

2. 劳动争议仲裁的时效期间有哪些规定？

荣凯说法：《中华人民共和国劳动争议调解仲裁法》第27条规定，劳动争议申请仲裁的时效期间为一年。仲裁时效期间从当事人知道或者应当知道其权利被侵害之日起计算。仲裁时效，因当事人一方向对方主张权利，或者向有关部门请求权利救济，或者对方当事人同意履行义务而中断。从中断时起，仲裁时效期间重新计算。因不可抗力或者其他正当理由，当事人不能在仲裁时效期间内申请仲裁的，仲裁时效中止。从中止时效的原因消除之日起，仲裁时效期间继续计算。劳动关系存续期间因拖欠劳动报酬发生争议的，劳动者申请仲裁不受仲裁时效期间的限制，但是，劳动关系终止的，应当自劳动关系终止之日起一年内提出。

3. 劳动争议仲裁应当在多长时间内裁决？

荣凯说法：劳动人事争议仲裁委员会收到仲裁申请书5日内决定是否受理，受理仲裁申请之日起45日内裁决完毕，案情复杂的延长期限不得超过15日，因此，劳动人事争议案件最多在受理仲裁申请之日起60日内下达裁决或结论。

4. 工资争议可否直接向法院提起诉讼？

荣凯说法：劳动人事争议案件必须经过仲裁前置程序，劳动者通过法律程序解决劳动争议的第一步即向劳动人事争议仲裁委员会申请劳动仲裁，但劳动者以用人单位的工资欠条为证据直接向人民法院起诉、诉讼请求不涉及劳动关系其他争议的，视为拖欠劳动报酬争议，这种情况可不经过仲裁前置程序，劳动者可直接凭欠条向法院提起诉讼。

你们以用人单位的工资欠条为证据可以直接向人民法院起诉，诉讼请求不涉及劳动关系其他争议的，视为拖欠劳动报酬争议。

第五节 工伤认定

1. 什么情形下劳动者受到伤害，应当认定为工伤？

荣凯说法：根据我国《工伤保险条例》第14条的规定，职工有下列情形之一的，应当认定为工伤：

（1）在工作时间和工作场所内，因工作原因受到事故伤害的；

（2）工作时间前后在工作场所内，从事与工作有关的预备性或者收尾性工作受到事故伤害的；

（3）在工作时间和工作场所内，因履行工作职责受到暴力等意外伤害的；

（4）患职业病的；

（5）因工外出期间，由于工作原因受到伤害或者发生事故下落不明的；

（6）在上下班途中，受到非本人主要责任的交通事故或者城市轨道交通、客运轮渡、火车事故伤害的；

（7）法律、行政法规规定应当认定为工伤的其他情形。"

2. 什么情况下视同工伤？

荣凯说法：根据《工伤保险条例》第15条的规定，下列情形下应当视同工伤：

（1）在工作时间和工作岗位，突发疾病死亡或者在48小时之内经抢救无效死亡的；

（2）在抢险救灾等维护国家利益、公共利益活动中受到伤害的；

（3）职工原在军队服役，因战、因公负伤致残，已取得革命伤残军人证，到用人单位后旧伤复发的。

视同工伤是指劳动者受到的伤害虽不是工伤但是按照工伤对待，并享受工伤保险待遇。

3. 不得认定为工伤或者不得视同为工伤的情形有哪些？

荣凯说法：根据《工伤保险条例》第16条的规定，职工符合本条例第十四条、第十五条的规定，但是有下列情形之一的，不得认定为工伤或者视同工伤：（1）故意犯罪的；（2）醉酒或者吸毒的；（3）自残或者自杀的。"

4. 用人单位或者劳动者申请工伤认定的时间有何规定？

荣凯说法：职工发生事故伤害或者按照职业病防治法规定被诊断、鉴定为职业病，所在单位应当自事故伤害发生之日或者被诊断、鉴定为职业病之日起30日内，向统筹地区社会保险行政部门提出工伤认定申请。遇有特殊情况，经报社会保险行政部门同意，申请时限可以适当延长。

用人单位未按前款规定提出工伤认定申请的，工伤职工或者其近亲属、工会组织在事故伤害发生之日或者被诊断、鉴定为职业病之日起1年内，可以直接向用人单位所在地统筹地区社会保险行政部门提出工伤认定申请。

5. 工伤认定期限有何规定？

荣凯说法：社会保险行政部门应当自受理工伤认定申请之日起60日内做出工伤认定的决定，并书面通知申请工伤认定的职工或者其近亲属和该职工所在单位。社会保险行政部门对受理的事实清楚、权利义务明确的工伤认定申请，应当在15日内做出工伤认定的决定。

6. 申请工伤认定应当提交什么材料？

荣凯说法：提出工伤认定申请应当提交下列材料：

（1）工伤认定申请表；

（2）与用人单位存在劳动关系（包括事实劳动关系）的证明材料；

（3）医疗诊断证明或者职业病诊断证明书（或者职业病诊断鉴定书）。

工伤认定申请表应当包括事故发生的时间、地点、原因以及职工伤害程度等基本情况。工伤认定申请人提供材料不完整的，社会保险行政部门应当一次性书面告知工伤认定申请人需要补正的全部材料。申请人按照书面告知要求补正材料后，社会保险行政部门应当受理。

第六节 工伤保险

1. 工伤保险的适用范围有何规定？

荣凯说法： 根据我国《工伤保险条例》第2条的规定，中华人民共和国境内的各类企业、事业单位、社会团体、民办非企业单位、基金会、律师事务所、会计师事务所等组织和有雇工的个体工商户（以下称用人单位）应当依照本条例规定参加工伤保险，为本单位全部职工或者雇工（以下称职工）缴纳工伤保险费。

2. 工伤保险由谁来缴纳？

荣凯说法： 工伤保险是由企业或雇主按国家规定的费率缴纳的，劳动者个人不缴纳任何费用，这是工伤保险与养老保险、医疗保险等其他社会保险项目的不同之处。个人不缴纳工伤保险费，体现了工伤保险的严格雇主责任。

3. 劳动者从何时开始受伤可以享受工伤待遇？

荣凯说法： 用人单位与劳动者签订劳动合同后，自用人单位开始为劳动者缴纳工伤保险的当月，只要发生工伤，便可以享受工伤保险待遇。如果因用人单位没有及时缴纳工伤保险，劳动者应当享受的工伤待遇由用人单位承担。

4. 因工伤产生的哪些费用，可以从工伤保险基金中支出？

荣凯说法： 因工伤发生的下列费用，按照国家规定从工伤保险基金中支付：

（1）治疗工伤的医疗费用和康复费用；（2）住院伙食补助费；（3）到统筹地区以外就医的交通食宿费；（4）安装配置伤残辅助器具所需费用；（5）生活不能自理的，经劳动能力鉴定委员会确认的生活护理费；（6）一次性伤残补助金和一至四级伤残职工按月领取的伤残津贴；（7）终止或者解除劳动合同时，应当享受的一次性医疗补助金；（8）因工死亡的，其遗属领取的丧葬补助金、供养亲属抚恤金和因工死亡补助金；（9）劳动能力鉴定费。

第七节 工伤待遇

1. 什么是劳动能力鉴定？

荣凯说法：劳动能力鉴定是对劳动者遭受工伤伤害后的生活自理能力和伤残程度进行鉴别与认定的程序，是认定劳动者享受工伤保险待遇程度的一个重要依据。根据《工伤保险条例》第21条的规定："职工发生工伤，经治疗伤情相对稳定后存在残疾、影响劳动能力的，应当进行劳动能力鉴定。"劳动能力鉴定一般是在劳动者伤情稳定后再进行。

2. 劳动能力鉴定包括哪些方面？

荣凯说法：劳动能力鉴定分为劳动功能障碍程度和生活自理障碍程度两方面：

劳动功能障碍分为10个伤残等级，最重的为一级，最轻的为十级。一至四级为全部丧失劳动能力，五至六级为大部分丧失劳动能力，七至十级为部分丧失劳动能力。

生活自理障碍分为三个等级：生活完全不能自理、生活大部分不能自理和生活部分不能自理。

3. 劳动能力鉴定的申请与时限有哪些规定？

荣凯说法：劳动者应向市级劳动能力鉴定委员会提出申请，劳动能力鉴定委员受理劳动者的申请后应在60日内做出鉴定结论，必要时，可以延长30日，劳动能力鉴定结论应当及时送达单位和劳动者。

用人单位或者劳动者对劳动能力鉴定结论不服的，可以在收到鉴定结论之日起15日内向省级劳动能力鉴定委员会申请再次鉴定，省级劳动能力鉴定委员会做出的鉴定结论为最终结论。

劳动能力鉴定结论作出之日起1年后，工伤职工或者其近亲属、所在单位或者经办机构认为伤残情况发生变化的，可以申请劳动能力复查鉴定。

4. 劳动者遭受工伤后应当享受哪些工伤保险待遇？

荣凯说法：根据《工伤保险条例》第30条的规定："职工因工作遭受事故伤害或者患职业病进行治疗，享受工伤医疗待遇。工伤保险待遇的项目有：医疗费、住院伙食补助费、交通及食宿费用、残疾辅助器具费、停工留薪期工资、生活护理费、伤残津贴、一次性伤残补助金、一次性工伤医疗补助金、一次性伤残就业补助金。以上项目视伤残等级不同所享受的待遇也不同。"

5. 工伤保险待遇中哪些赔偿项目需要通过劳动能力鉴定委员会做鉴定确认？

荣凯说法：（1）工伤职工因日常生活或者就业需要，经劳动能力鉴定委员会确认，可以安装假肢、矫形器、假眼、假牙和配置轮椅等辅助器具，所需费用按照国家规定的标准从工伤保险基金中支付；（2）工伤职工已经评定伤残等级并经劳动能力鉴定委员会确认需要生活护理的，从工伤保险基金中按月支付生活护理费。生活护理费按照生活完全不能自理、生活大部分不能自理或者生活部分不能自理3个不同等级支付，其标准分别为统筹地区上年度职工月平均工资的50%、40%或者30%。

6. 劳动者停工留薪期内的待遇有哪些规定？

荣凯说法：我国《工伤保险条例》规定，职工因工作遭受事故伤害或者患职业病需要暂停工作接受工伤医疗的，在停工留薪期内，原工资福利待遇不变，由所在单位按月支付。

停工留薪期一般不超过12个月。伤情严重或者情况特殊，经设区的市级劳动能力鉴定委员会确认，可以适当延长，但延长不得超过12个月。工伤职工评定伤残等级后，停发原待遇，按照本章的有关规定享受伤残待遇。工伤职工在停工留薪期满后仍需治疗的，继续享受工伤医疗待遇。

生活不能自理的工伤职工在停工留薪期需要护理的，由所在单位负责。

第八节 赔偿计算

1. 职工被鉴定为一至四级伤残的，工伤保险待遇如何计算？

荣凯说法：《工伤保险条例》第 35 条规定，职工因工致残被鉴定为一级至四级伤残的，保留劳动关系，退出工作岗位，享受以下待遇：

（1）从工伤保险基金中按伤残等级支付一次性伤残补助金，标准为：一级伤残为 27 个月的本人工资，二级伤残为 25 个月的本人工资，三级伤残为 23 个月的本人工资，四级伤残为 21 个月的本人工资。

（2）从工伤保险基金中按月支付伤残津贴，标准为：一级伤残为本人工资的 90%，二级伤残为本人工资的 85%，三级伤残为本人工资的 80%，四级伤残为本人工资的 75%。伤残津贴实际金额低于当地最低工资标准的，由工伤保险基金补足差额。

（3）工伤职工达到退休年龄并办理退休手续后，停发伤残津贴，按照国家有关规定享受基本养老保险待遇。基本养老保险待遇低于伤残津贴的，由工伤保险基金补足差额。

职工因工致残被鉴定为一级至四级伤残的，由用人单位和职工个人以伤残津贴为基数，缴纳基本医疗保险费。

2. 职工被鉴定为五、六级伤残的，工伤保险待遇如何计算？

荣凯说法：《工伤保险条例》第 36 条规定，职工因工致残被鉴定为五级、六级伤残的，享受以下待遇：

（1）从工伤保险基金按伤残等级支付一次性伤残补助金，标准为：五级伤残为18个月的本人工资,六级伤残为16个月的本人工资。

(2)保留与用人单位的劳动关系,由用人单位安排适当工作。难以安排工作的,由用人单位按月发给伤残津贴,标准为:五级伤残为本人工资的70%,六级伤残为本人工资的60%,并由用人单位按照规定为其缴纳应缴纳的各项社会保险费。伤残津贴实际金额低于当地最低工资标准的,由用人单位补足差额。

经工伤职工本人提出,该职工可以与用人单位解除或者终止劳动关系,由工伤保险基金支付一次性工伤医疗补助金,由用人单位支付一次性伤残就业补助金。一次性工伤医疗补助金和一次性伤残就业补助金的具体标准由省、自治区、直辖市人民政府规定。

3. 职工被鉴定为七级至十级伤残的,工伤保险待遇如何计算?

荣凯说法:《工伤保险条例》第37条规定,职工因工致残被鉴定为七级至十级伤残的,享受以下待遇:

(1)从工伤保险基金按伤残等级支付一次性伤残补助金,标准为:七级伤残为13个月的本人工资,八级伤残为11个月的本人工资,九级伤残为9个月的本人工资,十级伤残为7个月的本人工资。

(2)劳动、聘用合同期满终止,或者职工本人提出解除劳动、聘用合同的,由工伤保险基金支付一次性工伤医疗补助金,由用人单位支付一次性伤残就业补助金。一次性工伤医疗补助金和一次性伤残就业补助金的具体标准由省、自治区、直辖市人民政府规定。

4. 职工因工死亡,工伤保险待遇如何计算?

荣凯说法:根据《工伤保险条例》第39条的规定,职工因工死亡,其近亲属按照下列规定从工伤保险基金领取丧葬补助金、供养亲属抚恤金和一次性工亡补助金:

(1)丧葬补助金为6个月的统筹地区上年度职工月平均工资。

（2）供养亲属抚恤金按照职工本人工资的一定比例发给由因工死亡职工生前提供主要生活来源、无劳动能力的亲属。标准为：配偶每月40%，其他亲属每人每月30%，孤寡老人或者孤儿每人每月在上述标准的基础上增加10%。核定的各供养亲属的抚恤金之和不应高于因工死亡职工生前的工资。供养亲属的具体范围由国务院社会保险行政部门规定。

（3）一次性工亡补助金标准为上一年度全国城镇居民人均可支配收入的20倍。

伤残职工在停工留薪期内因工伤导致死亡的，其近亲属享受本条第一款规定的待遇。

一级至四级伤残职工在停工留薪期满后死亡的，其近亲属可以享受本条第一款第（1）项、第（2）项规定的待遇。

第九节　案例解答

1. 小王为全日制在读本科生。上学期间，他一直在一网络公司从事研发工作。后双方发生纠纷，小王以该公司未与其签订书面劳动合同为由提起劳动仲裁、诉讼，要求该公司支付未签订劳动合同的二倍工资。小王的请求能否获得支持？

荣凯说法：本案中，小王虽年满16周岁，符合建立劳动关系的年龄条件，但是小王在该网络公司就职时还是学生身份，因此该工作具有兼职性质。在校学生在外兼职、为完成学校安排的社会实习、自行从事的社会实践活动等，一般都是以雇佣关系或者是实习关系来认定的，无法被认定为劳动关系。

2. 李某为一家企业的高级工程师，在年满60周岁时办理退休手续并开始享受养老保险待遇。因企业技术发展的需要，李某被返聘成为技术总监。此后，李某以企业未向其支付平日延时加班工资、未安排其职工带薪年休假等为由提起劳动仲裁、诉讼。李某的请求能否得到支持？

荣凯说法：《劳动合同法》第44条规定，劳动者开始依法享受基本养老保险待遇的，劳动合同终止。且相关司法解释明确规定，用人单位与其招用的已经依法享受养老保险待遇或领取退休金的人员发生用工争议、向法院提起诉讼的，法院应当按劳务关系处理。

因此，在返聘期间，李某仅能与用工单位建立劳务关系，而李某主张的加班费及职工带薪年休假均是劳动者基于《劳动法》《劳动合同法》所享有的权益。此种情况下，法院建议返聘人员与用工单位订立书面劳务协议，对劳务报酬的标准、计算方式等问题做出明确约定，以避免维权无据。

3. 肖某经朋友介绍，到李某家当保姆。双方口头约定，肖某在李某家工作3个月，李某每月给肖某5000工资，工作期间无双休日及法定节假日。6个月后，肖某向李某提出，要求李某支付双休日及法定节假日加班费。双方协商未果，起诉到法院，肖某的请求能否得到支持？

荣凯说法：依照《劳动法》《劳动合同法》的相关规定，我国境内的企业、个体经济组织、民办非企业单位等组织、国家机关、事业单位、社会团体可以与个人建立劳动关系。因此，在法律层面上，"自然人"无法成为劳动法意义上的"用人单位"。

本案中，肖某提供劳动的对象为李某一家，即自然人主体，所以，李某无法成为劳动法上的"用人单位"，双方也就不存在法律意义上的"劳动关系"。这种情况下，肖某可以以侵权、合同违约等案由直接向法院提起民事诉讼。

4. 小夏大学毕业后应聘到一家医疗器械公司做会计。小夏来公司工作半年了，公司一直没有和小夏签订劳动合同，也没有给小夏缴纳社会保险。小夏多次找单位领导协商，要求签订劳动合同并缴纳社会保险，但是领导一直推脱，迟迟不给办理，小夏一气之下辞职了。小夏该如何维护自己的权益？

他可以获得哪些赔偿？

荣凯说法：我国《劳动合同法》规定，建立劳动关系，应当订立书面劳动合同。已经建立劳动关系，未同时订立书面劳动合同的，应当自用工之日起一个月内订立书面劳动合同。用人单位自用工之日起超过一个月不满一年未与劳动者订立书面劳动合同的，应当向劳动者支付二倍的工资。因此，小夏可要求单位支付6个月的双倍工资。

同时，《劳动合同法》规定，用人单位未依法为劳动者缴纳社会保险费的，劳动者可以解除劳动合同，并有权要求单位支付经济补偿金。小夏在该单位工作了半年，可以要求单位支付一个月的工资作为经济补偿金。

5. 姜女士于2013年10月应聘于一家汽车销售公司，上班后单位一直没跟姜女士签订劳动合同，也没有缴纳社会保险。2015年10月，姜女士因生孩子辞职离开公司。离职后，姜女士多次找公司要求支付双倍工资并缴纳社会保险，公司否认姜女士在该单位工作过。姜女士该如何向公司索赔？

荣凯说法：根据劳动和社会保障部2005年颁布的《关于确立劳动关系有关事项的通知》的相关规定，除了劳动合同外，证明劳动关系方面的证据还可以是：（1）工资卡、工资存折、工资条或其他工资发放记录（最好由单位盖章确认）、职工花名册；（2）用人单位向劳动者发放的"工作证""服务证""上岗证""外派证"等能够证明职务身份的证件；（3）劳动者填写的用人单位招工招聘"登记表""报名表"等招用记录；（4）用人单位的考勤记录（考勤表、出勤卡等）；（5）其他劳动者的证言；（6）其他能够证明劳动者与用人单位存在事实劳动关系的证据。因此，只要姜女士能够提供出其他能够证明其与该汽车销售公司存在劳动关系的证据，依然可以认定劳动关系，要求单位支付各项赔偿。

6. 王某应聘到一家公司，当时没有签合同，进去后干的活很杂，工作岗位不固定，每个月领的工资也不一样。他多次与公司协商签订劳动合同，可公司总是以我们需要的就是一个能干杂活的人,如果不想干就另谋高就等各种理由予以推脱。结果,他干了一年多,合同也没有签成。后来,公司换了个老板,一上任就把他辞退了。王某应该怎么维权?

荣凯说法:根据《劳动法》的规定,建立劳动关系应当订立劳动合同,但未规定法律责任方面的保障条款。为此,《劳动合同法》第82条规定,用人单位自用工之日起超过一个月不满一年未与劳动者订立书面劳动合同的,应当向劳动者每月支付两倍的工资。用人单位自用工之日起满一年不与劳动者订立书面劳动合同的,视为用人单位与劳动者已订立无固定期限劳动合同。因此,依据《劳动合同法》的规定,王某的要求是合理合法的,而公司辞退他是违法的,因为公司实际上已经与他订立了无固定期限劳动合同,王某可以要求公司赔偿。

7. 钱某年初到一酒店做服务生工作。酒店与钱某签订劳动合同时,钱某在劳动合同中与酒店约定,因自己个人缴纳社会保险部分承担过多,书面承诺放弃酒店为其缴纳社会保险费,酒店每月支付王某社保费补贴500元。但是后来,钱某听说社会保险可以全国转移,又要求酒店为其缴纳社会保险费,酒店以有约在先为由予以拒绝。钱某以酒店未为其依法缴纳社会保险费为由解除劳动合同,并要求补缴社会保险费和支付经济补偿。钱某的要求能否得到支持?

荣凯说法:根据《社会保险法》的规定,参加社会保险是国家强制性赋予用人单位和劳动者的法定义务,不属于当事人双方可以约定的事项。本案双方约定的放弃缴纳社会保险费的协议违反了法律的强制性规定,应属无效。因此,钱某要求酒店补缴社会保险费的请求,应予支持,但钱某同时应返还酒店支付的每月社保费补贴。此外,酒店未为钱某缴纳社会保险费是因钱某个人原因造成的,不可归责于用人单位,钱某以此为由要求用人单位支付经济补偿没有法律依据。

8. 张先生以劳务派遣的形式在一家大型企业任保安。张先生在该岗位上工作了 11 年,但是派遣公司从 2016 年才给张先生缴纳社会保险。2017 年 5 月,张先生生病了,该企业决定辞退张先生。请问:张先生的权益是否受到了侵害?他该如何维护自己的权益?

荣凯说法:由于张先生是通过劳务派遣公司派遣到该单位工作的,因此,张先生和劳务派遣公司之间存在着劳动关系,张先生主张权益,只能向劳务派遣公司索赔。张先生可以要求劳务派遣公司为其补交社会保险。如果该单位认为张先生不能胜任这份工作了,在协商一致的情况下,张先生可以要求劳务派遣公司另行安排工作。如果劳务派遣公司无故辞退张先生,张先生有权要求劳务派遣公司支付经济补偿金。张先生工作了 11 年,可要求 11 个月的经济补偿金。

9. 周女士被某公司聘用到会计岗位上,签订的劳动合同中约定的试用期是 6 个月,合同没有约定劳动期限。试用期满后,公司以周女士不能胜任该份工作为由将周女士辞退。周女士要求公司给付经济补偿金,公司以试用期为由拒绝支付。请问:周女士能否获得经济补偿金?

荣凯说法:根据《劳动合同法》第 19 条的规定,试用期包含在劳动合同期限内。劳动合同仅约定试用期的,试用期不成立,该期限为劳动合同期限。该案例中,由于单位没有跟周女士约定劳动期限,因此劳动期限为 6 个月。同时,根据《劳动合同法》第 47 条的规定,经济补偿金按照劳动者在本单位工作的年限,6 个月以上不满一年的,按一年计算。因此,周女士可以向公司要求一个月的工资作为经济补偿金。

10. 甲在 A 工厂工作将近九年半,现在厂里不太景气,需要裁员。由于甲年龄较大,被划入下岗职工名单内,单位也多次和他协商,甲现在不知道怎么办,就没答复。甲应该怎么维权?

荣凯说法:根据《劳动合同法》的规定,与劳动者协商一致解除劳动合同的，用人单位应当向劳动者支付经济补偿。第41条第1款规定，因裁减人员而解除劳动合同的，用人单位应当向劳动者支付经济补偿：（1）依照企业破产法规定进行重整，需要裁减人员的；（2）生产经营发生严重困难，需要裁减人员的；（3）企业转产、重大技术革新或者经营方式调整，经变更劳动合同后，仍需裁减人员的；（4）其他因劳动合同订立时所依据的客观经济情况发生重大变化，致使劳动合同无法履行的。第47条规定，经济补偿按劳动者在本单位工作的年限，每满一年支付一个月工资的标准向劳动者支付。6个月以上不满一年的，按一年计算；不满6个月的，向劳动者支付半个月工资的经济补偿。劳动者月工资高于用人单位所在直辖市、设区的市级人民政府公布的本地区上年度职工月平均工资3倍的，向其支付经济补偿的标准按职工月平均工资3倍的数额支付，向其支付经济补偿的年限最高不超过12年。甲在A工厂工作将近九年半，厂方应给甲九个半月的经济补偿。

11. 我在一个单位工作3年了，2009年底开始工作的。后来发现乳腺上长了一个恶性肿瘤，便去医院做了切除手术，因为查出来时是早期，手术效果挺好，身体也已经恢复好了，不影响我正常工作。现在单位知道我得了这种病，要与我解除劳动合同，说只赔我9个月的工资。我们单位与职工签劳动合同是一年一签，我已经与单位签过两次了，现在合同已经到期了。我想问一下：像我这种得了重大疾病，单位因此解除劳动合同的，在法律上有什么相关规定吗？

荣凯说法：你已经与单位签订过两次劳动合同了，根据《劳动合同法》第14条第3款的规定，连续订立二次固定期限劳动合同，且劳动者没有本法第39条和第40条第1项、第2项规定的情形，续订劳动合同的，视为用人单位与劳动者已订立无固定期限劳动合同。因此，你与单位之间已经订立了无固定劳动合同，只要你能胜任这份工作，单位就没有理由辞退你。

12. 2014年9月5日，求职者方某收到某公司人事部门出具的员工录用通知书一份，该通知书载明："方某岗位为市场运营总监，合同期 3 年。某公司薪资为月薪制。方某在合同期内的各种假期、福利待遇等，均按国家和公司的有关规定执行。"该通知书加盖了该公司的公章。后方某入职该公司担任市场运营总监，但是双方一直没有签订书面的劳动合同。方某想知道：若发生纠纷，能否向公司主张未签订劳动合同的双倍工资？

荣凯说法：关于录用通知书，《劳动合同法》中还没有明确的规定，但是根据《合同法》中对要约承诺的规定，录用通知书是具有法律效力的。在劳动合同签订之前，一般就以录用通知书中的内容为准。本案中，根据员工录用通知书，可以知晓双方各项权利义务如何履行，因此可以认定该员工录用通知书具备劳动合同的性质，某公司无需支付方某未签订劳动合同的双倍工资。

13. 2013 年 8 月初，赵先生应聘到某食品公司工作，与公司签订了 3 年期劳动合同。合同对年终奖的约定是："经考核合格，每月可领取规定数额的奖金，年终奖按实际履行月份所应分摊的规定数额领取。"2014 年 2 月初，公司发年终奖时，赵先生等 5 名新员工分文未得。公司一主管告诉他们说，公司的员工手册有新规定："凡新职工，当年无年终奖。"赵先生想知道：当合同约定与公司制度规定不相一致时，应以何为准？新职工当年可以领取年终奖吗？

荣凯说法：该公司的员工手册关于"凡新职工，当年无年终奖"的制度规定，因与劳动合同约定内容相悖，当属无效。《最高人民法院关于审理劳动争议案件适用法律若干问题的解释（二）》第 16 条规定："用人单位制定的内部规章制度与集体合同或者劳动合同约定的内容不一致，劳动者请求优先适用合同约定的，人民法院应予支持。"对此，赵先生等 5 名新职工可依据上述法律规定与公司协商，若不成可申请仲裁来维护自己的合法权益。

14. 耿某 2014 年 1 月刑满释放，2014 年 3 月应聘到 A 公司工作，担任保安，并以其老乡刘某的名义与A公司签订了劳动合同。2014年6月，该公司在为员工办理社会保险时，发现耿某提供的身份证不是其之前签订劳动合同时的"刘某"，于是通知耿某解除了双方的劳动合同。2014年7月2日，耿某提出仲裁请求，要求单位支付违法解除劳动合同的赔偿金及支付2014年6月份的工资。A公司的做法是否合理？

荣凯说法：耿某故意向该公司隐瞒其真实情况，冒用他人名义与用人单位签订劳动合同，违反了《劳动合同法》第8条规定的如实陈述义务，故耿某存在欺诈行为，耿某与A公司签订的劳动合同属无效劳动合同。耿某要求支付违法解除劳动合同的赔偿金没有法律依据。耿某与该公司签订的劳动合同虽属于无效合同，但双方建立劳动关系属实，耿某也为该公司提供了正常的劳动，故该公司应当按照《劳动法》第50条的规定向耿某支付工资。该公司在解除双方劳动合同时，扣发耿某的工资没有法律依据，应当予以发放。

15. 2013年3月，胡某经朋友介绍到保定市高阳县某装卸公司从事货物搬运工作，工作场所为周边的几家物流公司。装卸公司与胡某订立的书面协议中约定了工作时间、工作地点、工资等。同时注明：装卸货物时应注意安全，发生伤残事故，装卸公司概不负责。2013年7月5日，胡某在某物流公司装货时不慎从车上摔下来，花医疗费用共计2000余元。胡某先后三次找到装卸公司要求给予工伤待遇，装卸公司以双方约定伤残概不负责为由不予赔偿。协商未果，胡某申请劳动仲裁。请问：劳动合同中所附加的"伤残概不负责"条款是否有效？

荣凯说法：《劳动合同法》第26条规定，下列劳动合同无效或者部分无效：……（二）用人单位免除自己的法定责任、排除劳动者权利的。《劳动法》规定："劳动者因工作致残或患职业病，依法享受社会保险待遇"，"违反法律、行政法规的劳动合同无效"。从上述规定可以看出，我国法律法规明确规定"工伤包干""工伤概不负责"都是违法的、无效的。当劳动者发生伤残事故后，用人单位无权以约定"伤残概不负责"为由拒绝赔偿。

16. 赵某原是某物业服务公司的员工。2014年7月22日，其向该物业公司提交了入职申请书。8月1日，赵某与公司签订了《员工上岗协议》，该协议明确约定了赵某的劳动工资待遇、实习期间、社保购买条件、工作时间以及其作为劳动者应遵守的公司规章制度等。2015年5月，赵某因不满公司岗位调整与公司发生纠纷，便未再到该公司上班。之后，赵某就劳动报酬等问题申请仲裁。请问：入职申请书和《员工上岗协议》能否视为劳动合同？赵某还能否要求未签订书面劳动合同的双倍工资赔偿？

荣凯说法：该案中，赵某与该物业公司签订的入职申请书和《员工上岗协议》明确约定了赵某的劳动工资待遇、实习期间、社保购买条件以及赵某作为劳动者应遵守的公司管理制度规定，其实质上是以书面形式固定了赵某与该物业公司之间建立的劳动用工关系，并具备了劳动合同的一般要件。因此，应视为赵某与该物业公司之间签订了书面劳动合同，赵某无权要求未签订书面劳动合同的双倍工资。

17. 王某与某电脑公司签订了劳动合同，被聘为技术员，聘期两年。双方当事人在劳动合同中约定了竞业禁止：合同解除或终止后，王某3年内不得在本地区从事与该公司相同性质的工作，如违约，需支付违约金10万元。后因公司拖欠工资，王某申请仲裁，要求解除劳动合同，给付经济补偿金；确认劳动合同中的竞业禁止约定条款无效。本案中的竞业限制条款对王某有效吗？王某需要支付违约金吗？

荣凯说法：根据《劳动合同法》第23条的规定，用人单位有权与负有保密义务的劳动者签订竞业禁止条款，但是竞业禁止对劳动权能的限制，往往会造成劳动者生活质量的下降。因此，用人单位应当支付竞业禁止劳动者在竞业禁止期间的经济补偿金。该案中，由于用人单位并没有按照法律规定，向劳动者支付竞业限制补偿金，因此，该竞业限制条款对王某没有约束力，劳动者王某也无需支付违约金。

18. 李女士今年42岁,是一家家政公司的员工,受公司委派,到居民丁先生家干保姆。一天,在丁先生家擦玻璃时,她不小心从二楼窗台上摔了下来,导致手部、腿部骨折。丁先生将其送到医院治疗,但拒绝支付医疗费。李女士找家政公司索要医疗费,却被告知"所签合同中规定,意外事故概不负责"。家政公司坚持不为其做工伤认定。

荣凯说法:李女士可以被认定为工伤。李女士与家政公司之间形成的是劳动关系,李女士受公司的委派到丁先生家进行劳动,发生事故,应当认定为工伤,由家政公司在工伤发生之日起一个月内向劳动部门申请认定工伤;如家政公司逾期不申请,李女士可于工伤发生之日起一年内统筹地区社会保险行政部门申请工伤认定。至于李女士与家政公司签订的合同中约定的所谓"意外事故概不负责"的条款是无效条款,不受法律保护。

19. 肖某是一名化工企业职工,在车间"三班倒"上班。2013年11月10日,肖某在岗位上夜班时,车间另一名职工酒后找茬滋事,将肖某打伤。肖某的伤情经鉴定构成轻伤,打人的职工被追究了刑事责任,并被解除了劳动合同。肖某要求公司认定工伤,公司以"打架系个人行为,与公司无关"为由拒绝。请问:工作中被人打伤属于工伤吗?

荣凯说法:我国《工伤保险条例》第14条规定,在工作时间和工作场所内,因履行工作职责受到暴力等意外伤害的,应认定为工伤。显然,肖某是在工作时间及工作岗位上、由于履行工作职责被打致伤的,依法属于工伤。

20. 孙先生是一名国企下岗职工,由于单位效益不好于2010年下岗回家,原单位每月发放基本生活费并缴纳社会保险。由于家庭生活困难,孙先生于2013年应聘去了一家超市担任保安。2004年9月的一天傍晚,孙先生下班途中被一辆超速行驶的车辆撞伤,身体多处骨折,被紧急送往医院治疗。经交警部门认定,肇事车辆承担主要责任。请问:孙先生跟超市存在劳动关系吗？可以要求超市认定工伤吗？

荣凯说法：完全可以，这是典型的双重劳动关系。《最高人民法院关于审理劳动争议案件适用法律若干问题的解释（三）》（法释〔2010〕12号）第8条规定："企业停薪留职人员、未达到法定退休年龄的内退人员、下岗待岗人员以及企业经营性停产放长假人员，因与新的用人单位发生用工争议，依法向人民法院提起诉讼的，人民法院应当按劳动关系处理。"《工伤保险条例》第14条规定："职工有下列情形之一的，应当认定为工伤：（六）在上下班途中，受到非本人主要责任的交通事故或者城市轨道交通、客运轮渡、火车事故伤害的。"《最高人民法院关于审理工伤保险行政案件若干问题的规定》（法释〔2014〕9号）第3条规定："社会保险行政部门认定下列单位为承担工伤保险责任单位的，人民法院应予支持：（一）职工与两个或两个以上单位建立劳动关系，工伤事故发生时，职工为之工作的单位为承担工伤保险责任的单位。"

根据以上规定，孙先生与超市存在劳动关系，可依法要求企业所在地的劳动人事争议仲裁委确认存在劳动关系后，再向社会保险行政部门申请认定工伤。

21. 2014年5月10日上午10时，某工程公司职工李某在班长的安排下，与同班张某、王某三人一起在承接的某钢铁公司制氧项目工地进行仪器仪表的现场配置作业。工作中李某突感胸闷难忍，面色苍白，经单位领导及同事送往医院，因抢救无效，于5月12日凌晨6时死亡，经诊断：李某为心肌梗死。请问：李某是工伤吗？

荣凯说法：李某视同工伤。我国《工伤保险条例》第15条规定："职工有下列情形之一的，视同工伤：（一）在工作时间和工作岗位，突发疾病死亡或者在48小时之内经抢救无效死亡的。"

因此，李某在工作时间和工作岗位上，由于突发疾病在48小时之内经抢救无效死亡，依法应认定为视同工伤。

22. 徐某在山东一家物业公司工作，每月工资刚刚达到当地最低工资标准，单位也未缴纳各项社会保险。徐某在单位工作期间发生工伤，由于单位未申报工伤，徐某个人向劳动保障部门提出工伤认定申请，社保部门根据徐某提供的材料依法认定了工伤；经劳动能力鉴定委员会鉴定为九级伤残。徐某咨询，如果本人要求解除劳动关系，九级伤残能获得哪些一次性赔偿？跟本人工资有关系吗？月工资低是否工伤待遇也低？

荣凯说法：根据我国《工伤保险条例》及《山东省贯彻〈工伤保险条例〉实施办法的通知》等相关规定，九级伤残应获得9个月本人工资的一次性伤残补助金、以统筹地区上年度职工月平均工资为基数获得7个月的一次性工伤医疗补助金及12个月一次性伤残就业补助金等一次性待遇。

其中，本人工资的计算依据是指我国《工伤保险条例》第64条的规定："本条例所称本人工资，是指工伤职工因工作遭受事故伤害或者患职业病前12个月平均月缴费工资。本人工资高于统筹地区职工平均工资300%的，按照统筹地区职工平均工资的300%计算；本人工资低于统筹地区职工平均工资60%的，按照统筹地区职工平均工资的60%计算。"

23. 石先生是一家公司的技术工人，兢兢业业工作了几十年，虽然已过60岁的法定退休年龄，但由于单位未缴纳社会保险，无法办理退休手续。石先生因身体尚好，单位也未通知他回家，所以他仍然在原岗位工作。一次在操作机器时将右手严重挤伤，虽经医院抢救治疗，但右手功能严重丧失。请问：石先生超过法定退休年龄还有权要求单位承担工伤赔偿责任吗？

荣凯说法：可以。根据我国《劳动合同法》第44条的规定："有下列情形之一的，劳动合同终止：（二）劳动者开始依法享受基本养老保险待遇的。"《人力资源社会保障部关于执行〈工伤保险条例〉若干问题的意见（二）》【人社部发〔2016〕29号】第2条规定："达到或超过法定退休年龄，但未办理退休手续或者未依法享受城镇职工基本养老保险待遇,继续在原用人单位工作期间受到事故伤害或患职业病的,用人单位依法承担工伤保险责任。"因此,石先生有权要求用人单位承担工伤保险责任。

24. 王先生是一名公司员工,担任货车驾驶员工作,公司已依法缴纳了包括工伤保险在内的各项社会保险。一次,在单位安排王先生驾驶大货车外出送货途中与其他车辆相撞,王先生身受重伤,经交警部门认定,对方承担全部事故责任。王先生向人民法院起诉对方及相关保险公司要求承担民事侵权责任,人民法院依法做出了判决。王先生还能要求公司承担工伤责任吗?

荣凯说法:可以。但根据相关规定,劳动者所在的用人单位参加了工伤保险,因第三人侵权造成人身损害、劳动者获得第三人支付的损害赔偿后,仍有权请求工伤保险基金管理机构支付工伤保险待遇,但就第三人已支付的医疗费、护理费、营养费、交通费、住院伙食补助费、残疾器具辅助费和丧葬费等实际发生的费用,工伤保险基金可以拒绝支付。

25. 何先生在单位工作期间因工受伤,单位申请工伤认定,当地社会保险行政部门做出了工伤认定。此后,单位在未进行劳动能力鉴定的情况下,以胁迫手段与何先生签订了损害其合法权益的不公平的赔偿协议,一次性赔偿了何先生 5000 元。后来经鉴定,何先生的工伤构成八级伤残。何先生多次要求单位按照伤残等级依法赔偿因工伤造成的损失,但单位拒不赔付。何先生可以要求撤销赔偿协议吗?

荣凯说法:可以在达成赔偿协议之日起一年内向人民法院起诉要求撤销。《最高人民法院关于审理劳动争议案件适用法律若干问题的解释(三)》第10条规定:"劳动者与用人单位就解除或者终止劳动合同办理相关手续、支付工资报酬、加班费、经济补偿金或者赔偿金等达成的协议,不违反法律、行政法规的强制性规定,且不存在欺诈、胁迫或者乘人之危情形的,应当认定有效。前款协议存在重大误解或者显失公平情形,当事人请求撤销的,人民法院应予支持。"

所谓"显失公平",是指双方当事人的权利义务明显不对等,使一方遭受重大不利。其构成要件为:双方当事人的权利义务明显不对等;这种不对等违反公平原则,超过了法律允许的限度;不属于因欺诈、胁迫、乘人之危、恶意串通损害他人利益等原因导致的显失公平。何先生的伤残等级为八级,其应获得的一次性伤残补助金、一次性工伤医疗补助金和一次性伤残就业补助金等工伤待遇显著高于赔偿协议中的数额。另外,一般的合同关系仅涉及双方当事人的财产权纠纷,双方就工伤损害达成的赔偿协议虽具有一般合同的属性,但本案的处理并非针对简单的债权债务关系,而是涉及劳动者的生存权益。综上所述,双方签订的赔偿协议导致双方权利义务不对等,使何先生遭受重大利益损失,构成"显失公平",应予撤销。

26. 某单位职工张某,是专职汽车驾驶教练员。2015年10月7日在带领学员训练途中,遇朋友请吃午饭,吃饭时喝了些酒(驾车学员未喝)。饭后继续练车,驾车学员王某在避让一辆超越教练车的卡车时将车翻下一个深达几十米的陡坡,车上8名学员全部被甩出去,且都不同程度地负伤,但没有造成死亡,而张某在汽车翻落时伸左脚去踏制动,脚被绊住,未能甩出,当场死亡。这种情况能否认定为工伤?

荣凯说法:原劳动部办公厅《关于司机工伤认定问题的复函》(劳办发〔1996〕271号)规定,"司机驾驶车辆为本单位正常工作时发生交通事故导致本人伤亡的……应认定为工伤",但是,根据《工伤保险条例》第16条的规定,故意犯罪的,醉酒或者吸毒的,自残或自杀的,不得认定为工伤或者视同工伤。

本案中,虽然张某未直接驾驶汽车,但是他负有指导驾驶的职责,他蓄意违章,因此不应认定为工伤。

27. 某电子公司销售员徐某,2014年11月19日被公司指派到本市的电子产品交易会上布展。徐某步行从单位去交易会的途中，由于赶路而违章穿行，结果被汽车撞伤。交通部门认定徐某负事故主要责任。徐某要求公司认定工伤，公司以徐某负主要责任为由不予上报。徐某遂向当地劳动保障部门提起工伤认定申请，劳动保障部门经调查，对徐某认定为工伤。

荣凯说法：按照《工伤保险条例》第14条的规定，职工因工外出期间，由于工作原因，遭受交通事故或其他意外事故造成伤害的，应当认定为工伤。因此，职工徐某应当认定为工伤。这种情况和上下班交通事故处理不同。职工在上下班的规定时间和必经路线上，发生无本人责任或者非本人主要责任的道路交通机动车事故的，才能认定工伤；如果本人是主要责任，就不能认定工伤。

28. 王某系某纺织厂修理工，2015年6月下夜班后回家时，路过发现相邻工厂材料库起火，工厂职工和路过群众正进行扑救。王某立即参加救火，不幸被砸伤，造成骨折。事后，王某向自己所在单位（纺织厂）提起工伤待遇申请，单位认为王某不是为本单位救火，不能认定工伤；王某遂向当地劳动部门提起工伤认定，劳动部门按照有关规定，认定其为工伤。

荣凯说法：按照《工伤保险条例》第15条的规定，职工从事抢险、救灾、救人等维护国家、社会和公众利益的活动负伤、致伤、死亡的，应认定为工伤。王某虽然不是为本单位救火，但是，他从事的是维护国家、社会利益的活动，因此，王某应被认定为工伤。

29. 2014年，王某受聘于某公司从事保安工作。2014年12月9日晚11时左右，在工作时因救人死亡。事故发生后，王某的父母到当地劳动保障部门请求认定王某属因工死亡。

当地劳动保障部门接案后，组织人员先后赴王某所在公司和当地公安部门多次调查取证，查清事实如下：2014年12月9日晚，王某作为带班班长正在维护秩序时，与一外地客人发生了争执，王某先动手打人，并指使几名保安员一起殴打这一外地顾客。顾客被打无奈沿河方向逃跑，王某等人在后面追。顾客害怕被追上再次挨打，便慌不择路跳入河中。河水很深，顾客不会游泳，便大呼救命。王某等人跑到河边看到情形不对，害怕闹出人命，便手拉手下河去救人，结果人没救出来，王某也被淹死。

荣凯说法：虽然王某是在救人过程中身亡的，但王某的救人行为不是出于自愿，且被救人落水也是由于王某引起的，所以他的行为不属义举，不符合《工伤保险条例》的规定，不应认定为工亡。

30. 2015年初，宋某与某航空工业管理学院生活服务公司签订了汽车承包合同，承包单位汽车从事运输工作。2015年5月20日，宋某驾车运载玻璃，当车行至某地时，为躲避横穿公路的老农急刹车时发生车祸，致宋某当场死亡。事故原因是因急刹车造成车载玻璃前滑挤压驾驶室，导致驾驶员被挤死。

2015年12月26日，宋某的妻子刘某到当地人力资源和社会保障局，请求依"劳部发〔1996〕266号"文件的有关规定，为其丈夫认定因工死亡，并依文件规定要求航空工业管理学院支付相关待遇。

荣凯说法：工伤的认定必须有一个前提，那就是发生伤亡事故的人和企业之间有劳动关系。本案中，宋某与航空工业管理学院生活服务公司之间签订的是一般的承包合同，两者之间没有劳动关系。因此，不能认定为工伤。

31. 杨某在工作时受工伤，公司让他走医保程序，自己先行垫付医疗费。这样做合理吗？

荣凯说法：公司的做法不合理也不合法。根据《工伤保险条例》第17条的规定："职工发生事故伤害或者按照职业病防治法规定被诊断、鉴定为职业病，所在单位应当自事故伤害发生之日或者被诊断、鉴定为职业病之日起30日内，向统筹地区社会保险行政部门提出工伤认定申请。"工作单位未申报的，个人可以去申报。但要注意，个人申报工伤，需有两个证人进行证明。

工作单位应全额支付工伤认定前治疗工伤的费用。

32. 李某在工厂上班时不小心把手腕切断了，在医院治疗时单位出了医疗费用但没有为其申请工伤，李某应如何维护自己的合法权益？

荣凯说法：根据《工伤保险条例》第17条的规定，职工发生事故伤害或者按照职业病防治法规定被诊断、鉴定为职业病，所在单位应当自事故伤害发生之日或者被诊断、鉴定为职业病之日起30日内，向统筹地区社会保险行政部门提出工伤认定申请。遇有特殊情况，经报社会保险行政部门同意，申请时限可以适当延长。用人单位未按前款规定提出工伤认定申请的，工伤职工或者其近亲属、工会组织在事故伤害发生之日或者被诊断、鉴定为职业病之日起1年内，可以直接向用人单位所在地统筹地区社会保险行政部门提出工伤认定申请。按照本条第一款规定应当由省级社会保险行政部门进行工伤认定的事项，根据属地原则由用人单位所在地的设区的市级社会保险行政部门办理。用人单位未在本条第一款规定的时限内提交工伤认定申请，在此期间发生符合本条例规定的工伤待遇等有关费用由该用人单位负担。故李某应该抓紧让单位申报工伤，单位不给报就自己去报，切不可错过时限。

第六章

房产篇

由于房地产成为普通居民消费和投资的最重要的组成部分,并且房地产业在经济总量提升中发挥着重要作用,各级政府大力促进房地产业的发展。2010年之后,国家相继出台一系列调控政策,房地产市场出现了新的变化。随着房地产市场的发展,有关房地产的纠纷日益增多。商品房买卖纠纷、二手房买卖纠纷、房屋中介纠纷、房屋租赁纠纷及商品房使用过程中产生的物业管理纠纷,都是与房地产有关的纠纷。而处理房地产纠纷,涉及的法律规定又非常繁杂。在房产交易中,格式条款、霸王条款及各种欺诈,是普遍存在的现象,交易的双方大多存在不对称性。通过法律维权,对作为商品房纠纷主体的老百姓来说,是在房产纠纷中居于弱势群体一方救济个人权利的最后方式。

第一节 商品房买卖

1. 什么叫商品房?小产权房是商品房吗?

荣凯说法:从法律角度来分析,商品房是指按法律、法规及有关规定可在市场上自由交易、不受政府政策限制的各类商品房屋，包括新建商品房、二手房（存量房）等。商品房根据其销售对象的不同，可以分为外销商品房和内销商品房两种。

小产权房不是商品房。根据《中华人民共和国城市房地产管理法》（以下简称《城市房地产管理法》）的相关规定，建设商品房的用地必须符合相关条件，开发商要通过受让的方式将集体土地或者其他形式的用地性质变为房地产开发建设用地。而小产权房由于建设用地存在法律瑕疵和不具备完全合法性，其权利受到限制，故称小产权房，实质是使用集体性质的土地进行的房地产开发。

2. 商品房销售分为哪几种方式？

荣凯说法：商品房销售包括商品房现售和商品房预售两种方式。根据《商品房销售管理办法》第3条的规定，商品房现售是指房地产开发企业将竣工验收合格的商品房出售给买受人并由买受人支付房价款的行为。商品房预售是指房地产开发企业将正在建设中的商品房预先出售给买受人，并由买受人支付定金或者房价款的行为。二者最大的区别就是房屋是否已经建成。

3. 商品房预售要符合哪些条件？什么样的预售房可以购买？

荣凯说法：购买预售商品房，应当查验开发商是否符合预售条件，是否有商品房预售许可证。根据《城市房地产管理法》第45条的规定，商品房预售，应当符合以下条件：（1）已交付全部土地使用权出让金，取得土地使用权证书；（2）持有建设工程规划许可证；（3）按提供预售的商品房计算，投入开发建设的资金达到工程建设投资的25%以上，并已经确定施工进度和竣工交付日期；（4）向县级以上人民政府房产管理部门办理预售登记，取得商品房预售许可证明。商品房预售人应当按照国家有关规定将预售合同报县级以上人民政府房产管理部门和土地管理部门登记备案。商品房预售所得款项，必须用于有关的工程建设。

4. 什么是预告登记？

荣凯说法：预告登记指当事人签订买卖房屋或者其他不动产物权的协议，为保障将来实现物权，而按照约定可以向登记机关申请预告登记。《物权法》第20条规定："当事人签订买卖房屋或者其他不动产物权的协议，为保障将来实现物权，按照约定可以向登记机构申请预告登记。预告登记后，未经预告登记的权利人同意，处分该不动产的，不发生物权效力。""预告登记后，债权消灭或者自能够进行不动产登记之日起三个月内未申请登记的，预告登记失效。"

《最高人民法院关于适用〈中华人民共和国物权法〉若干问题的解释（一）》第4条规定，未经预告登记的权利人同意，转移不动产所有权或者设定建设用地使用权、地役权、抵押权等其他物权的，应当依照物权法第二十条第一款的规定，认定其不发生物权效力。

5. 未取得商品房预售许可证明的商品房认购书有效吗？

荣凯说法：依据《城市房地产管理法》和最高人民法院相关司法解释的规定，出卖人预售商品房必须取得商品房预售许可证明，未取得预售许可证明的商品房买卖合同应依法认定为无效。商品房认购书是一种预约合同，是双方当事人为将来签订商品房买卖合同所做出的一种承诺，并非正式的商品房预售行为。由于商品房认购书并非商品房买卖合同，故出卖人未取得商品房预售许可证明，不影响商品房认购书的法律效力。但依据《最高人民法院关于审理商品房买卖合同纠纷案件适用法律若干问题的解释》第5条的规定，如商品房认购书已经具备了商品房买卖合同的实质性内容，此种情形下，商品房认购书不应当认定为预约合同，而是商品房买卖合同，出卖人未取得预售许可证明的，该商品房认购书应依法认定无效。

6. 购买现房应当注意的"五证"和"两书"是什么？

荣凯说法：购买商品房，应当确认开发商是否有合法手续。根据《城市房地产管理法》和《城市房地产开发经营管理条例》的相关规定，房地产公司销售现房，应当具备"五证"和"两书"。"五证"即国有土地使用权证、建设用地规划许可证、建设工程规划许可证、建设工程施工许可证、商品房预售许可证。"两书"即住宅质量保证书和住宅使用说明书。

其中最为重要的是购买商品房时要检查有无国有土地使用权证和商品房预售证，有则表明所售房屋是合法项目。

7. 商品房买卖合同主要涉及哪些方面？

荣凯说法：根据《商品房销售管理办法》的规定，商品房销售时，房地产开发企业和买受人应当订立书面商品房买卖合同。买卖合同应当载明以下内容：（1）当事人名称或者姓名和住所；（2）商品房基本状况；（3）商品房的销售方式，是现售还是预售；（4）商品房价款的确定方式及总价款、付款方式、付款时间；（5）交付使用条件及日期；（6）装饰、设备标准承诺；（7）供水、供电供热、燃气、通讯、道路、绿化等配套基础设施和公共设施的交付承诺和有关权益、责任；（8）公共配套建筑的产权归属；（9）面积差异的处理方式；（10）办理产权登记有关事宜；（11）解决争议的方法；（12）违约责任；（13）双方约定的其他事项。

8. 签订商品房买卖合同需要注意哪些问题？

荣凯说法：（1）查证。查清商品房是否符合预售和现售条件，看清所购房屋是否在销售范围之内，确保将来可以顺利办理产权证。现在经常有开发商借用证书、导致最终无法办理产权证的情况。

（2）计价方式和价款。计价方式大体可以分为按建筑面积、套内建筑面积和按套计价等几种，在实际的交易过程中，经常采用的是按建筑面积计价。此时，要明确套内建筑面积和公摊面积的价格。

（3）面积的确定和误差的处理。因为存在预售、设计以及其他方面的因素，在买卖过程中经常出现合同约定面积与最终房产证上的面积不一致的情形。因此,在合同中应当约定出现误差的处理办法。

(4) 关于规划、设计中途变更的约定。在商品房预售中,商品房开发项目有可能会出现中途变更规划设计的情形,购房者一定要注意合同中是否存在变更的事项,并对此进行详细约定。

(5) 房屋质量要求。商品房买卖合同中应当对于房屋质量做出相应的规定,购房者应当认真审核,在验房时审核相关证表(房地产开发建设项目竣工综合验收合格证、竣工验收备案表等),确保房屋质量。

(6) 保修责任。合同中应当明确规定商品房的保修责任。按照相关法律规定,出卖人在商品房交付使用时,必须向买受人提供商品住宅质量保证书和商品住宅使用说明书。若出现住宅质量问题,出卖人应当按照合同约定承担相应的保修责任。

(7) 合同纠纷的处理。在合同履行过程中难免会发生争议,最好是在合同中约定好处理纠纷的方式和途径,在出现争议时,出卖人和买受人按照合同约定解决争议。

(8) 关于产权登记的约定。在合同中明确房地产权属证书办理的方式,是由出卖人代办还是买受人自行办理,以及迟延办证的违约责任。

(9) 签订补充条款注意事项。除了购房合同,买受人可能还会与出卖人签订补充协议。由于补充协议中含有大量的专业术语,一般购房者很难完全搞懂,因此在签订补充协议时,不要急于签字。可以把合同文本拿回找相关的专家或律师进行咨询。

(10) 其他注意事项。商品房买卖合同大多是格式条款,上面有许多横线,有些是不需要填写内容的,对于这些,应当在空白处划线。还要注意合同的备案,为日后出现纠纷保存证据。

9. 定金与订金的定义及区别?

荣凯说法:定金是一个规范的法律概念,是合同当事人为确保合同的履行而自愿约定的一种担保形式。订金并非一个规范的法律概念，实际上它具有预付款的性质，是当事人的一种支付手段，并不具备担保性质。

商品房交易中，买家履行合同后，定金应当抵作价款或者收回；若买家不履行合同，无权要求返还定金；开发商不履行合同的，应双倍返还定金。我国《担保法》还规定，定金应以书面形式约定，不得超过主合同标准额的20%。当事人一旦以书面形式对定金做了约定并实际支付了定金，即产生相应的法律后果。在商品房交易中，如买家不履行合同义务，并不表示他丧失了请求返还订金的权利；反之，若开发商不履行义务亦不需双倍返还订金，但这并不意味着合同违约方无须承担违约责任。

10. 购买的商品房合同约定面积与产权登记面积不符，怎么办？

荣凯说法：一般情况下，按套内建筑面积或者建筑面积计价的，当事人应当在合同中约定处理方式。如果合同未做约定，按照下列原则处理：面积误差比绝对值在3%以内（含3%）的，据实结算房价款；面积误差比绝对值超出3%时，买受人有权退房。买受人退房的，房地产开发企业应当在买受人提出退房之日起30日内将买受人已付房价款退还给买受人，同时支付已付房价款利息。买受人不退房，产权登记面积大于合同约定面积时，面积误差比在3%以内（含3%）部分的房价款由买受人补足；超出3%部分的房价款由房地产开发企业承担，产权归买受人。产权登记面积小于合同约定面积时，面积误差比绝对值在3%以内（含3%）部分的房价款由房地产开发企业返还买受人，绝对值超出3%部分的房价款由房地产开发企业双倍返还买受人。面积误差比的计算方式为：（产权登记面积－合同约定面积）÷合同约定面积×100%。

11. 购买的预售商品房交房后因开发商原因迟迟不能取得房产证，怎么们办？

荣凯说法：按照法律规定，预售的商品房交付使用之日起90日内，承购人应当依法到房地产管理部门和市、县人民政府土地管理部门办理权属登记手续。开发企业应当予以协助，并提供必要的证明文件。若因开发企业的原因，承购人未能在房屋交付使用之日起 90 日内取得房屋权属证书的，除开发企业和承购人有特殊约定的，开发企业应当承担违约责任。

12. 楼房验收交房时经常提到的"三书一证一表"是什么材料？

荣凯说法："三书"是指住宅质量保证书、住宅使用说明书、建筑工程质量认定书，"一证"是指"房地产开发建设项目竣工综合验收合格证"，"一表"是指"竣工验收备案表"。

根据国务院颁布的《城市房地产开发经营管理条例》的规定："房地产开发项目竣工后，经验收合格后，方可交付使用。""三书一证一表"齐全是楼房质量经过国家有关部门权威认可的标记，是开发商交楼的必要条件。业主一旦签了有关文件，就视为对楼房质量的认可。因此，收楼前千万记住要求发展商出示"三书一证一表"，确定该楼已验收合格，并且与购房合同一致，只有证件齐全了，你才能签署入住单、收楼。但时下不少发展商交楼时，大多未能出具完整的文件，若买家确实想收楼的，验收过住宅质量保证书，有关部门出具的关于永久水电、消防、电梯使用等单项验收合格证书后，确保具备居住条件的，亦可收楼。

13. 购买的房屋出现明显的质量问题，该如何维权？

荣凯说法：根据《最高人民法院关于审理商品房买卖合同纠纷案件适用法律若干问题的解释》的规定，交付使用的房屋存在质量问题，在保修期内，出卖人应当承担修复责任；出卖人拒绝修复或者在合理期限内拖延修复的，买受人可以自行或者委托他人修复，修复费用以及修复期间造成的其他损失由出卖人承担。如果房屋主体结构出现问题，可要求质监部门做出认定。最终认定为主体结构质量问题，可要求开发商退房并提出损害赔偿。对此，《最高人民法院关于审理商品房买卖合同纠纷案件适用法律若干问题的解释》也有明确的规定，因房屋主体结构质量不合格不能交付使用，或者房屋交付使用后，房屋主体结构质量经核验确属不合格，买受人请求解除合同和赔偿损失的，应予支持。

14. 开发商延期交房，买受人应当如何维护权利？

荣凯说法：要想确定开发商延期交房，首先买受人就要知道什么时间视为开发商完成交房义务。根据《最高人民法院关于审理商品房买卖合同纠纷案件适用法律若干问题的解释》的规定，对房屋的转移占有，视为房屋的交付使用，但当事人另有约定的除外。也就是说，若开发商与买受人之间没有特别的约定，自开发商向买受人交付商品房钥匙时就完成了交房义务。在商品房买卖合同中对于延期交房一般都有约定，一般会有惩罚性条款，如支付违约金或延期交付多少天买受人可以退房。

但是在实际操作中，当事人要注意诉讼时效的问题。我国法律规定，从当事人知道或应当知道自己的权利受侵害之日算起，诉讼时效为3年。也就是说，购房者应当在合同约定的交房日的3年内行使诉讼权。因此，买受人要注意对于时效中断以及重新计算的相关的证据的保存和取得。

第二节 二手房买卖

二手房买卖，顾名思义就是房屋二次交易，是与开发商手里的商品房相对应的。是指已经在房地产交易中心备案、完成初始登记和总登记的再次上市进行交易的房产，包括商品房，允许上市交易的房改房、拆迁房、自建房等。

1. 二手房买卖合同应当包括哪些内容？

荣凯说法：二手房买卖，应当订立书面形式的房地产买卖合同，有示范文本的，可以使用示范文本。对于自拟合同，合同应具备以下主要内容：

（1）买卖当事人的姓名或者名称、住所；

（2）二手房坐落的地点、面积、四至范围；

（3）土地所有权性质、土地使用权获得方式和使用期限；

（4）二手房的规划使用性质；

（5）房屋的平面布局、结构、建筑质量、装饰标准以及附属设施、配套设施等状况；

（6）二手房买卖的价格、支付方式和期限；

（7）二手房的交付和验收的日期、交付方式；

（8）住房户口迁移；

（9）维修基金的处理；

（10）违约责任；

（11）争议的解决方式；

（12）买卖当事人约定的其他事项。

2. 签订合同时以及合同生效后有哪些注意事项？

荣凯说法：（1）房屋手续是否齐全。房产证是证明房主对房屋享有所有权的唯一凭证，没有房产证的房屋交易对买受人来说有得不到房屋的极大风险，因此在购买二手房时，最好选择有房产证的房屋进行交易。在购买时最好是到房屋管理部门进行查询，看房屋上有无共有权人或抵押、转卖的情形。

（2）房屋产权是否明晰。有些房屋是有共有人的，也有作为遗产未分割的房屋家庭共有、夫妻共有等情形，对此买受人应当和全部共有人签订房屋买卖合同。如果只是部分共有人擅自处分共有财产，买受人与其签订的买卖合同未在其他共有人同意的情况下一般是无效的。

（3）交易房屋是否在租。我国认可"买卖不破租赁"的原则，也就是说房屋买卖合同不能对抗在先成立的租赁合同。因此，在二手房转让时，存在物上负担，即还被别人租赁的情况下，买受人有可能会无法及时入住。

（4）土地情况是否清晰。二手房买卖中，买受人应注意土地的使用性质，看是划拨还是出让，出让和划拨是不一样的，应当区别对待。划拨的土地政府可无偿收回，出让已缴纳了土地出让金，买受人对房屋享有较完整的权利。除此之外，还应注意土地的使用年限。

（5）市政规划是否影响。房主出售二手房可能是已了解该房屋在5到10年左右要面临拆迁，或者房屋附近要建高层住宅，可能影响采光、价格等市政规划情况，才急于出售，作为买受人在购买时应全面了解详细情况。

（6）福利房屋是否合法。房改房、安居工程、经济适用房本身是一种福利性质的政策性住房，在转让时有一定限制，而且这些房屋在土地性质、房屋所有权范围上有一定的国家规定，买受人购买时要避免买卖合同与国家法律冲突。

（7）单位房屋是否侵权。一般单位的房屋，有成本价的职工住房，还有标准价的职工住房，二者土地性质均为划拨，转让时应缴纳土地使用费。再者，对于标准价的住房一般单位享有部分产权，职工在转让时，单位享有优先购买权。买受人如果没有注意这些问题，可能会和房主一起侵犯单位的合法权益。

（8）物管费用的交割。有些房主在转让房屋时，其物业管理费、电费以及三气（天然气、暖气、煤气）费用长期拖欠，且已欠下数目不小的费用，买受人不知情购买了此房屋，所有费用买受人有可能要全部承担。

（9）中介公司是否违规。有些中介公司违规提供中介服务，如在二手房贷款时，为买受人提供零首付的服务，即买受人所支付的全部购房款均可从银行骗贷出来。买受人以为自己占了便宜，岂不知如果被银行发现，所有的责任有可能自己都要承担。

（10）合同约定是否明确。二手房的买卖合同虽然不需像商品房买卖合同那么全面，但对于一些细节问题还应约定清楚，如合同主体、权利保证、房屋价款、交易方式、违约责任、纠纷解决、签订日期等问题均应全面考虑。

3. 什么是不动产的善意取得？

荣凯说法：根据《物权法》第 106 条第 1 款的规定，无权处分人将不动产或者动产转让给受让人的，所有权人有权追回；除法律另有规定外，符合下列情形的，受让人取得该不动产或者动产的所有权：（1）受让人受让该不动产时是善意的；（2）以合理的价格转让；（3）转让的不动产或者动产依照法律规定应当登记的已经登记，不需要登记的已经交付给受让人。

4. 何为"黑白合同"？

荣凯说法：所谓"黑白合同"，是指合同当事人就同一事项订立两份以上的内容不相同的合同，一份对内，一份对外，其中对外的一份并不是双方真实意思表示，而是以逃避国家税收等为目的的；对内的一份则是双方真实意思表示，可以是书面的也可以是口头的。"黑白合同"是一种为违规行为，在给当事人带来"利益"的同时，也存在风险。房产交易和税务部门也做出了相应的规定。在二手房买卖中，对标的房屋进行估价，交易双方网签契约约定的房价和估价不一致时，取高计算营业税、个人所得税和契税等税费。而税务部门出具的房产发票是以网签契约约定的房价为准的，这个房产发票价格也就是房产和税务部门认可的房屋买入价，发票由买方取得并持有。做低总价对买卖双方都有风险。对于买方来说，将来再卖出该套房屋时，其持有的房产发票可以在计算营业税和个人所得税应纳税额中依法扣除。因此，做低房屋总价会导致发票上的价格偏低，将来卖房时可以扣除的数额偏少，要交的税款相应的就多；对于卖方来说，网签备案的契约是房产和税务部门认可的，效力比双方私下约定的高。因此，如果做低总价，买方最后主张按做低后的价格，也就是网签契约约定的价格进行交易，那么卖方就存在只能按做低后的总价卖出房屋的风险。

5. 期房可以转让吗？需要注意哪些问题？

荣凯说法：虽然法律规定未依法登记、领取权属证书的房地产不得转让，但根据《城市房地产管理法》的相关规定，商品房预售的，商品房预购人将购买的未竣工的预售商品房再行转让的问题，由国务院规定。由此可以看出，对于期房转让是允许的。

《城市房地产管理法》第38条、第39条的规定是法律限制未依法登记取得权属证书的房屋转让的管理性规范，而非效力性规范，未取得权属证书的房屋买卖合同不违反法律的强制性规定，应依法认定有效。

6. 期房转让应当注意哪些问题？

荣凯说法：（1）若预售商品房未付清房款，在转让时应先征得开发商同意。期房转让是权利义务一并转移，根据《合同法》规定，合同权利的转让不需征得合同另一方的同意，但要通知债务人，而合同权利、义务一并转让则需经合同另一方同意，这就需要开发商认可。

（2）已付清预售商品房总价款的，购房者可以与新购房者订立转让合同并以书面形式通知开发商。

（3）转让合同双方应在转让合同生效后前往房地产交易管理机构办理转让合同登记备案手续，这样做主要是为了保证受让人的利益，不会因为期房的过度投机损害自身利益。

总之，在期房转让过程中，会面临多种问题，如银行贷款问题、与开发商终止合同的情形等。预售商品房再转让过程中法律关系复杂，程序烦琐，因此无论是出让方还是受让方，最好聘请专业律师把关并代为办理相关手续，以保障自身权利。

7. 卖方的户口在房屋内拒不迁出怎么办？

荣凯说法：若双方的房屋转让合同有关于卖方户口的迁出、买方户口迁入的明确约定，则卖方拒不迁出的行为构成违约，按合同约定承担违约责任；若双方合同对此并无明确约定，考虑到我国城市房屋产权、户籍与子女入学之间的实际情况,卖方应履行将其户口迁出的合同附随义务,但是目前仍没有法律规定强制将户口迁出。建议大家买卖房屋的时候,最好在合同里明确约定户口不迁出的相关违约责任。

8. 部分共有人擅自处分共同共有房屋怎么处理?

荣凯说法:根据《物权法》的规定,处分共有房屋应当经2/3以上份额的共有人或者全体共同共有人同意。该规定据此确定了按份共有和共同共有两种共有财产的处分规则,即按份共有采取"多数决"的处分原则,而共同共有采用"一致决"的处分原则。质言之,部分共有人未经全体共有人的同意不得擅自处分共同共有的房屋,否则处分行为应属无效,但部分共有人处分共同共有房屋涉及到第三人利益保护问题,应根据《物权法》《合同法》的相关规定,结合处分行为的不同情形加以处理:部分共有人与第三人就共同共有房屋的处分权意思表示一致并达成协议、尚未发生物权变动的,此协议应当为效力待定合同;部分共有人与第三人处分共同共有房屋符合《物权法》第106条规定、其他共有人主张追回房屋的,不予支持。

9. 房东可以将正在租赁的房屋出卖吗?遇到这种情况应如何维权?

荣凯说法:根据《合同法》第229条的规定:"租赁物在租赁期间发生所有权变动的,不影响租赁合同的效力。"承租人的承租权受到"买卖不破租赁"原则的保护。所谓"买卖不破租赁",是指租赁房屋的所有权发生转移时,承租人对于该房屋的使用权不会因为房屋的所有权转移而受影响。买受人受到租赁合同的约束,仍然应当继续履行原租赁合同,直至合同期限届满。也就是说,租赁权的效力优先于买卖双方的转让效力。如果房东或者买受人的行为侵害了您的承租权,您可以用"买卖不破租赁"原则维护自己的合法权益,要求买受人继续履行原租赁合同,直至租赁期届满。

10. 二手房买卖中,实际房主与登记房主不一致的,应当怎么办?

荣凯说法:根据《最高人民法院关于适用〈中华人民共和国物权法〉若

干问题的解释（一）》（以下简称《〈物权法〉司法解释（一）》）第2条的规定，当事人有证据证明不动产登记簿的记载与真实权利状态不符、其为该不动产物权的真实权利人，请求确认其享有物权的，应予支持。根据该解释，二手房买卖中，如果实际房主与登记房主不一致时，实际房主有获得房产的权利，因此购买者需要谨慎购买。

11. 买卖的二手房上有他项权利怎么处理？

荣凯说法： 有时，买房人所购房屋无法办理过户手续，因为要么该房屋被法院查封，要么该房屋上设定了抵押权。

对于存在法院查封的情形，买方可以主张合同无效，要求卖方双倍返还定金。对于设定了抵押权的房子，根据《物权法》第191条的规定，抵押期间，抵押人经抵押权人同意转让抵押财产的，应当将转让所得的价款向抵押权人提前清偿债务或者提存。转让的价款超过债权数额的部分归抵押人所有，不足部分由债务人清偿。抵押期间，抵押人未经抵押权人同意，不得转让抵押财产，但受让人代为清偿债务消灭抵押权的除外。因此，如果要出卖此类房屋，应当告知抵押权人与受让人，尽到告知义务，征得抵押权人的同意，或是提前清偿，或受让人代为清偿，避免不必要的纠纷。

12. 所要购买的房屋登记与法院的法律文书不一致，能购买吗？

荣凯说法： 依据《物权法》第28条的规定，人民法院做出的生效法律文书可以直接引起物权变动，无需进行不动产登记而变动物权。换言之，人民法院做出的法律文书生效之时，即应认定不动产物权已经发生转移，生效法律文书确定的不动产物权的权利人可以持该法律文书办理不动产物权的变更登记手续，登记机关是否办理不动产变更登记手续，均不影响不动产物权的变动。因此，只要法院的生效法律文书载明房产归卖方所有、买卖符合法律规定，该房屋就可以购买。

第三节 房屋过户

房产过户按照法律规定可以分为继承过户、赠与过户、二手房买卖过户等。根据上述不同情形，办理房产过户手续时提供材料和流程略有不同。

1. 继承过户的条件和所需材料？

荣凯说法：继承过户的大前提是被继承人死亡，该房产系被继承人的合法遗产，继承人之间就遗产继承达成协议。以济南的办理为例，需要向房管局提供以下材料：

（1）登记申请书；

（2）继承人身份证或有效身份证明复印件（核对原件）；

（3）被继承房屋的房屋所有权证，有共有权人的应提交房屋共有权证；

（4）继承公证书原件；

（5）房屋测绘图纸（被继承房屋属房改房的需要提供测绘机构出具的房屋平面图）；

（6）委托代理的，个人出具公证委托书和受托人身份证或有效身份证明；单位出具委托书和受托人身份证或有效身份证明；

（7）地税局出具的完税凭证；

（8）登记机关认为必要的其他材料。

2. 赠与过户需准备哪些材料？

荣凯说法：

（1）登记申请书；

（2）赠与双方当事人为个人的，提交身份证或有效身份证明复印件（核对原件）；赠与双方当事人为单位的，出具营业执照或法人登记证复印件（核对原件）；

（3）赠与合同原件；

（4）赠与房屋的房屋所有权证，有共有权人的应提交房屋共有权证；

（5）赠与公证书；

（6）房屋的测绘图纸（属房改房上市交易的需要提供测绘机构出具的房屋平面图）；

（7）地税局出具的完税凭证原件；

（8）省直已购公房上市交易的需提供"已购公有住房确认表"；

（9）委托代理的，个人出具公证委托书和受托人身份证或有效身份证明；单位出具委托书和受托人身份证或有效身份证明；

（10）登记机关认为必要的其他材料。

3. 二手房买卖过户需要准备哪些材料？

荣凯说法：

（1）登记申请书；

（2）买卖当事人为个人的，提交身份证或有效身份证明复印件（核对原件）；买卖当事人为单位的，出具营业执照或法人登记证复印件（核对原件）；

（3）所售房屋的房屋所有权证，有共有权人的应提交房屋共有权证；

（4）经网上签约的房屋买卖合同；

（5）新测绘的图纸（购买房改房的需要提供测绘机构出具的房屋平面图）；

（6）地税局出具的完税凭证原件；

（7）维修基金缴存凭证（单位自建房首次出售的）；

（8）卖方为单位的，单位性质为国有的应出具国有资产管理部门或上级主管部门同意售房的证明；单位性质为集体的，应出具同意售房的职代会决议；单位性质为有限责任公司或股份有限公司的，应出具同意售房的董事会决议或股东会决议及公司章程；

（9）委托代理的，个人出具公证委托书和受托人身份证或有效身份证明；单位出具委托书和受托人身份证或有效身份证明；

（10）登记机关认为必要的其他材料。

注：限购期间购买住房的还应当提交"购房人及家庭成员情况申报表"、买方家庭的户口簿、婚姻关系证明、购房家庭住房情况证明。

4. 房屋互换是什么意思？怎样办理房产证？

荣凯说法：在现实生活中很多市民有房产，但是再买新房子又无力支付房款，在这种情况下，根据各自的需求，市民之间就产生了房屋互换情况。

房屋互换需要提交的材料包括：

（1）登记申请书（在受理窗口打印）；

（2）互换双方当事人为个人的，提交身份证或有效身份证明复印件（核对原件）；交换双方当事人为单位的，出具营业执照或法人登记证复印件（核对原件）；

（3）互换房屋的房屋所有权证，有共有权人的应提交房屋共有权证；

（4）房屋互换协议；

（5）房屋测绘图纸（属房改房上市交易的需要提供测绘机构出具的房屋平面图）；

（6）地税局出具的完税证明（两房屋各1份）；

（7）委托代理的，个人出具公证委托书和受托人身份证或有效身份证明；单位出具委托书和受托人身份证或有效身份证明；

（8）登记机关认为必要的其他材料。

注：省直房改房上市需经省政府行管局审批窗口审批。

5. 房屋互换需要签订哪些协议？有哪些流程？

荣凯说法：

（1）房改房的持房屋所有权证书到相关住房保障和房产管理部门办理房

屋测绘（商品房房屋测绘图纸可原证复印）；

（2）互换双方签订房屋互换协议书；

（3）办理完税手续；

（4）房改房或其中一方是房改房的，互换双方持规定资料到相关住房保障和房产管理部门申报。

注：若两套房产在不同的行政区互换，双方到相关住房保障和房产管理部门申报。若两套房均为同一个区的商品房，到房屋所在区的住房保障和房产管理部门申报。

第四节　房屋租赁

房屋租赁合同是指房屋出租人将房屋提供给承租人使用，承租人定期给付约定租金，并于合同终止时将房屋完好地归还出租人的协议。

1. 房屋租赁合同应包含哪些内容？

荣凯说法：

（1）房屋租赁当事人的姓名（名称）和住所；

（2）房屋坐落、面积、结构、附属设施，家具和家电等室内设施状况；

（3）租金和押金数额、支付方式；

（4）租赁用途和房屋使用要求；

（5）房屋和室内设施的安全性能；

（6）租赁期限；

（7）房屋维修责任；

（8）物业服务、水、电、燃气等相关费用的缴纳；

（9）争议解决办法和违约责任；

（10）其他约定。

注：房屋租赁当事人应当在房屋租赁合同中约定房屋被征收或者拆迁时的处理办法。

2. 承租人未经出租人同意改变房屋用途且将房屋转租，出租人应当怎么办？

荣凯说法：根据法律规定，承租人应当按照合同约定的方式和用途使用租赁房屋，不得擅自改动房屋结构和拆改室内设施，更不得损害其他业主和使用人的合法权益。若承租人有以上行为对出租人的房屋和设施造成损害，承租人应当负责修复或者承担赔偿责任。

承租人未经出租人的书面同意，不得将房屋转租。根据《商品房屋租赁管理办法》和《合同法》的规定，承租人未经出租人书面同意转租的，出租人可以解除租赁合同，收回房屋并要求承租人赔偿损失。

3. 承租人租住房屋6个月，未签订租赁合同，该合同有效吗？

荣凯说法：关于租赁合同的期限问题，《合同法》做了相关规定，租赁期限在6个月以上的，应当签订书面合同；当事人未采用书面形式的，视为不定期租赁。即使是有租赁合同的，租赁期限最长不得超过20年，否则超过部分无效。当租赁期限届满时，当事人可以续订租赁合同，但约定的租赁期限自续订之日起不得超过20年。

4. 出租人要将房屋卖掉，承租人可以主张优先购买权吗？哪些情形下不能主张？

荣凯说法：出租人出卖租赁房屋的，应当在出卖之前的合理期限内通知承租人，承租人享有因同等条件优先购买的权利，因此你可以在同等条件下主张优先购买权。若属于以下几种情形，则不可以主张：（1）房屋共有人行使优先购买权；（2）出租人的近亲属主张购买的；（3）出租人履行了通知义务，承租人在15日内未明确表示购买的；（4）出租人已经与善意第三人办理、过户登记手续的。

5. 租赁的房屋被法院查封了，怎么办？

荣凯说法：租赁的房屋被法院查封，无法继续使用，承租人可以请求解除合同并要求出租人承担损失。除了被法院查封的情形以外，以下情形也可以请求解除合同：（1）租赁房屋被行政机关和司法机关查封；（2）租赁房屋权属有争议，出租人不是房主或有其他情形；（3）租赁房屋具有违反法律、行政法规关于房屋使用条件强制性规定情形的，如出租房屋为违法建筑，不符合安全防火等工程建设强制性标准等。

6. 经出租人同意对房屋进行了装修，现在不继续承租了，怎么处理？

荣凯说法：首先，要看不继续承租的前提是什么，是合同无效、租期届满还是合同解除。不同的情形有不同的处理方法。

对于合同无效的情形，若属于装饰物，出租人同意利用，则可以折价归出租人所有；若不同意且未形成附合的由承租人拆除，形成附合的按照各自导致合同无效的过错分担现值损失。

若租赁期间届满或者是合同解除，除当事人另有约定外，未形成附合的装饰装修物，由承租人拆除，因拆除造成的房屋毁损，承租人应当恢复原状。

7. 出租人将房屋出卖，新的买受人要求腾房，可以不搬吗？

荣凯说法：根据《合同法》的规定，租赁物在租赁期间发生所有权变动的，不影响租赁合同的效力。《最高人民法院关于贯彻执行〈中华人民共和国民法通则〉若干问题的意见（试行）》第119条规定，私有房屋在租赁期内，因买卖、赠与或者继承发生房屋产权转移的，原合同对租赁人和新房主继续有效。在租赁合同存续期间，出租人将房屋出卖，不影响租赁合同的效力，承租人可以在该房屋中居住至租赁合同期限届满。这在民法上叫做"买卖不破租赁"，即在租赁合同有效期间，租赁物因买卖、继承等使租赁物的所有权发生变更的，租赁合同对新所有权人仍然有效，新所有权人不履行租赁义务时，承租人得以租赁权对抗新所有权人。

第五节 物业管理及物业服务合同

1. 什么是物业服务合同？物业服务包括哪些种类？

荣凯说法：物业服务合同是一种规范物业管理关系双方当事人就特定物业的管理事项而合意设定的当事人双方的权利义务关系的合同。《合同法》并未对此进行规定，实践中对物业管理关系主要是由部门规章及地方规章来实现的。属于无名合同的一种，是我国实行住房改革和房地产事业发展的必然产物。

物业服务有前期物业服务和物业管理服务之分。前期物业服务是在业主、业主大会选聘物业服务企业之前，建设单位选聘物业服务企业进行管理的服务。

2. 物业服务合同都包含哪些内容？

荣凯说法：物业服务合同应当对物业服务内容、服务标准、收费标准、物业服务用房、专项维修资金的管理与使用、合同期限以及双方的权利义务、违约责任等内容进行约定。物业服务合同应当对物业服务企业在有关业主、物业使用人人身、财产安全防范方面的义务合同责任做出约定。

物业服务内容主要包括物业共用部位及共用设施设备的使用、管理和维护；公共绿化的维护；公共区域环境卫生的维护；公共区域的秩序维护、安全防范等事项的协助管理服务；物业使用中对禁止行为的告知、劝阻、报告等义务；物业维修、更新、改造费用的账务管理；物业服务档案和物业服务档案的保管；其他物业管理事项。

3. 物业费的收取有标准吗？物业公司随意涨物业费有依据吗？

荣凯说法：物业服务费用实行政府指导价和市场调节价。普通住宅类物业服务收费实行政府指导价，其他物业的物业服务收费实行市场调节价。实行政府指导价的，价格主管部门应当会同物业主管部门，根据住宅物业种类、服务内容、服务等级和物价指数变动情况等，制定相应的基准价和浮动幅度，并每年向社会公布。具体收费标准由业主与物业服务企业根据基准价和浮动幅度在物业服务合同中约定。

4. 物业费都包括哪些项目？

荣凯说法：主要包括以下几个方面：（1）物业服务人员的工资、业主交的物业费用一部分用于支付物业服务人员的工资、福利、加班与服装费等；（2）物业共用部分和共用设施设备的日常运行维护费用；（3）物业管理区域清洁卫生费用，包括小区道路、广场、停车场、绿地等的清洁；（4）管理区域秩序维护，其中有小区安保巡逻等；（5）物业管理服务固定资产折旧费；（6）和业主协商的其他费用。

5. 所购房屋存在质量问题，业主可以以此为由拒付物业费吗？

荣凯说法：房屋有质量问题是房屋买卖合同关系，与物业服务不是同一法律关系。因此，保修期内的房屋质量问题应由开发商承担，而不能找物业公司解决。物业公司履行了物业合同中的相关服务事项，业主应当交纳物业费，而建设单位的违约通常也不能作为拒交物业费的抗辩理由，除非开发建设单位与物业服务企业签订委托合同，约定房屋质量问题由物业管理公司负责。《山东省物业管理条例》第74条规定，建设单位应当健全物业售后维修服务体系，按照国家和省有关规定的保险期限、范围，承担物业的保险责任。

6. 汽车在小区内丢失，业主可以向物业索要赔偿吗？

荣凯说法：根据相关法律和《2011年山东省高级人民法院关于印发全省审判工作会议纪要的通知》的规定，业主将机动车辆停放在住宅小区内，发生机动车辆丢失或者毁损的，应按照业主或者业主委员会与物业服务企业签订的物业服务合同中有关机动车辆服务管理的约定确定物业服务企业的赔偿责任；业主或者业主委员会没有与物业服务企业签订机动车辆服务管理协议的，机动车辆发生丢失或者毁损的，可以根据物业服务企业在物业服务合同约定中所承担的安全保障义务，结合其过错程度、物业服务费收取标准等因素确定物业服务企业应当承担的赔偿责任。

7. 业主在小区内受到人身伤害，可以要求物业进行赔偿吗？

荣凯说法：在小区内受到人身伤害分为两种情况，即业主受到小区内的公共设施造成的人身损害或受到第三人的侵权导致的损害。

若因住宅小区内的公共设施等物件造成业主财产或者人身损害的，是因物业服务企业的过错导致，物业服务企业应当承担相应的赔偿责任。

在物业服务区域内，因第三人侵权造成业主人身或者财产损害的，受害人请求物业服务企业承担赔偿责任的，可根据物业服务企业是否履行相应职责或者履行职责是否存在过错确定物业服务企业是否应当承担的相应赔偿责任。

8. 成立业主大会的条件是什么？需要哪些材料？

荣凯说法：

（1）在一个物业管理区域内成立一个业主大会，物业管理区域符合已交付的专有部分面积超过建筑总面积（入住业主的面积之和超过整个园区建筑面积）50%时，具备了成立业主大会的首要条件。

（2）成立业主大会需要准备如下资料：

①物业管理区域证明；

②房屋及建筑物面积清册；

③业主名册；

④建筑规划总平面图；

⑤交付使用共用设施设备的证明；

⑥物业服务用房配置证明；

⑦其他有关的文件资料。

9. 业主大会有哪些职责？

荣凯说法：根据相关法律法规的规定，业主大会可以行使下列职责：

（1）制定和修改业主大会议事规则及管理规约；

（2）选举业主委员会或者更换业主委员会成员；

（3）监督业主委员会工作，听取业主委员会的工作报告，改变或者撤销业主委员会不适当的决定；

（4）选聘、解聘物业服务企业；

（5）筹集和使用共用部位、共有设施设备专项维修资金；

（6）决定改建、重建建筑物及其附属设施；

（7）决定物业管理区域内的其他物业管理事项。

10. 业主在物业管理活动中享有哪些权利？

荣凯说法：房屋的所有权人为业主，业主享有以下权利：

（1）按照物业服务合同的约定，接受物业服务企业提供的服务；

（2）提议召开业主大会会议，并就物业管理的有关事项提出建议；

（3）提出制定和修改管理规约、业主大会议事规则的建议；

（4）参加业主大会会议，行使投票权；

（5）选举业主委员会成员，并享有被选举权；

（6）监督业主委员会的工作；

（7）监督物业服务企业履行物业服务合同；

（8）对物业共用部位、共用设施设备和相关场地使用情况享有知情权和监督权；

（9）监督物业共用部位、共用设施设备专项维修资金的管理和使用；

（10）法律、法规规定的其他权利。

11. 业主应当履行哪些义务？

荣凯说法：业主在物业管理活动中，应当履行如下义务：

（1）遵守管理规约、业主大会议事规则；

（2）遵守物业管理区域内物业共用部位和共用设施设备的使用、公共秩序和环境卫生的维护等方面的规章制度；

（3）执行业主大会的决定和业主大会授权业主委员会做出的决定；

（4）按照国家有关规定交纳专项维修资金；

（5）按时交纳物业服务费用；

（6）法律法规规定的其他义务。

12. 业主大会的召开需要注意哪些问题？

荣凯说法：业主大会会议分为定期会议和临时会议两种。业主大会应当按照业主大会议事规则的规定召开，经20%以上的业主提议，业主委员会应当组织召开业主大会临时会议。会议应当提前15日通知全体业主，会议所议内容应当做好业主大会会议记录。

13. 业主委员会有诉讼主体资格吗？

荣凯说法：依据《物权法》和国务院《物业管理条例》的规定，业主委员会作为业主大会的执行机构，依法有权维护住宅小区全体业主的合法权益，在住宅小区业主的共同利益遭受损害时，有权代表全体业主向人民法院提起诉讼，即业主委员会具有民事主体和诉讼主体资格。依据《物权法》第78条、第83条的规定，业主委员会的诉权范围仅限于住宅小区内业主的共有权和共同管理权遭受损害的情形，业主的专有权受到侵害，应由业主主张权利。

14. 如何撤销业主委员会的决议？

荣凯说法：当业主委员会做出的决定不合理时，业主该怎么办？根据《物业管理条例》的规定，业主大会或者业主委员会的决定，对业主具有约束力。业主大会或者业主委员会做出的决定侵害业主合法权益的，受侵害的业主可以请求人民法院予以撤销。该规定赋予了被侵害权益业主获得司法救济的权利。业主可以以个人名义对业主委员会的决定进行起诉，只要有不合理的地方，都有权提出申请，将其取消。

第六节　案例解答

1. 中介公司往往在未取得产权人转让授权的情况下便与买方签订《委托购买合同》，中介公司的行为是否具有合法性？该行为能否认定为欺诈？相对人是否构成重大误解？中介公司是否当然取得房屋产权人的授权？

荣凯说法：现行法律、法规并没有强制规定中介公司必须在已取得房源的情况下方能接受买房人的委托，因此除合同另有约定外，其与买房人的订约行为不构成欺诈，但如买房人有理由认为中介公司已取得房源，进而签订《委托购房合同》，应认定为重大误解，其主张撤销合同的诉讼请求，应得到支持。

2. 某中介公司通过分别与交易双方签订合同的方法，赚取差价。这种做法是否违反法律规定？

荣凯说法：2007年1月1日实施的《中国房地产经纪执业规则》明令禁止房地产中介吃差价，但是部门规章不能作为认定合同无效的依据。为维护交易安全，可以在认可合同效力的前提下，参照《合同法》第418条之规定，中介公司高于委托人指定的价格卖出或者低于委托人指定的价格买入的，可以按照约定增加报酬。没有约定或者约定不明确的，该利益属于委托人（出卖人、出租人）。

3. 为迎合购买方偷税心理并赚取利润，某中介公司诱导交易双方订立压低房产交易价格的"阴阳合同"，隐瞒真实交易价格。这种情况下签订的合同是否无效？

荣凯说法：根据法律规定，恶意串通损害国家、集体或者第三人利益的民事行为无效。在能够查明双方真实交易价格的情形下，不应简单以恶意串通、损害国家利益为由认定双方所签订的合同无效，但应向工商、税务等部门发出建议函，建议相关部门追缴偷逃税款或采取相关行政措施。

4. 中介公司承担着审查产权人处分权、购房人（承租人）履约能力、代收代转定金、代收预付款、代办贷款等义务，由于中介公司的过错，导致交易一方遭受损失，中介公司是否应当承担责任？

荣凯说法：虽然中介公司履行审查产权人处分权、购房人履约能力等义务具有居间性质，但委托人系基于对中介公司的信任进而与相对人进行交易，如无处分权人擅自转让他人房产、购房人无购买能力导致合同无效或不能履行，甚至遭受重大损失，中介公司应承担违约责任或适当比例的损害赔偿责任。

5. 张先生于1999年8月与王先生签订了一份二手房买卖契约。在契约中双方约定：张先生将自己位于城区的房改房出售给王先生，由王先生在本合同签订后一次性付给张先生人民币28万元整。但到房屋土地管理部门办理产权过户时被告知，此房产不能办理过户登记及产权转移手续。王先生能否要求退款及赔偿相应的经济损失？

荣凯说法：本案中涉及的以标准价购买的房屋职工拥有部分产权。职工以标准价购买的房改房，原售房单位拥有6%的产权，职工拥有94%的产权。如果需要上市出售，则需要符合如下条件：单位与职工个人在协议中有约定的，从其约定；没有约定的，如上市出售应征得原产权单位的同意，未经产权单位同意，不能上市出售。职工也可将标准价的房屋转为成本价的房屋，然后再上市出售。

6. 张某与妻子范某共同共有一套房产，于2010年3月与李某签订房屋买卖协议，将房产卖与李某，未办理过户手续，且未经过张某妻子范某的同意。2010年5月，张某又与陈某签订房屋买卖协议，将房产卖与陈某并办理了房屋的过户手续，而且在此次房产买卖过程中，范某是同意处分房产的并在房屋买卖协议上签了字。后李某得知张某"一房二卖"，起诉至法院，要求张某继续履行协议，将房屋过户到自己的名下。请问：张某的诉求能否得到支持？

荣凯说法：《合同法》第110条规定："当事人一方不履行非金钱债务或者履行金钱债务不符合约定的，对方可以要求履行，但有下列情形之一的除外：（一）法律上或者事实上不能履行；（二）债务的标的不适于强制履行或者履行费用过高；（三）债权人在合理期限内未要求履行。"在该案件中，张某已经与陈某办理了房屋过户手续，该房产已经登记在陈某名下，物权已经发生转移。此时，李某要求张某继续履行协议内容，在法律上已经是不能履行。同时，张某处分房产，根据《婚姻法》及相关法律之规定，应经过妻子范某的同意，否则，处分行为无效。因此，李某要求张某继续履行协议是很难得到法院支持的。在此种情况下，李某可以要求张某承担一定的违约责任，如支付违约金。

7. 2012年6月3日，小潘与老许签订了关于济南某套房屋的买卖合同，当天买方小潘向老许交付了2万元定金。双方约定于2012年8月31日前办理过户手续。后小潘按照合同约定期限准备好了购房款并要求办理过户手续，但老许单方面要求涨价，未按照合同约定期限履行合同。小潘多次联系，并致函老许履行合同，老许均不予理睬。

在此种情况下，买房者小潘可否要求解除合同，并要求卖方老许双倍返还定金？

荣凯说法：双方签订的房屋买卖合同合法有效，双方当事人均应按照约定履行自己的义务，不得擅自变更或者解除合同。双方在合同签订后未能就价格问题重新达成协议，故双方均应按2012年6月3日的合同约定履行。根据我国《合同法》第115条的规定，给付定金的一方不履行约定的债务的，无权要求返还定金；收受定金的一方不履行约定的债务的，应当双倍返还定金。

8. 张某是自己小区业主委员会的一员，他想知道，业主委员会是否具备诉讼主体资格？

荣凯说法：依法成立的业主委员会在其职责范围内，经业主代表大会授权，有权就与物业管理有关的、涉及全体业主公共利益的事宜，以物业公司为被告向人民法院提起民事诉讼。与物业管理无关的、个别或部分业主的事宜，业主委员会无权向人民法院提起民事诉讼。

9. 陈某想购买一套商品房，他想知道开发商是否正规，请问他应注意哪些问题？

荣凯说法：一个合法正规的房地产开发商，必须具备齐全的"五证""二书"。所谓"五证"，是指国有土地使用权证、建设用地规划许可证、建设工程规划许可证、建设工程施工许可证（也叫建设工程开工证）、商品房销售预售许可证；"二书"是指住宅质量保证书和住宅使用说明书。这也是法律对销售方的基本要求。

10. 张大妈几年前在某小区买了一处六楼顶楼的房子，当时开发商说，楼顶上的露台可以"免费赠送"。入住后，张大妈请来了建筑工人，在楼顶上建起了精巧别致的小园林。不久之后，楼下住户提出楼顶属于全体业主共有，不能由李大妈一个人占有使用，要求拆除楼顶花园。请问：楼下住户的要求是否合理？

荣凯说法：根据《最高人民法院关于审理建筑物区分所有权纠纷案件具体应用法律若干问题的解释》的相关规定，符合下列条件的楼顶露台，应当认为属于业主的专有部分：（1）符合规划。也就是说，规划设计上有楼顶平台。如果规划设计只有楼顶，没有平台的，该平台就是违法建筑，就不存在是共有部分还是专有部分的问题。（2）必须具备"具有构造上的独立性，能够明确区分"和"具有使用上的独立性，可以排他使用"的条件。（3）建设单位销售时已经根据规划列入特定房屋买卖合同。

11. 张某有一套商品房，他想在这套房子里开间琴行，请问：他可以这样做吗？

荣凯说法：《物权法》第77条规定，业主不得违反法律、法规以及管理规约，将住宅改变为经营性用房。业主将住宅改变为经营性用房的，除遵守法律、法规以及管理规约外，应当经有利害关系的业主同意。"住改商"行为的合法性需要满足两个条件：遵守法律、法规以及管理规约；应当经有利害关系的业主同意。未经有利害关系的业主同意，其行为仍不具备合法性。因此，张某若想开间琴行，必须征得相关利害业主的同意。

12. 购房者购买房屋后在何种情况下可以解除合同？

荣凯说法：依据法律规定，合同解除主要有以下几种情况：（1）商品房买卖合同订立后，出卖人未告知买受人又将该房屋抵押给第三人；（2）商品房买卖合同订立后，出卖人又将该房屋出卖给第三人；（3）故意隐瞒没有取得商品房预售许可证明的事实或者提供虚假商品房预售许可证明；（4）故意隐瞒所售房屋已经抵押的事实；（5）故意隐瞒所售房屋已经出卖给第三人或者为拆迁补偿安置房屋的事实；（6）因房屋质量问题严重影响正常居住使用；

(7)因房屋主体结构质量不合格不能交付使用,或者房屋交付使用后,房屋主体结构质量经核验确属不合格;(8)出卖人迟延交付房屋或者买受人迟延支付购房款,经催告后在三个月的合理期限内仍未履行;(9)商品房买卖合同约定或者《城市房地产开发经营管理条例》第33条规定的办理房屋所有权登记的期限届满后超过一年,由于出卖人的原因,导致买受人无法办理房屋所有权登记手续;(10)《合同法》《城市房地产管理法》等法律规定的其他合同解除的情形。

13. 张先生与吴先生是朋友关系。2005年,张先生以吴先生的名义购买了一套经济适用房。当时并未办理房产证,双方也未签订任何协议,只是口头约定待房屋可以办理过户手续时吴先生协助张先生办理。后张先生将该房进行装修,并搬进该房。后吴先生反悔,要求张先生将该房腾出。吴先生的请求是否合理?

荣凯说法:张先生与吴先生之间虽然未签订书面合同,仅达成口头协议,但是根据《合同法》的相关规定,口头协议亦属于合同的一种形式。根据《合同法》第52条第五项之规定,有下列情形之一的,合同无效:(五)违反法律、行政法规的强制性规定。经济适用房是具有社会保障性质的商品住房,是政府提供的政策性优惠,购买人必须满足国家规定的条件,购买资格具有专属性。吴先生与张先生之间的合同违反了国家关于购买经济适用房的条件,即行政法规的强制性规定,应属无效。合同无效后,吴先生可以要求张先生将该房屋返还。但是,对于该份合同的签订,张先生与吴先生均有过错。所以,张先生因购买该房所支付的购房款、税费及装修费用等相关费用,张先生可以要求吴先生返还。

14. 王女士在2005年夏天经过精挑细选后相中了一套面积147平方米、总价款39万余元的商品房。与开发商签订商品房预订合同后,王女士先是预交了5000元定金,随后又于当年9月依约一次性交清房款。开发商出具了收据后，告诉王女士2006年10月底前就可以搬进新房了。直到2007年7月，开发商不但没有跟她签订正式的商品房买卖合同，竟然又以44万元的价格将王女士订购的房子卖给了他人，该价格高出王女士预订价近5万元。王女士能获得什么赔偿？

荣凯说法：《最高人民法院关于审理商品房买卖合同纠纷案件适用法律若干问题的解释》第8条明确规定，商品房买卖合同订立后，出卖人又将该房屋出卖给第三人，导致商品房买卖合同目的不能实现的，无法取得房屋的买受人可以请求解除合同、返还已付购房款及利息、赔偿损失，并可以请求出卖人承担不超过已付购房款一倍的赔偿责任。王女士可要求解除其与开发商之间的房屋预订合同，返还房款，并要求开发商承担已付房款一倍的赔偿。

15. 1993年，李某购得平房三间居住。2006年，其儿子李某某居住此房。2007年4月，李某某在征得母亲同意后，从母亲手中取走房屋产权手续，将此房以3.6万元的价格卖给了杨某。在李某某搬家时，其父亲也参与其中。2008年秋，县政府统一拆除平房，并按照政策补偿此房10万元。李某称，其儿子是在其未知情的情况下从家中拿走房产手续卖与他人的，因此儿子与杨某的购房协议无效。李某的说法正确吗？

荣凯说法：李某某未经父亲同意将房屋卖给他人，属于无权代理；李某某搬家，李某也参与其中，李某在长达一年半的时间里并未提出异议，可以推定对其儿子的卖房行为已经默认；杨某从李某某手中购得房屋，并非恶意串通，杨某作为第三人并无过失，李某某卖房的行为已经构成法律上的表见代理，因此李某某与杨某的购房协议应为有效。

16. 2010年，张某在其父母的资助下，交付首付款购买了一套商品房用于结婚。在开发商交付房屋时，张某发现该房屋多处存在漏水浸渍、表皮脱落、墙体干裂等严重质量问题，于是张某未收房并要求开发商对该房屋进行修理。开发商在检查后确认是房屋质量问题并进行了维修。直到2011年10

月，该房屋因质量问题维修不下数十次，导致张某购买后无法入住，一直在外租房居住。张某可否向开发商要求退房并赔偿损失？

荣凯说法：本案中，张某可以与开发商解除合同并要求开发商赔偿损失。根据《最高人民法院关于审理商品房买卖合同的纠纷案件适用法律的解释》的第13条规定，因房屋质量问题，严重影响正常的居住使用，买受人请求解除合同和赔偿损失的，人民法院应予支持。

17. 2001年9月，刘某与张某签订一份房屋买卖合同，将自己仅取得土地使用权证的房产卖给张某，售价3万元，双方办理了土地使用权证的变更登记后，刘某随即搬离了房屋，张某交付了房款3万元。后来，刘某以房屋未办理房产证不能转让为由主张买卖合同无效，要求张某返还房屋。张某该怎么办？

荣凯说法：《城市房地产管理法》第37条第6项明确规定，未依法领取权属证书的房地产禁止转让，该条应理解为没有取得土地使用权和房屋产权的房地产禁止转让，即产权全无的房地产才是法律规定禁止转让的对象。本案中，房屋已领取了土地使用权证书，不在法律禁止转让的范围内，刘某与张某的房屋买卖合同符合合同成立生效的法律要件，没有违反法律的强制性规定，应确认房屋买卖合同有效。既然张某已经支付了房款，张某可以要求刘某协助办理房产证，履行出卖方给付标的物的义务。

18. 冯某与张某约定，冯某于2007年2月1日将一处门面房租给张某，租期3年，租金每月1000元。合同履行一年后，经冯某同意，张某将房屋转租给翁某，并约定租期二年、月租金1200元。但自2008年8月1日开始，张某拖欠租金，冯某多次催告无果后欲解除合同，翁某表示愿意代张某交付租金。翁某请求能否实现？

荣凯说法：首先，本案中有两个有效的租赁合同，并且冯某为出租人，张某为承租人，翁某为次承租人。本案中，张某转租房屋经过了冯某的同意，故根据《合同法》第224条的规定："承租人经出租人同意,可以将租赁物转租给第三人。承租人转租的,承租人与出租人之间的租赁合同继续有效。"可以看出,转租合同有效。其次,根据《最高人民法院关于审理城镇房屋租赁合同纠纷案件具体应用法律若干问题的解释》第17条的规定："因承租人拖欠租金,出租人请求解除合同时,次承租人请求代承租人支付欠付的租金和违约金以抗辩出租人合同解除权的,人民法院应予支持。但转租合同无效的除外。"如果翁某提出替张某支付到期租金,则张某不能反对,冯某也不得拒绝,因为张某不支付到期租金,冯某享有解除权,冯某解除与张某的租赁合同后,翁某相对于冯某为无权占有人,冯某可以对翁某行使返还原物请求权。可见,张某不支付到期租金与翁某具有法律上的利害关系,所以法律赋予翁某代位清偿请求权。

19. 李某住某小区三楼,该小区一、二楼由某银行承租。2009年7月,该银行与李某签订合同,约定银行利用李某房屋对应的临街外墙面挂上建设银行的招牌,每年支付租金5万元,从2010年1月1日起计算。银行按约支付了租金,并挂上牌匾。后小区业主委员会知道了此事,要求平分这部分收益。业主委员会的要求对吗?

荣凯说法:《物业管理条例》第7条第7项规定,处分建筑物共有部分应当由全体业主共同决定,除非事后取得全体业主追认,否则单个业主无权就共有部分进行处分。小区墙面均为全体业主所有,因此李某的收益应当为全体业主所有。业主委员会的要求是合理的。

20. 2008年6月,刘某为了购买住房,与某房产中介公司签订了一份《房地产买卖居间协议》,约定由中介公司作为居间人将王某的一套房屋介绍给刘某,房款为人民币60万元,双方在协议中约定了付款方式、意向金的数额及处理办法等事项。其中,第11条还约定:"由于刘某的原因导致房地产买卖合同未签订的,刘某应向中介公司支付总房款3%的违约金。"协议签订后，刘某按约支付给中介公司意向金5000元。后由于刘某与上家王某在付款问题上不能达成一致意见，买卖合同没有签成。中介公司遂以刘某拒绝签订买卖合同为由要求刘某支付违约金18000元，刘某是否应该支付违约金给中介公司？

荣凯说法：根据《合同法》第41条的规定："提供格式条款一方免除其责任、加重对方责任、排除对方主要权利的，该条款无效。"本案中，《房地产买卖居间协议》系中介公司提供的格式条款，其中第11条约定的内容，剥夺了买卖双方进一步协商的权利，意味着房屋买卖必须成交，否则委托人即应承担违约责任。而中介公司却使自己居于无论居间行为是否成功均可获得相应报酬的有利地位，显然与当事人应当遵循公平原则确定各方的权利和义务的法律规定相悖，故该约定的条款无效。中介公司依此收取违约金的主张不受法律保护。

第七章

农村土地篇

第一节 拆迁安置纠纷

1. 什么是拆迁？

荣凯说法：拆迁是指取得拆迁许可的单位，根据城市建设规划要求和政府批准的用地文件，依法拆除建设用地范围内的房屋和附属物，将该范围内的单位和居民重新安置，并对其所受损失予以补偿的法律行为。

2. 什么是拆迁补偿？

荣凯说法：拆迁补偿是指房屋征收部门自身或者委托房屋征收实施单位依照我国集体土地和国有土地房屋拆迁补偿标准的规定，在征收国有、集体土地上单位、个人的房屋时，对被征收房屋所有权人（以下称"被征收人"）给予公平补偿。

3. 什么是产权置换？

荣凯说法：产权置换也被称作产权调换，根据评估方法不同，有两种置换方式：价值标准产权置换和面积标准产权置换。价值标准产权置换指的是依照法定程序，通过对被拆迁人房屋的产权价值进行评估，之后再以新建房屋的产权予以价值的等价置换。面积标准产权置换指的是以房屋建筑面积为基础，在应安置面积内不结算差价的异地产权房屋调换。

荣凯说法：产权置换分为两种形式：异地安置和回迁安置。异地安置是指由于开发商项目不涉及住宅或由于该地块容积率原因，不能进行回迁安置，只能选择在其他地块上新建安置房，再通过产权的增减尽量以等价价值做到产权置换。回迁安置是指开发商拆迁重建项目能够完成回迁安置，通过产权置换比例完成回迁安置。

4. 房屋拆迁后如何评估？

荣凯说法：首先可由拆迁主管部门责成拆迁人组织召开拆迁评估单位与被拆迁人的对话会，由评估机构详细介绍评估的依据、采用的方法、考虑的因素、计算过程和结果产生的依据等。如果评估机构说明后，被拆迁人对评估结果仍有异议的，被拆迁人可以委托其他具备资质的评估机构重新评估；如两个评估单位的评估结果超过规定的误差范围，或两个评估单位的评估结果虽在规定的误差范围之内，但被拆迁人仍不满意的，则由拆迁主管部门组织由拆迁人、被拆迁人、有关专家及各界代表参加听证会，由两个评估机构进行答辩，由专家组对估价结果是否合理进行鉴定。为此，应建立相应的拆迁评估委员会和拆迁评估专家库，拆迁评估委员会由拆迁评估专家库随机产生，对拆迁评估进行技术指导和异议鉴定。

5. 什么是强制拆迁？

荣凯说法：被拆迁人或者房屋承租人在裁决规定的搬迁期限内未搬迁的，由市人民政府责成有关部门实施强制拆迁，或者由房屋拆迁主管部门依法申请人民法院强制拆迁。实施强制拆迁之前，拆迁人应当就被拆除房屋的有关事项，向公证机关办理证据保全。

第二节 农村房屋买卖

1. 农村房屋买卖应注意哪些必要程序？

荣凯说法：（1）房屋买卖应经集体即村民委员会书面同意。（2）如系共有房屋，必须征得其他共有人同意。（3）应提交户口簿、居民身份证及土地证、房产证等相关材料的原件。（4）应到产权登记部门查看房屋产权是否存在瑕疵，如是否存在抵押等担保、是否有人民法院采取查封等财产保全措施情况。（5）应订立书面买卖合同并办理审批、过户等手续。房屋买卖合同应由相关职能部门审批，并办理"宅基地证"或"集体土地使用证"的过户更名手续；还应到房产管理部门依法办理"房产证"的过户更名手续。

2. 村集体经济组织成员违法占用农用地建房是否违法？

荣凯说法：我国依法实行土地用途管制制度，土地的利用应符合土地利用总体规划，涉及农用地转为建设用地等土地用途变更事项的，法律均设定了严格的行政分级审批程序。未依法定程序占用农用地建房属于严重的违法用地行为，其所建房屋属违法建筑，行为人不能取得物权。

3. 农村宅基地转让有哪些条件？

荣凯说法：宅基地使用权的受让主体是有一定范围限制的，即宅基地使用权只能转让给本集体经济组织的成员；如果转让给村外人员，该受让人必须在本村落户并且符合申请宅基地的条件、符合宅基地使用权的条件，即一户一宅的规定。宅基地使用权的转让必须同房屋同时转让，并履行相关的登记和审批手续，而且应当及时办理变更登记，不可私下买卖、非法交易。

4. 申请宅基地有哪些条件？

荣凯说法：（1）因子女结婚等原因确需分户，缺少宅基地的。（2）外来人口落户，成为本集体经济组织成员，没有宅基地的。（3）因发生或者防御自然灾害、实施村庄和集镇规划以及进行乡（镇）村公共设施和公益事业建设，需要搬迁的。

5. 哪些情况不予批准使用宅基地？

荣凯说法：（1）年龄未满18周岁的。（2）原有宅基地的面积已经达到规定标准或者能够解决分户需要的。（3）出卖或者出租村内住房的。

第三节　关于村民资格

1. 哪些情况可以认定为本村集体经济组织成员？

荣凯说法：根据《中华人民共和国农村土地承包法》（以下简称《农村土地承包法》）和《山东省实施〈中华人民共和国农村土地承包法〉办法》的相关规定，符合下列条件之一的本村常住人员，为本集体经济组织成员：

（1）本村出生且户口未迁出的；

（2）与本村村民结婚且户口迁入本村的；

（3）本村村民依法办理领养手续且户口已迁入本村的子女；

（4）其他将户口依法迁入本村，并经本集体经济组织成员的村民会议2/3以上成员或者2/3以上村民代表的同意，接纳为本集体经济组织成员的。

2. 符合哪些条件的农村妇女可以要求在原居住地长期居住并享有土地承包经营权？

荣凯说法：按照省委办公厅、省政府办公厅"厅字〔2001〕26号"文件第4条的规定，农村妇女要求在原居住地长期居住并享有土地承包经营权，只要符合以下五项条件者应当依法支持：

一是嫁给具有非农业户口人员（城镇居民）的；

二是离婚或丧偶的妇女；

三是结婚妇女本人为独生女；

四是结婚妇女虽有兄弟姐妹，但都因残疾无力尽赡养父母义务的；

五是姊妹在两人以上，可确定其中一位享受本项政策规定。

除上述情形以外的妇女，要求在原居住地长期居住生活的，应参照《山东省实施〈中华人民共和国农村土地承包法〉办法》第6条第4款的规定办理。

3. 村民委员会是什么性质的组织？

荣凯说法：村民委员会是建立在农村的基层群众性自治组织，不是国家基层政权组织，不是一级政府，也不是乡镇政府的派出机构。

4. 村民自治的方式是什么？

荣凯说法：根据《村民委员会组织法》的有关规定，村民自治的方式是实行民主选举、民主决策、民主管理、民主监督。民主选举，是指由广大村民直接选举产生村民委员会，这是村民自治的基础；民主决策，是指村中涉及村民利益的问题，必须由村民参与决定，这是村民自治的关键；民主管理，是指村民依照一定的法律制度参与村中事务的管理，这是村民自治的核心；民主监督，是指村民对村民委员会的工作及村干部的行为实施监督，就是实行村务公开，这是实行村民自治的可靠保证。

5. 外出务工农民是否享有土地承包经营权？

荣凯说法：根据《农村土地承包法》的规定，只要是农村集体经济组织成员，就有权依法承包由集体经济组织发包的农村土地。任何组织和个人不得剥夺和非法限制农村集体经济组织成员承包土地的权利。

外出务工农民是为了改善生活而暂时离开本村，并没有改变其本村集体经济组织成员的性质，所以外出务工的农民即使没有在发包期间回家也不能就此剥夺其承包经营权；也不能因为外出务工的人员长时间未回家就将其原承包的土地任意给收回。如果出现发包方剥夺了外出务工人员的土地承包经营权的情况，外出务工人员要求承包经营权的，应当予以支持。

6. 农户在农转非后是否可以自主处理其原自留山或自留地上的果木？

荣凯说法：根据宪法和法律的规定，我国土地除了全民所有就是集体所有，土地的所有权是禁止买卖的。农村的土地，包括耕地、宅基地、自留山、自留地等各种土地，均属于村集体经济组织所有，农户在承包土地之后，只是获得了土地使用权。据此，如果农户已经农转非了，自留山、自留地土地应由村集体经济组织收回，然后再按照法定的程序将此类土地发包给他人经营。土地的所有权虽然归村集体经济组织所有，但并不意味着农户在地上投资的利益不受保护。

根据法律的规定，承包方依法享有承包地收益的权利，承包方有权自主组织生产经营和处置产品；如果承包方在承包期内将承包地交回发包方，承包方对其在承包地上投入而提高土地生产能力的有权获得相应的补偿。所以，如果农转非的农户在自留山、自留地等种植果木，其种植的果木就是其承包生产的收益，则农户当然可以对种植的果木进行处理，获得自己劳作的收益。

7. 承包方可否将土地承包经营权流转给本村集体经济组织成员之外的单位或者个人？

荣凯说法：《农村土地承包法》有关于土地承包经营权的流转要遵循的原则：只是要求受让方须有农业经营能力，并没有对受让方做其他要求的规定。

《农村土地承包经营权流转管理办法》中规定，农村土地承包经营权流转的受让方可以是承包农户，也可以是其他按有关法律及有关规定允许从事农业生产经营的组织和个人。在同等条件下，本集体经济组织成员享有优先权。

根据以上规定可以看出，法律对于农村土地承包经营权的受让方并没有做限制性的规定。承包方可以将土地承包经营权流转给本集体经济组织成员之外的单位和个人。

8. 出嫁女和离婚妇女的土地承包经营权如何处理？

荣凯说法：《农村土地承包法》对出嫁女和离婚妇女的承包地问题做了专门的规定：一是在承包期限内，妇女结婚，在新居住地取得承包地的，发包方可以收回其原承包地。二是在承包期限内，妇女结婚，在新居住地未取得承包地的，发包方不得收回其原承包地。

该法对离婚或者丧偶的妇女做了如下规定：一是如果妇女在离婚或者丧偶后，仍在原居住地生活，发包方不得收回其承包地。二是如果妇女在离婚或者丧偶后不在原居住地生活，但在新居住地未取得承包地的，发包方也不得收回其承包地。

第四节　承包地纠纷

1. 什么是农村土地承包经营权？

荣凯说法：农村土地承包经营权，是指农村集体经济组织成员在法律规定或者合同约定的范围内享有的，对本村集体经济组织所有的土地、森林、山岭、草原、荒地、滩涂、水面等进行占有、使用和收益、流转等方面权利的总和。

农村土地承包经营权是用益物权的一种。根据法律的规定，农村土地承包经营权是村集体经济组织成员享有的法定权利，任何组织和个人不能剥夺土地承包经营权，也不能非法限制土地承包经营权。

2. 发包方就同一土地签订两个以上承包合同，谁将获得土地承包经营权？

荣凯说法：一般情况下，发包方是不会就同一块土地同时与两个以上的人签订承包合同的，但现实中却经常出现此类情形。根据我国法律的规定，发包方就同一土地签订两个以上承包合同，应根据具体情况进行处理：（1）如果承包合同已经依法进行了登记，则已经登记的承包方优先于未登记的合同承包方享有土地承包经营权。（2）如果几个承包合同均未依法登记，则生效在先的承包方优先于生效在后的承包方享有承包经营权。关于合同是否生效的问题，应当根据我国《合同法》的规定进行判断。（3）若根据前两项仍无法确定的，则已经根据承包合同合法占有使用承包地的人取得土地承包经营权，但争议发生后一方强行先占承包地的行为和事实，不得作为确定土地承包经营权的依据。

3. 合同尚未到期，土地又被重新发包给第三人，两人都有合同，应由谁承包？

荣凯说法：《最高人民法院关于审理农业承包合同纠纷案件若干问题的规定》第13条规定，对实行专业承包或者招标承包的承包方，在承包期满后对原承包经营的标的物在同等条件下主张优先承包经营权的，人民法院应当予以保护。因此，在同等条件下，原承包人的优先承包权是应该保护的。

4. 农村妇女是否享有平等的土地承包权？

荣凯说法：《土地承包法》规定，在农村土地承包中，妇女与男子享有平等的权利：（1）妇女在承包中的合法权益应当受到保护，任何组织和个人不得剥夺、侵害妇女应当享有的土地承包经营权；（2）承包期内，妇女结婚，在新居住地未取得承包地的，发包方不得收回其原承包地；（3）妇女离婚或者丧偶，仍在原居住地生活或者不在原居住地生活但在新居住地未取得承包地的，发包方不得收回其原承包地；（4）发包方有法律规定的剥夺、侵害妇女依法享有的土地承包经营权行为的,应当承担停止侵害、返还原物、恢复原状、排除妨害、消除危险、赔偿损失等民事责任,从而保障妇女与男子平等享有土地承包权。

5. 因农业承包合同发生纠纷,有哪些解决的途径?

荣凯说法:农业承包合同的当事人之间发生了纠纷,有以下几种方式解决:

(1)协商解决。协商解决是指由发包方和承包方就争议进行协商,达成共识,解决纠纷。因农村承包合同发生纠纷,当事人双方的关系实际上是集体与村民之间的关系,只要在兼顾集体与村民家庭利益的原则下,本着实事求是、互谅互让的精神,有过错的一方主动承担责任,承认错误,适当赔偿对方的损失,事情是能够得到圆满解决的。如果动辄打官司,不但事情可能得不到解决,相反还会伤了彼此的和气。(2)调解解决。调解解决是指合同纠纷当事人就合同纠纷达不成协议时,由当事人以外的第三人作为调解人,促使当事人双方自愿达成协议、解决纠纷的办法。有时候一方当事人可能为了一时之气不让步,但如果有第三人在场劝说,更便于做说服工作,从而解决问题。(3)仲裁解决。是指仲裁委员会根据承包合同纠纷当事人的申请,在查明事实、分清责任的基础上，依法对纠纷做出裁决。仲裁的结果具有法律效力，生效后可以向法院申请强制执行。（4）诉讼解决。是指人民法院根据承包合同纠纷当事人的起诉，在查明事实、分清责任的基础上，依法做出裁判，以解决合同纠纷的方法。

6. 村民在取得承包地后，是否可以将承包地卖给他人？

荣凯说法：根据国家法律和政策，我国保护农村土地承包关系的长期稳定，但这并不表明在取得承包地之后就拥有了承包地所有权。我国《农村土地承包法》规定，承包人承包的农村土地，是指农民集体所有或者国家所有依法由农民集体使用的耕地、林地、草地，以及其他依法用于农业的土地。实际上，我国现有的法律制度是不允许个人拥有土地所有权的。土地所有权的主体只有两个：一是国有；二是集体所有。村民与发包方签订农业承包合同之后，取得的是承包地的经营权，并非所有权。承包方只能就土地经营权进行流转，不得进行买卖。买卖承包地，是法律禁止的，法律不会保护其利益。

7. 农民的土地承包经营权是否可以用作抵押？

荣凯说法：土地承包经营权并不是绝对不可以抵押的，同时符合以下几个条件的土地可以抵押：（1）不宜采取家庭承包方式的荒山、荒沟、荒丘、荒滩等农村土地的承包；（2）是通过招标、拍卖、公开协商等方式承包上述农村土地，并且已经依法登记取得土地承包经营权证或者林权证等证书的；（3）须经发包方同意抵押。

8. 土地承包合同的发包方单方面解除农业承包合同怎么办？

荣凯说法：如果无法定或约定情形出现，村委会单方面解除农业承包合同，属违约行为，由此产生的经济损失，应由违约方承担。对村委会单方面解除农业承包合同的行为，承包户可以向人民法院提起诉讼，请求法律保护他们的合法承包权。如果在经济上已经受到损失，可在起诉书中一并提出，按照最高人民法院的规定以及《合同法》的有关规定请求责任者予以赔偿。

第五节　宅基地纠纷

1. 什么是宅基地使用权？

荣凯说法：宅基地使用权指的是农村集体经济组织的成员依法享有的在农民集体所有的土地上建造个人住宅的权利。根据我国《物权法》的规定："宅基地使用权人依法对集体所有的土地享有占有和使用的权利，有权利用该土地建造住宅及其附属设施。"

2. 什么是宅基地证？

荣凯说法：宅基地证，通称宅基证，是农村村民在集体土地上因建房需要，向集体组织申请建房用地，经集体报送县（市）人民政府批准后，向县（市）土地行政主管部门申请办理集体土地使用权登记并由县（市）人民政府颁发的集体土地使用证。宅基地证是当前农村村民合法拥有房屋和用地的权利凭证，可以在集体内部成员之间转让，但不得向非集体组织成员转让。

3. 哪些人可以申请农村宅基地？

荣凯说法：根据国家法律及其相关法规规定，下列人员通常可以按照国家法定的批准条件获得宅基地建房：

（1）居住拥挤，宅基地面积少于规定的限额标准；

（2）确实要分居分家的农户，分家后无宅基地的，也可申请新的宅基地建房；

（3）规划新村、镇后需要安排宅基地的农户；

（4）批准回乡定居的职工、离退休干部、复员退伍军人，以及回乡定居的华侨、华眷、港澳台同胞等非农业户口人员，需要使用集体所有的土地建住宅的，应当按照农村村民申请建房用地的规定办理。

4. 农民建房申请宅基地有哪些审批程序？

荣凯说法：

（1）农村村民建住宅，首先向集体经济组织提出申请；

（2）村集体经济组织对申请建房户在醒目的地方进行张榜公示（15个工作日以上）；

（3）国土资源管理所及镇社会事务办公室到实地对申请人是否符合条件，拟用地是否符合规划等进行初审；

（4）公布期满无异议后，将符合"一户一基"条件的用地户按规定报乡（镇）人民政府审核后，报县人民政府审批（占用农用地的按规定报市政府办理农用地转用审批手续）；

（5）宅基地批准后，国土资源所及镇社会事务办公室到实地批放宅基地，并发放选址意见书、规划许可证、施工许可证（"一书两证"）；

（6）村民住宅建成后，国土资源所到实地检查是否按批准面积和要求使用土地，对符合要求的建房户核发集体土地使用证书；

（7）村民凭土地使用证及规划许可证申请办理房屋所有权证。

5. 宅基地是否可以继承？

荣凯说法：宅基地属于农村集体所有制的财产，其所有权是不能继承的，但因为宅基地的所有权和使用权是两个概念，宅基地的使用权是可以流转的，其中就包括继承。《中华人民共和国土地管理法实施条例》第6条规定："依法改变土地所有权、使用权的，因依法转让地上建筑物、构筑物等附着物导致土地使用权转移的，必须向土地所在地的县级以上人民政府土地行政主管部门提出土地变更登记申请，由原土地登记机关依法进行土地所有权、使用权变更登记。"

6. 什么情况下宅基地会被收回？

荣凯说法：有下列情形之一的，报经县人民政府批准，可以注销其土地使用权证或有关批准文件，由村集体收回宅基地使用权：

（1）自批准宅基地之日起满两年未动工兴建的（特殊情况除外）；

（2）报批宅基地时向村集体承诺建新拆旧而又不自行拆除旧房的原宅基地的；

（3）经批准实施旧村改造或下山移民的村，已迁入新居（村）居住的原宅基地的；

（4）骗取批准或非法转让宅基地的；

（5）其他应收回宅基地使用权情形的。

后　记

创新载体，服务为民，奋力开创广播电视媒体人民调解工作新局面

大家好，我是济南市市中区正荣凯人民调解委员会副主任李荣凯，同时也是济南电视台《有话好好说》人民调解委员会的专职调解员。习总书记说，人民对美好生活的向往，就是我们的奋斗目标。人民调解工作面向基层、服务百姓，肩负着实现人民对美好生活向往的时代重任。自2001年以来，我一直积极参与人民调解工作，特别是参与了济南电台《以案说法》电台调解、济南电视台《有话好好说》电视调解后，18年时间已无偿解答法律咨询90000多件，现场调解了各类纠纷2000多件，调解成功率达到97%以上。下面，我结合这些年来的工作经历，与大家共同分享运用广播、电视媒体开展人民调解的做法和体会：

一、把握"三种特性"，创新、开拓人民调解的新阵地

2001年，济南电视台有档节目叫《泉城夜话》，主持人袁小冬约我去做嘉宾。因为第一次参加电视节目紧张，所以我做完节目之后，衣服后背全湿了。这期节目重点讲的是《婚姻法》修改后，夫妻在离婚时，无过错方可以

向过错方提出损害赔偿的内容。节目播出以后，第二天就有人上门找我，让我帮他们调解离婚。不久，电视台另外一个节目《正在进行》也找到我，说有位山西来的女士寻求调解离婚。男方出轨并和"小三"有了孩子，女方强烈要求上电视调解，但男方同意离婚，不同意上电视调解。基于人民调解员的职责，我接下了这个案子。我和电视台的记者走访居委会工作人员、物业负责人、楼长、小区保安，调查了解男方和"小三"的情况，搜集他们的同居证据，但是一个星期过去了，案件没有任何进展。每天，我们眼睁睁地看着女方的公公接送孩子去幼儿园，却无计可施。某天早上，女方的公公送孩子去幼儿园的过程中，女方突然跑出来拦住公公要孩子，死活不肯放手。在这种发生争执的情况下，我们立即报警。警方很快赶到现场。女方坚持说这是自己的孩子。不久，孩子的奶奶以及第三者都急匆匆赶到现场。在笔录过程中，公婆、男方以及第三者都说孩子是男方和第三者生的，不是女方生的。当得知女方当事人证据充足，打算以重婚罪向法院提起刑事自诉时，男方感到了压力，主动找我要求电视调解。在电视调解现场，我们的社区和事佬对男方这种出轨行为从道德层面予以强烈谴责，心理专家则对女方进行了心理疏导。我结合《婚姻法》的最新规定，从法律层面对男方这种重大过错行为所要承担的刑事、民事责任予以分析。电视调解最后以《山西来的"秦香莲"》为题播出。许多人观看电视节目之后，对《婚姻法》关于离婚时无过错方可以向重大过错方提出损害赔偿的规定有了更深的理解。通过这件事，群众对电视调解有了直观的认识和认可，一时间"有纠纷，找李荣凯调解，找《有话好好说》"成为济南街头巷尾的热点话题。后来，我接受济南电台的邀请，在《以案说法》节目中担任嘉宾主持，又不断参与济南电视台《都市娘家热线》《正在进行》《有话好好说》，山东电视台《第一家》《和为贵》，中央电视台《小区大事》等节目的电视调解。通过多年的广播、电视调解实践，我深深体会到广播、电视这两种传播媒介与调解的联姻所发挥出的意想不到的效果。巨大的广播、电视传播力加上家长里短的节目内容,引起了很多群众的关注,也产生了广泛的社会影响,对引导群众形成"遇事找法、解决问题靠法"的社会风气产生了巨大的推动作用,具体表现在三个方面:

(一) 广播、电视调解的传播性

当事人自愿选择广播、电视调解也就意味着同意将自己的纠纷、解决过程等置于观众的视线之下,接受社会的监督和评价。一般人民调解属于一事一调,调完案结,即便是调解非常成功的案例,其影响力也是有限的,而广播、电视调解的影响力则大得多。有一次,有位老年人在电视调解现场说孩子"啃老"而不养老,把他每个月6000多元的退休金全部扣下,一分钱不给他,只管自己吃喝,已涉嫌虐待。后来我们得知,原来,老人把自己几十万元的积蓄全部买了保健品、收藏品。老人的孩子讲,老人保健养生花点钱他们支持,但坚决反对老人无节制地大把花钱买保健品、收藏品,在劝说无效的情况下才扣了老人的工资卡。我们问老人为什么买。老人说,销售公司在宣传中表示,买了他们的产品以后,公司可以帮忙拍卖,价格翻好几倍。他不能让孩子断了他的财路。爷俩为此事打得不可开交。我抓住问题重点,给老人层层分析。首先,告知老人这家公司的注册是合法的,卖的东西也不是假的,合同也是合法有效的,将来公司可以帮忙拍卖也是真的。老人一听更激动了:"既然都是合法的,凭什么断我财路?"我又给老人分析:"是不是下一步还要让你交拍卖宣传费、评估费、拍卖费、保管费等费用?"老人说,人家帮他挣钱肯定有费用。我说:"你花十几万元买收藏品,又收你几万元的拍卖支出,万一流拍咋办?"老人愣了一下说:"合同上写着保证拍成。"我说:"你看一下合同上写了吗?"我帮老人从头到尾审完合同,发现合同上一个字也没写保证拍成的内容。老人彻底服气了,意识到后果的严重性。最终,父子和好。此案播出以后,有很多老年人打来电话,说幸亏看了《有话好好说》,否则真会上当吃大亏。通过这件事,我看到我们剖析法理,既解决事,又教育人，还能起到"调解一案、教育一片"的良好效果。

（二）广播、电视调解的引导性

广播、电视调解中，当事人双方阐述冲突，主持人引导、提问，现场嘉宾和调解员共同参与，通过多层次的道德教化、法律讲解，以理说服人，以情打动人，以善教导人，以恶警示人，最终引导帮助当事人化解纠纷，或使双方达成某种共识。这充分发挥了解纷止争、宣讲法意、弘扬美德的引导作用，得到了观众的信任和支持，赢得了社会的尊重与认同。

（三）广播、电视调解的团队性

团队协作是电视调解最显著的特征。场下调解一般是调解员单枪匹马对一群人，而广播、电视调解是由主持人、调解员、法律专家、心理专家、大学教授等组成的调解团队进行调解，团队成员既分工明确又协调配合、相互补台。中央电视台《舌尖上的中国3》第一集播放了山东章丘铁匠打铁锅的过程，一个合格的成品铁锅要经过36000次捶打。在打铁过程中，大小锤交替捶打，小锤落在哪里，大锤就跟在哪里，又快又稳。大家知道为什么吗？这是因为小锤是给大锤做向导的。调解团队也要有铁匠协调精神，大家目标一致，在主持人的指引下默契地配合在一起，心往一处走，劲往一处使，一个眼神就相互明白对方的意图，才可以配合无间地调解成功一个案件。

二、破解"四个问题"，发挥广播、电视的调解优势

广播、电视调解有很多优点，但如果把握不好，也有局限性。就拿电视调解来说，2002年我刚参加济南电视台《有话好好说》节目录制时，由于没有很好地把握住人民调解的特性，电视调解的局限性随着调解案件的不断增多逐渐凸显出来，集中表现在四个方面：一是调解的性质不明确。开始的时候只是作为一档电视节目，选择老百姓之间的矛盾纠纷进行调解，更多的是服务于节目的需要。节目关注的是客观事实，而不是法律事实。节目从头到尾是被栏目组制作出来的，至于矛盾纠纷是否调解成功，当事人是否满意，

并不是关注的重点。我当时对于自己的调解活动到底属于什么性质也比较模糊，不知道自己的定位，只是以一个法律专家的身份出现在栏目里。二是调解效果不确定。明明现场调解成功了，却没有落实到纸面上，形成正式的调解协议。事后，如果当事人反悔，不履行协议，我们毫无办法。这不仅浪费了时间、精力，没有解决好事情，还产生了不好的影响。反思一下，除了当事人不讲诚信以外，调解工作自身也存在很大问题：没有书面调解协议；有时候调解程序不太规范，不注重调解结果。三是调解有娱乐化倾向。电视调解主要脱胎于情感类节目，因此情感类节目的噱头和制作套路多少被保留了下来。制作者关心的是"故事"是否好看，考虑的是节目是否"新颖"和"轰动"，利用的手段是设置悬念、制造噱头，目的是提高收视率。四是调解题材选择难。做电视调解，还有一个最难攻的山头——题材选择难。中国人都好面子，讲究家丑不可外扬，很多人不愿意上电视调解，自愿上电视调解的题材数量少。广播、电视调解的选题难、选题少问题是广播、电视调解发展过程中遇到的普遍难题。

经过十几年的实践，我们是这样解决这些难题的：针对调解性质不明确，2012年，我们依托《有话好好说》节目建立了全省首个以电视栏目命名、接受司法行政机关指导、公开调解过程的人民调解委员会——《有话好好说》人民调解委员会。它的建立确立了电视调解的合法身份地位，赋予了电视调解法律效力，为广大市民提供了一个全新的矛盾纠纷化解平台，使电视调解成为人民调解工作的重要补充和有效延伸。《有话好好说》人民调解委员会的建立，成功地将人民调解的群众性与电视媒体传播的广泛性有机融合起来，通过电视调解这一群众喜闻乐见的节目表现形式，让越来越多的民众了解人民调解、熟知人民调解，遇到矛盾纠纷后第一时间想到人民调解，潜移默化地引导其以法治的视角和思维方式来解决矛盾纠纷，有力提升了人民调解工作的社会认知度和影响力。针对调解效果不确定，我们规范了调解程序。除了调解主持人，节目还配备若干名专职人民调解员。调解成功的，人民调解委员会引导纠纷当事人签订书面调解协议，加盖人民调解委员会印章；需要司法确认的，人民调解委员会协助对接管辖法院，指导当事人到法院进行司法确认。调解程序的规范实现了电视调解与司法程序的衔接，保证了调解结果的有效性。针对调解的娱乐化倾向，我们追求内容真实、朴实。电视调解选取的案件一定是真实的，是老百姓身边原汁原味的家务事，绝不为了博眼球而人为制造剧情，更不准添油加醋、哗众取宠、激化矛盾。电视调解坚持"化解矛盾纠纷，构建和谐社会"的宗旨，立足于公平正义，以情、理、法相结合的形式，对社会日常矛盾进行精心调解，化解百姓积怨。电视调解的当事人都是本色出场，不为个人形象而刻意化妆和打扮。电视调解现场紧扣说理释法、化解矛盾的初衷，不耍花枪，实实在在，就事论事，不做无谓的说教。

下面我重点谈谈如何破解题材选择难的问题。俗话说："巧妇难为无米之炊。"《有话好好说》是日播节目，需要源源不断的选题才能做下去。什么样的纠纷适合上电视调解，选什么样的纠纷做电视调解，是电视调解首先要解决的问题。通过多年的实践，我总结出四个做法，以彻底解决选题难问题。

（一）聚焦关注点，做活选题

一是选择群众喜闻乐见、老百姓身边家长里短的矛盾纠纷，如夫妻矛盾、婆媳纠纷、家庭暴力、孩子抚养、老人赡养等纠纷。解决这些矛盾纠纷有很强的可视性。我身边的同事、朋友告诉我，《有话好好说》还没开始，其父母、兄弟姐妹就早早坐在电视机旁等着看，因为这是群众自己都有可能遇到的带有普遍意义的话题。二是有意识地选择那些具有典型意义、普法性、教育性、引导性强的社会矛盾纠纷，如拆迁补偿、物业纠纷、民间借贷、环境污染、医疗等矛盾纠纷。这类矛盾纠纷就是要告诉群众，要靠法律解决问题。三是选择传统习惯与现行法律规定相冲突的矛盾纠纷，比如儿女继承权与赡养义务、老年人再婚、彩礼返还等纠纷。通过这类纠纷调解移风易俗，引导群众树立社会主义价值观。

（二）打造电视调解品牌，靠公信力赢得选题

《有话好好说》栏目是电视调解的一个载体和依托，我们坚持创新发展、精益求精，珍惜电视调解的每一次机会，认真对待每一个案例，以吸引观众，留住观众，赢得群众信任，倾心倾力把《有话好好说》栏目打造成知名电视调解品牌栏目。首先，优化调解流程。经过长期摸索，我们逐步形成了电视调解的"五步流程"：1.当事人通过栏目热线咨询，申请调解；2.召开调前会，组织参与调解的主持人、调解专家、社区和事佬分析案情，敲定调解方向，做好调解前的准备；3.主持人现场引导双方当事人阐述案情，表明观点，社区和事佬、调解专家分析点评，提出调解方案；4.场下调解，分别向矛盾双方做劝说工作；5.促使矛盾双方达成一致意见，签订调解协议书。现场无法达成一致意见时，约定再次调解的时间，争取将问题彻底解决，把每个案件都打造成精品案例。其次，真诚关心、尊重当事人。人民调解说到底是运用情、理、法说服人的工作，首要的前提就是要尊重当事人，平等对待当事人，与当事人推心置腹、以心换心。行动不便的当事人来了，我们会细心地搀扶；带着孩子的当事人来了，我们会热情地帮忙照料；情绪激动的当事人来了，我们会先端上一杯热水，让对方尽情倾诉；遇到当事人恶语相向时，我们仍然笑脸相迎，把委屈和泪水咽到肚子里。在调解过程中，当事人不化妆，不培训，在场上就是有事说事，方言土语说明白就行，不绕弯子，不搞噱头。我们不追问当事人的隐私，不居高临下地生硬说教，而是采用意见交流、经验分享的方式表达观点，疏导当事人的情绪，让当事人时刻感到自己的心里话有人听，自己的困难有人关注。许多当事人怒气冲冲地来，心平气和地走；愁容满面地来，满脸笑容地走。问题得到解决的当事人就自动成为栏目的义务宣传员，通过不断的口耳相传，使栏目逐渐形成品牌效应。群众

愿意找电视调解，通过电视调解解决问题，才能让栏目有米下锅，有选择的余地。《有话好好说》栏目曾获得"全国电视民生影响力十强品牌栏目"等荣誉称号，连续4年蝉联全国省会电视台收视冠军；《有话好好说》人民调解委员会2017年被评为"全国模范人民调解委员会"。

（三）做明星调解员，吸引群众，收获选题

自2001年我就在济南电台《以案说法》节目中担任嘉宾主持，每天晚上7点准时"坐诊"直播间，每年直播360天，风雨无阻、雷打不动。节目直播仅解答法律咨询就达90000多件，有无数的家长里短、恩怨情仇、矛盾纠纷通过电波得以化解。5800多个小时的调解直播让数百万群众感受到法治精神，增强法治意识，真正让老百姓不出面、不跑腿、不花钱就可以化解矛盾纠纷，把法律知识送到人民群众手中，让和谐走进千家万户。这种定时且持续不断的调解普法方式产生了非常好的社会效果，节目收听率、占有率、触达率长期稳居济南地区同时段广播节目第一名。十多年的电台直播让更多的人认识我、信任我，使我在老百姓心中逐渐形成一个知心、贴心的法律专家的形象，很多人戏称我是"中老年人的偶像"。《有话好好说》电视调解让我从幕后走上前台。十几年来，我始终秉承"大事小事同等重要，简单事复杂事一视同仁，办实事解难事"的调解理念，义务为《有话好好说》做调解员，每天坚持录节目，一录就是十几个小时。下雪天，徒步爬山到南部山区当事人家中调解纠纷；暴雨后，拎鞋趟水按时去做节目，我无怨无悔专注于人民调解事业。16年来，我通过电视调解基层群众各类矛盾纠纷2000多件，累计宣传现行法律法规万余条，用诚心凝聚的真情赢得了群众的信任。有的观众直接点名让我进行电视调解，济南市民亲切地誉我为"身边的法律顾问，免费的调解专家"。每天找我调解的群众络绎不绝，有的甚至从几百里远的地方慕名前来。明星调解员的效应让我收获了大量的粉丝，也获得了大量的调解案源。

（四）线上线下结合，靠服务解决选题难问题

为了不让参与电视调解的群众失望，我和我的同事们成立了"正荣凯人民调解委员会"，负责接待群众来访、纠纷分流和线下疏导调解。现在每月前来正荣凯调委会寻求咨询和调解的群众有1500多人。只要当事人来到正荣凯，就可以寻求法律咨询，也可以申请调解，还可以得到其他相关法律服务。愿意参加《有话好好说》并且适合电视调解的，我们在尊重当事人隐私的前提下，与当事人签订协议通过电视线上调解；对于不适合不愿意上电视调解的，通过正荣凯调委会线下调解。对于不适合人民调解或调解不成的矛盾纠纷：需要公证的，我们对接公证处；需要法援的，我们对接法律援助中心；需要心理咨询的，我们对接心理协会。这些矛盾纠纷被及时通过其他渠道化解。通过线上线下相结合，实现了由以往的通过电视调解找案件信息向现在的纠纷双方主动申请电视调解的转变。十多年来，我们从单一的人民调解团队丰富发展成一个集人民调解、法律服务、心理咨询等功能于一体的"老李带小李"式的正荣凯人民调解服务团队，从单兵作战发展成了团队协同作战，形成了以线上电视调解栏目团队为内圆、线下"正荣凯人民调解$^+$"团队为外圆的同心圆结构模式，真正实现了矛盾纠纷闭环调处机制。"进一家门解万家事"的服务模式，让我们彻底解决了选题难问题，不仅群众信任我们，企业、政府也信任我们，"正荣凯"成为我们当地最知名的纠纷调解品牌。以三联彩石山庄纠纷案为例。三联彩石山庄号称济南"最大的烂尾楼盘"，众多购房者怨声载道，市委市政府非常重视。2014年，根据省、市两级解决三联彩石山庄房地产项目问题领导小组的指示和安排，我们派出8名人民调解员参与案件调解，短短几个月就完成了2085户购房户的调解工作，依法兑现房款13亿，为群众节省诉讼费用近2000万元。三联彩石山庄案件在全国创下了三个之最：涉及人数最多、标的额最大、处置时间最短。多家中央和省级媒体对案件进行了报道，并将这一案例作为典型案例，写入了当年两会最高人民

法院的工作报告。2018年,我们的15名人民调解员再次参与某重大项目现场调解,前后15天共调解房产纠纷964件。2018年8月,我们的10名人民调解员被山东省信访局聘为信访事项听证员,"正荣凯"于2018年被济南市政府评为济南市服务名牌。

这些创新举措,既解决了题材选择难的问题,又体现了新时代人民调解员的责任与担当,同时也为人民调解员练就过硬本领提供了条件,搭建了平台,增强了人民调解服务效能,实现了资源大整合、力量大增强、服务大提升,更好地满足了新时代人民群众对美好生活的新需求。

三、聚合"三个契口",找准人民调解的切入点

实践中,我不断探索研究广播、电视调解的规律特点,坚持找准问题,切中肯綮,把握以情为首、以理为基、以法为据的原则,将情、理、法有机统一起来,严丝合缝打实情、理、法这三个契口,收到了事半功倍的效果。

(一)以情为首打动当事人

这里的"情"包含两个含义。一个含义是案情的"情",也就是事情的来龙去脉,双方当事人各自对事情的理解和表述。要想把一个千头万绪、纷繁复杂的纠纷调解成功,第一步先要把事情、情理讲明白、讲透彻,把基本的案情让双方当事人陈述清楚。这个工作一般由我们的主持人来负责。通过主持人对双方当事人进行引导式提问以及双方当事人的争辩,如剥洋葱般一层一层把事情的全貌呈现在观众面前。我的主要任务是负责观察案情,审视当事人的表述和动作,分析其表述的真实度。作为调解人一定要掌握这样一个心理原理或是规律,即"罗生门"现象。针对同一件事情,不同的人有不同的心理动机、不同的利益需求,每人都会站在自己的立场,从自身的利益出发表述事实真相。真相只有一个,但每一个人都会去加工这个具体的事实。也就是说,当事人讲的也并非都是实情,调解人需要听几位当事人完整地表述。不同的说法,再加上调解人的推理、求证、判断、整合,事情的来龙去

脉才能慢慢浮出水面,你才能辨识清楚真相。

另一个含义是感情的"情"。以情感人,坚持"情"字当头,把握人情的温度,充分把握、灵活运用当事人彼此之间的感情、亲情。以情动人、以情感人、以情服人,增进当事人的感情认同,让当事人心平气和、冷静理性、平等自愿地表达诉求。我调解过一个因拆迁引起的家庭纠纷:一个接近80岁的老太太把自己的孙子(父亲入赘)从3岁养大成人,但现在却因为拆迁引发了较大的家庭纠纷,大家剑拔弩张、恶语相向。在我们慢慢引导老太太和孙子各自回忆过去生活的艰难和温馨后,他们不自觉留下了泪水,心里的坚冰渐渐融化,与生俱来的血脉感情慢慢聚拢,感情裂缝逐渐愈合,大家各自让步,调解进行顺利,结果圆满。

(二) 以理为基感化当事人

中国人朴实善良,始终相信"有理走遍天下,无理寸步难行"。因此,向当事人讲好理,是调解取得突破的关键一招。什么是理?我们国家大力提倡和弘扬的社会主义核心价值观就是中国人的"理"。广播、电视人民调解,若仅仅起到解决纠纷的作用是远远不够的,它还是传播党的政策、普及法律知识、弘扬社会主义核心价值观的绝好平台。社会主义核心价值观对公民层面提出"爱国、敬业、诚信、友善"的要求,既包含了中华优秀传统文化,又体现了现代人的价值追求,是我们做电视人民调解工作之"理"的总纲。

广播、电视调解过程中经常要协调五种关系——孝、悌、忠、信、义,讲理就要处理好这五种关系。作为一个正常的人,对父母要孝顺,要赡养父母,负责父母的衣食住行、生养死葬,不管就是不讲理。这是调解过程中需要协调的第一种关系——"孝"。调解中还需要协调第二种关系——"悌"。兄弟姐妹之间往往涉及养老、遗产分割等问题,为什么会产生纠纷甚至打官司呢?往往是因为兄弟姐妹之间缺少感情,太重利益,从而导致相处很难。所以,调整兄弟姐妹之间相处的方式也是调解过程中的一个重要部分。第三点是"忠"。作为一名公民,应当忠于祖国。作为一名员工,应当忠于单位,爱岗敬业。如果对单位不忠诚不敬业,就很容易出现纠纷。"信",人与人之间相处,应当以诚相待,应当讲诚信。"义",在社会上应该做到见义勇为,挺身而出,爱国、爱他人。

(三) 以法为据说服当事人

这里的"法"包含三个方面的意思。第一个意思是给当事人一个说法。我国有两部突出表现女性的电影——《秋菊打官司》和《我不是潘金莲》。两部电影都表现出中国人,特别是中国女人从骨子里透露的坚韧、倔强。秋菊和李雪莲的问题并不复杂,有些事在别人眼里就是陈芝麻烂谷子的小事,但她们不认为是小事就是咽不下这口气,就想要个"说法"。当影片最后,村主任被警车带走时,秋菊表现得一脸迷茫,非常失落:她要的就是个说法,村主任承认自己的行为不当就行,并不是非要追究他的刑事责任,最终事与愿违。再比如在我前面提到的"山西来的秦香莲"一案中,女方提出让男方被曝光、被判刑、进行过错赔偿的诉求。但当得知男方可能真的会被判刑,从我们手中接到过错赔偿款时,她嚎啕大哭。其实,她真正想要的不是钱,不是让丈夫被判刑,而是让丈夫痛改前非、回心转意。所以,我们一定要搞清楚当事人要的说法是什么,真正的诉求是什么,否则容易导致事与愿违。第二个意思是"一把钥匙开一把锁"的办法。纠纷的本质是各种利益之争,但是民间纠纷,尤其是婚姻家庭领域的矛盾纠纷,不可避免地掺杂个人情感成分。单纯地运用法律规范予以解决,会比较生硬,要情、理、法相结合,一把钥匙开一把锁,运用不同的方式、方法去解决不同对象、不同矛盾类型的矛盾纠纷,坚持具体问题具体分析,从而达到药到病除的效果。不可千篇一律、一个方子吃到底。最后一个意思就是法律的"法"。广播、电视媒体调解中要特别注意的是:一定要正确运用法律法规,把法律作为解决纠纷的最后底线。尤其是作为调解专家,我们的调解要符合法律规定,符合社会主义核心价值观，不能偏离这条轨道。我总结出"五子登科"的问题模式，即调解中常见的五大问题：房子、车子、票子、孩子、老子。线上线下离不开这五个方面问题，我们调解中也要把法律作为解决这五类问题的基础。比如我们调解中频繁接触的彩礼纠纷。赠送彩礼是我国自古流传下来的民间习俗。现在生活水平提高了，人们在彩礼方面的标准和要求也提高了，各地都有约定俗成的彩礼数额。我国有些地方盛行赠送"万紫千红一片绿"（"万紫"是指10000张5元的，"千红"是指1000张100元，"一片绿"是指600张50的，共约18万元），外加"一动不动"（一辆10多万的轿车、一套120平方米左右的房子）的做法。根据风俗习惯，男方提出分手，彩礼不退，而女方解除婚约，则要退还彩礼，由此产生了大量的纠纷。我们在调解过程中就要依据法律规定：双方未办理结婚登记手续的，可以要求返还；双方办理结婚登记手续但确未共同生活的，也可以要求返还；还有一种就是婚前给付并导致给付人生活困难的，也可以要求返还。同居未办结婚证的案件比较难调，有时会出现合法不合理的情况。这就需要情、理、法兼顾，要求我们的调解员对于法律基本点一定要了解透彻、烂熟于心，这样才能解决纠纷，使广播、电视调解达到"调解一件，教育一片；调解一案，化解一类矛盾"的效果。

四、把控"三种方法"，着力提升人民调解的效能

在广播、电视调解中，"不争馒头争口气"的当事人很普遍，光讲大道理是没有用的，有些当事人的问题本身就不属于法律问题。尤其是在电视调解现场，如果能把控调解现场，调解就成功了一半。现场把控有多种方法，我主要和大家分享其中三种方法：

第一种方法：庖丁解牛法。大家都知道庖丁解牛的故事：庖丁刚开始宰牛的时候，看见的是整头的牛。而三年之后，见到的是牛的内部肌理筋骨，再也看不见整头的牛了。他只是顺着牛体的肌理结构用刀，所以得心应手、游刃有余。这对我们做人民调解工作具有非常大的启发意义。在广播、电视调解前要把案件的来龙去脉、法律框架了解透彻，把当事人各自的性格、情绪、想法、期待、过去、现状等掌握到位，同时要时刻保持理性、清醒的头脑和逻辑分析能力，从纷繁复杂的事件中分清主次虚实，理清轮廓脉络，才能发现矛盾点，找到切入点。否则，仅仅停留在当事人的故事和情绪里，整个事件就会像一团乱麻一样，让人理不出头绪来，最后调解人员只能和当事人一起心烦意乱，降低工作的效率，也导致观众对这起调解听不懂、看不懂。

我对此感受深切。2001年我刚开始做电台直播时，当事人把热线打进直播间，有时一个案情我需要半个小时甚至一个小时才能沟通了解透彻。几年以后，我将了解案情的时间从半小时逐步缩短到20分钟、15分钟。18年以后，我做直播5分钟之内就能做到案情基本了解，症结基本清楚，解决办法了然于胸。比如一个继承案件，两个当事人找到我们调解，我们首先要有一个法律框架：哪些是遗产？有没有遗嘱？法定第一、第二继承人是谁？如果你心中有这个框架的话，就知道先从哪个地方下手，才能更好地分清主次，更好地厘清案件的脉络。如果光听当事人哭诉，宣泄情绪，纠缠于当事人的家庭琐事、恩怨纠纷，只会把当事人的情绪搬到你的脑海里，却找不到解决问题的钥匙。

第二种方法：因势利导法。调解不同于其他解决问题的方式，它从矛盾主体的特点出发，抓住矛盾纠纷产生的内生根源——心魔，在化解心结上下功夫。拨动心弦做工作，因势利导做工作，就能取得事半功倍的效果。记得有位老播音员给我讲："节目中你要借势拽着当事人的思维去谈，而不要让当事人拽着你的思维去谈，就相当于有一根线，牵在你和当事人之间，你可以通过你的语言引导当事人往前走。"在调解中从思想情感上找症结，是化解矛盾的治本之策。

有一次，我在电台直播时，接到一位当事人的电话。在电话中他对我讲："李主任，我常年在外打工，一直收听您的节目，对您特别信任。我现在很痛苦，已经走投无路了，可能要家破人亡，希望您能帮帮我。"他想跟我见面聊一聊，问是否可以。我答应了他的请求。直播结束后，我们在电台门口见面。他告诉我他是一名杀人在逃犯，四年前因看不惯弟媳的不孝行为，与对方发生冲突，失手用刀刺死弟媳，然后潜逃他乡。后来认识一名女子，并育有一女，但因无法办理结婚证，备受煎熬，担心被判死刑，常在梦中哭醒。几番挣扎后，决定找我寻找出路。说实话，第一次面对杀人犯，我也很紧张，但想到我是他的希望，便马上镇静下来。我抓住他想做了断这一时机，一方面从情绪上疏导他，缓解他的压力，另一方面又帮助他意识到他的压力是出于事件未了的折磨，调整他对当前现状的一些偏差性理解和看法，尝试劝他投案自首，给他讲解了《刑法》中投案自首可能被判处死刑缓期执行的有关规定，循循善诱，一步步消除他内心里怕死的念头。他接受了我的建议，决定投案自首，但要求我送他投案自首，并想当天晚上回家准备好东西，和老婆、孩子告别一下，让我一定要相信他。当时我不想放他走，担心他逃跑，但考虑到他把生命都托付给我了，对我如此信任，最终我选择了放他走，约好第二天早上见面。当晚，我就给领导汇报了相关情况，并联系了莱西警方。警方听后根本不相信，他们难以理解，警方在外地已经找了4年的这个当事人，怎么靠一个调解员的劝说就想投案自首了？尽管如此，当天晚上莱西警方就赶到了济南电视台。第二天早晨，我5点多就到了约定地点，我很担心他不来，没想到他如期而至，但是他又开始犹豫起来。我感受到他的逃避行为与内心良知的冲突，一再耐心地劝说，对他认知的不合理性、逃避行为的不现实性细致分析。最后，我的分析、解释使当事人改变了不切实际的想法，愿意在我的陪伴下投案自首。最终，这个当事人被判了死刑缓期执行，在法律的制裁下获得新生。此案经多家媒体报道，在当时引起不小的轰动。

第三种方法：以退为进法。在我们的调解过程中有很多当事人不同程度地存在"受害者情结"，他们期望自己的委屈、痛苦、被不公平对待的愤怒、不能申诉的压抑情绪能够被看到、被听到、被理解到。对一些性格偏激、情绪化严重的当事人，一定要讲究策略，可以适当示弱，给当事人情绪发泄的空间。在调解现场，往往会出现这样一种当事人：调解的时候不停地哭，不停地抽泣，你的话他根本就听不进去。如果你想和他沟通，他会说"你不同意，我马上就走""你不同意，你偏向对方""这个房子必须是我的，这个钱必须是我的，这个财产必须是我的"等类似的话，容不得调解员发表与他不一致的观点。面对这种情况，我们就先不发言，处于退守状态，耐心倾听当事人诉说。根据经验，往往最多50分钟之后，当事人基本上就说累了，就像装满水的杯子一样，只有倒空了才能加入新的东西。这时，我们针对当事人的诉求再发表意见，当事人也愿意听了，也能听进去了。这种情况在调解拆迁案件中，或者在离婚的案件中表现得特别突出。当事人悲伤过度，我们又不敢提出任何反驳的意见，有些情况下是很被动的。处理这样的案件时，我们往往是这样应对的：先依着当事人，通过这种方式让他（她）把心里的要求表达出来，然后再来听我们给他（她）讲解。同时，我们也要获得话语上的主动权和局势上的掌控权。所以，在与当事人进行沟通时，可以以退为进、以逸待劳，把话说到点子上，把道理讲得通俗易懂，找准当事人"执迷不悟"中的"迷"，达到"一语点破梦中人"的效果。有个年轻的时装设计师，给我们打电话，说她父亲就像电视剧《都挺好》里面的父亲一样，几乎天天和自己闹，没完没了，隔三差五就去单位、派出所、居委会控诉她偷钱。可是，那些单位也协调不了。老先生就相信《有话好好说》，他的女儿实在是没有办法了，要求我们帮她调解处理。我们把老先生叫到现场。老先生已经70多岁高龄了，嚷着身体有病，情绪又特别激动，又哭又喊又闹，坚持要求女儿现场调解，让全国人民知道女儿偷他钱。原来，老人拆迁得了100多万元，前几天去银行取钱，却发现少了20多万，就认为是女儿偷取了，便跟女儿要钱。女儿不给就告女儿，根本就不让女儿辩解。在现场，我们就先听老先生自己倾诉，直到他自己说了40多分钟，情绪略微平静以后，我们才问老先生这个钱是怎么被偷走的。他说他把钱存到银行，女儿偷偷拿着他的银行卡把钱取走了，所以丢了20多万元。后来，我们就要求看老先生的银行流水、对账单以及其他有关材料。看完以后我们发现，原来老先生的钱并不是女儿偷偷取走的，而是因为老先生买了大量的理财产品，包括保险、基金等，赔了20多万元。银行的工作人员担心老先生知情以后接受不了，所以没敢告诉他，这才导致老先生四处控诉自己的女儿。当我们把这个情况告诉老先生，耐心细致地给他讲明白什么是理财，什么是存款以后，他才明白这个道理。有很多老人都认为去银行存钱就是存款，他们并不知道购买银行的理财产品和存款有什么区别。老人去存钱的时候，可能银行的工作人员没有告知二者的具体区别或者告知以后老人听不懂，他们就认为把钱放到银行就是存款。所以，当我们把这两个概念给他讲透彻以后，老先生才恍然大悟，最后父女两人握手言和。

回首18年的人民调解之路，我深深体会到，作为基层一名普通的人民调解员，最重要的是要紧跟时代发展，贴近群众需求，坚守"四心"，彰显人民调解工作价值。首先，要有一颗红心，就是要讲政治。习总书记强调，"民心是最大的政治"，我们要牢固树立大局观念和全局观念，围绕党委政府中心工作和人民群众需求，主动担当，定纷止争，维护社会和谐安定。其次，要有一颗真心，就是要以人民为中心。我来自一个普通农村老百姓的家庭，深知人民群众对人民调解的信赖和依靠。我始终坚持用真心真情来真诚调解，真正让当事人感受到被重视、被尊重、被关爱，通过调解真正替群众解决烦心事、窝心事、恼心事。第三，要有一颗恒心，就是要持之以恒、永不懈怠、无怨无悔，承受住不解，抗得住委屈，经得起考验。这一切都需要我们有足够的意志力来支撑。最后，要有一颗匠心，就是要心无旁骛、精益求精。我所理解的匠心就是对工作标准的极致追求；对于调解工作来说，就是要对所有调解环节一丝不苟、精心打磨，化解矛盾纠纷如春风化雨，润物无声。

  星光不问赶路人。40年前我就叫李荣凯，理解、容忍、开心，注定我就是为调解而奋斗的。我愿意始终以一个奋斗者的姿态，无怨无悔坚守电视调解阵地，脚踏实地做好本职工作，不负党和人民嘱托，不负青春韶华。

  谢谢大家！

全国人民调解专家 李荣凯

2019年4月